Uni-Taschenbücher 1214

D1865191

UTB FÜR WISSEN SCHAFT

Eine Arbeitsgemeinschaft der Verlage

Birkhäuser Verlag Basel · Boston · Stuttgart
Wilhelm Fink Verlag München
Gustav Fischer Verlag Stuttgart
Francke Verlag München
Harper & Row New York
Paul Haupt Verlag Bern und Stuttgart
Dr. Alfred Hüthig Verlag Heidelberg
Leske Verlag + Budrich GmbH Opladen
J. C. B. Mohr (Paul Siebeck) Tübingen
R. v. Decker & C. F. Müller Verlagsgesellschaft m. b. H. Heidelberg
Quelle & Meyer Heidelberg
Ernst Reinhardt Verlag München und Basel
K. G. Saur München · New York · London · Paris
F. K. Schattauer Verlag Stuttgart · New York
Ferdinand Schöningh Verlag Paderborn · München · Wien · Zürich
Eugen Ulmer Verlag Stuttgart
Vandenhoeck & Ruprecht in Göttingen und Zürich

Josef Birkenhauer

Das Rheinisch-Westfälische Industriegebiet

Regionen – Genese – Funktionen

Ferdinand Schöningh
Paderborn München Wien Zürich

Josef Birkenhauer, geboren 1929 in Leverkusen-Opladen, Promotion 1958, Fachleiter für Erdkunde am Studienseminar Köln 1962–1966, Professor für Geographie und ihre Didaktik an der Pädagogischen Hochschule Freiburg seit 1966, Habilitation für das Gesamtgebiet der Geographie an der Universität Freiburg 1970, seit 1972 Mitglied des Kuratoriums des Deutschen Instituts für Fernstudien, seit dem WS 77/78 Professor für Geographie und ihre Didaktik am Geographischen Institut der Universität München. Verfasser zahlreicher didaktischer Aufsätze, zu Fragen der Geomorphologie und Länderkunde. „Erdkunde"– eine Didaktik für die Sekundarstufe I in 5. Aufl. 1980. (1. Aufl. 1971). Hauptarbeitsgebiete: Didaktik – Geomorphologie – Regionale Geographie.

CIP-Kurztitelaufnahme der Deutschen Bibliothek

Birkenhauer, Josef:
Das Rheinisch-Westfälische Industriegebiet:
Regionen – Genese – Funktionen / Josef
Birkenhauer. – Paderborn; München; Wien;
Zürich: Schöningh, 1984.
(UTB für Wissenschaft: Uni-Taschenbücher;
1214)
ISBN 3-506-99301-1
NE: UTB für Wissenschaft / Uni-Taschenbücher

Herstellung: Ferdinand Schöningh, Paderborn

Einbandgestaltung: Alfred Krugmann, Stuttgart.

ISBN 3-506-99301-1

Inhaltsverzeichnis

Anmerkungen des Verlages

Mit Rücksicht auf Umfang und Preis des vorliegenden Taschenbuches sind Abbildungen z.T. stark verkleinert worden. Für eine evtl. zweite Auflage ist vorgesehen, den Abbildungen mehr Platz einzuräumen.

Vorwort

Mit der Darstellung des Rheinisch-Westfälischen Industriegebiets wird ein Versuch vorgelegt, der einer speziellen Art bzw. Klasse von „regionalen Studien" gewidmet ist, nämlich einer *funktional* bestimmten Region. Hierbei ist nicht Vollständigkeit angestrebt worden, sondern es war vorrangig das Ziel, Verständnis für den *„inneren Zusammenhang"* zu wecken. In diesem Sinne ist dieses Buch eine *„Einführung"*

Eine breitere *statistische Basis* ist durch die Volkszählung 1970/71 gegeben. In der Folge stehen keine Gesamtzahlen mehr zur Verfügung, jedoch Einzelerhebungen. Erschwert werden statistische Vergleiche durch die *Gebietsreform* von 1975, mit der größere Einheiten geschaffen wurden. Dies ist besonders hinsichtlich des Bruttoinlandsprodukts sehr bedauerlich. Überhaupt gilt, daß die späteren Zahlenwerte mit den früheren nicht mehr vergleichbar sind, so auch bei den Lohn- und Gehaltssummen. Hilfreich ist die lange persönliche *Vertrautheit* mit dem Gesamtgebiet. Als Kind beeindruckten mich bei den oftmaligen Fahrten mit der Straßenbahn die gewaltigen Anlagen der Gutenhoffnungshütte, der Feuerschein und die „Fackeln", mit denen das überflüssige Gas verbrannt und die Nacht erhellt wurde, die Reihen und Reihen der schwarzgrauen Häuser der „Bergknappen", deren menschliche Wärme und Selbstbewußtsein ich lebhaft empfand. In der Jugend erwanderte ich die Tal- und Riedellandschaft des Bergischen Landes mit den Talsperren, den Kotten, den vielfältigen Industriewerken, von denen man nie weit entfernt war.

In Kindheit und Jugend erfuhr ich – im wahrsten Sinne des Wortes – den gebietsmäßigen Zusammenhang des Raumes zwischen Bonn im Süden, Krefeld im Norden und Dortmund im Osten über das Netz der Straßenbahnen, das zwar eine zeitaufwendige, aber doch lückenlose Verbindung aller Orte untereinander ermöglichte und somit das Bild dieses Verstädterungsraumes in seinem „funktionalen Gesamt" mir erstmals zu Bewußtsein brachte (und nach den Kriegszerstörungen als erstes Verkehrsnetz wieder funktionierte), aber auch die Bilder der Kriegszerstörung in Bottrop oder Essen, Oberhausen oder Düsseldorf, Köln oder Bonn umso eindringlicher zeigte.

Daß dieser Raum der „*Kernraum*"war, daß es aber auch einen „*Ergänzungsraum*"um ihn herum gab, in ihn zum Teil intensiv eindringend, wurde mir als Kind weniger bewußt als daß ich es doch aufnahm: dadurch, daß wir die schwere Arbeit des Rübenvereinzelns im Zuckerrübenbetrieb erlebten, weil wir zu diesen Arbeiten herangezogen wurden; dadurch, daß wir erlebten, wie lange die Zukkerrüben in jedem Herbst auf den Feldern verblieben und erst in der „Kampagne" im November abgefahren wurden; dadurch, daß sich die Feierabendgespräche der Erwachsenen immer wieder darum drehten, welches nun die günstigsten Obstarten seien, wann am günstigsten zu pfropfen sei, was beim Veredeln zu berücksichtigen sei, wie zurückgeschnitten werden müsse . . .

Man „erfuhr" das Bergische Land, die Eifel, die Ville genauso gut als *Naherholungsraum* mit den eingestreuten Stauseen wie die schön angelegten Parks mitten im „Ruhrpott" an Ruhr oder Emscher.

Mit allen diesen Eindrücken wurden die anschaulichen Grundlagen gelegt, deren „rationalen Linien" im folgenden nachgegangen werden soll, die im folgenden nachgezogen werden sollen. Dazu wurde eine Vielzahl an *Informationen* verarbeitet, die im Text selbst nicht genannt werden. Insbesondere habe ich mich bei Technik- und Firmendetails auf viele Firmenberichte gestützt sowie auf die Informationen des in Düsseldorf erscheinenden „Handelsblattes" (früher dort auch der eingestellte „Industriekurier"), das traditionell dem rheinisch-westfälischen „Revier" nahesteht. Diese Einzelinformationen sind im *Literaturverzeichnis* nicht aufgeführt. Dort finden sich solche Arbeiten – geordnet nach Kapiteln des Buches – die über die hier gegebene Einführung hinaus – geeignet sind, den interessierten Leser an Detailprobleme heranzuführen, sowie auch an jene, die aufgrund der Anlage und Absicht des Buches eher ausgespart worden sind.

Für die mühevolle kritische Durchsicht des Manuskripts und für viele wertvolle Hinweise danke ich sehr Herrn Kollegen Prof. Dr. G. Voppel, Köln, und meinem geschätzten Kollegen aus alten Fachleiterzeiten, Herrn Dr. F. Knöllner, Recklinghausen.

Josef Birkenhauer

Verzeichnis der Abbildungen

Kartographie: Soweit die Abbildungen nicht aus anderen Quellen übernommen wurden, stammen die Entwürfe von J. Birkenhauer, die Reinzeichnungen von E. Glaser.

I. Problemstellung

Traditionell wird als Kernraum des rheinisch-westfälischen Ballungsgebietes das Ruhrgebiet angesehen. Damit verbindet sich ebenso traditionell die Klischeevorstellung eines abschreckenden Industriereviers, des sogenannten Kohlenpotts, mit verqualmter Luft und dicht beieinander liegenden Industrieanlagen. Diese Vorstellungen werden in verschiedener Weise im Verlauf der Darlegungen zumindest z. T. zu berichtigen sein. Vorerst ist besonders zu betonen, daß das Ruhrgebiet in historisch-genetischer Betrachtungsweise durchaus nicht *der* industrielle Kernraum gewesen ist, sondern daß man das Ruhrgebiet in der Tat eingebettet sehen muß in das Gesamt des übergreifenden Industriegebiets. Daher ist auch die rheinisch-westfälische Städteballung insgesamt als Raum der Darstellung gewählt worden. Es ist richtig, daß der Gesamtraum zwar aus unterschiedlich strukturierten einzelnen Industriegebieten besteht – und diese unterschiedliche Strukturiertheit wird deutlich herausgearbeitet werden –, aber eben so richtig und wichtig ist es, sich klar zu machen, daß das ganze Gebiet funktional und genetisch zusammengehört.

Durchziehende *Leitlinien* für die Darstellung sind:

1. die Genese der verschiedenen Teile des Gesamtballungsraums,
2. die Dynamik der Entwicklung in die Zukunft hinein.

Im Hinblick auf Genese und Dynamik gilt folgenden Punkten besondere Aufmerksamkeit:

- der raumwirksamen Bedeutung sich verändernder *Technologien*,
- der inneren *Gliederung* des Ballungsraumes und den Gründen für das Gefüge,

- dem Stellenwert der einzelnen Teile und Gegebenheiten bei der *Entstehung* des Ballungsraumes aufgrund unterschiedlicher Prozesse der Inwertsetzung,
- den Problemen der *Umwelt* (im weitesten Sinne).

Um Genese und Gefüge zu erkennen und belegbare Abgrenzungen vornehmen zu können, werden *statistische Unterlagen* herangezogen; insbesondere handelt es sich um die Bevölkerungsdichte, das Bruttoinlandsprodukt (BIP), die Verteilung der Lohnsummen auf die einzelnen Branchen in den verschiedenen Stadt- und Landkreisen. Hinter der Verwendung dieser Unterlagen steckt die Auffassung, daß die Inwertsetzung eines Raumes und damit auch das Verständnis seiner funktionalen Gliederung über solche Unterlagen besser faßbar werden. Dieser statistische Ansatz wird ergänzt durch die genetische Betrachtung, um das heute in den Zahlen aufscheinende Gefüge aufgrund der Dynamik der Vergangenheit erklären zu können.

II. Der Gesamtraum

1. Charakteristik und Gliederung des Gesamtraumes

Das Rheinisch-Westfälische Industriegebiet, kurz auch Rhein-Ruhrgebiet, ist aufzufassen als ein „*Verdichtungsfeld*", in dem mehrere, früher getrennte Verdichtungsräume allmählich zusammenwachsen bzw. bereits zusammengewachsen sind. Durch die Ausdehnung der Industriebetriebe und der Pendlerbeziehungen wird auch das früher ländliche Umland immer stärker in den Verdichtungsraum einbezogen, wodurch dieser sich kontinuierlich weiter ausdehnt.

Das Rhein-Ruhr-Gebiet ist Teil eines ausgedehnten *Verstädterungsfeldes*, das sich von Mittelengland über London und das Rheinmündungsgebiet den Rhein entlang über die Alpen bis in die Poebene hinein erstreckt. Ob dieses Gebiet insgesamt eine *Megalopole* bildet, soll dahingestellt bleiben. Legt man bestimmte Kriterien an, erscheint die geschlossene „Rhein-Megalopole" nicht so ausgedehnt zu sein. Diese Kriterien sind:

1. Mehrere Ballungsräume müssen nahe beieinander liegen. Ihre Dichte muß deutlich über dem Landesdurchschnitt liegen (etwa mehr als 400 Einw./km^2). Der Abstand der Ballungsräume voneinander darf 100 km nicht überschreiten.
2. Jeder Ballungsraum muß als Kernstadt wenigstens eine Stadt mit mehr als 500000 Einwohnern aufweisen. (Auch Doppelstädte wie Mannheim und Ludwigshafen, ferner Großstädte mit Vororten, aber ohne Eingemeindungen wie Brüssel, Antwerpen, Zürich, Basel, Bern, werden dazu gezählt.) Ihr Ab-

Abb. 1 Der rheinisch-westfälische Ballungsraum im Rahmen der Rhein-Megalopole

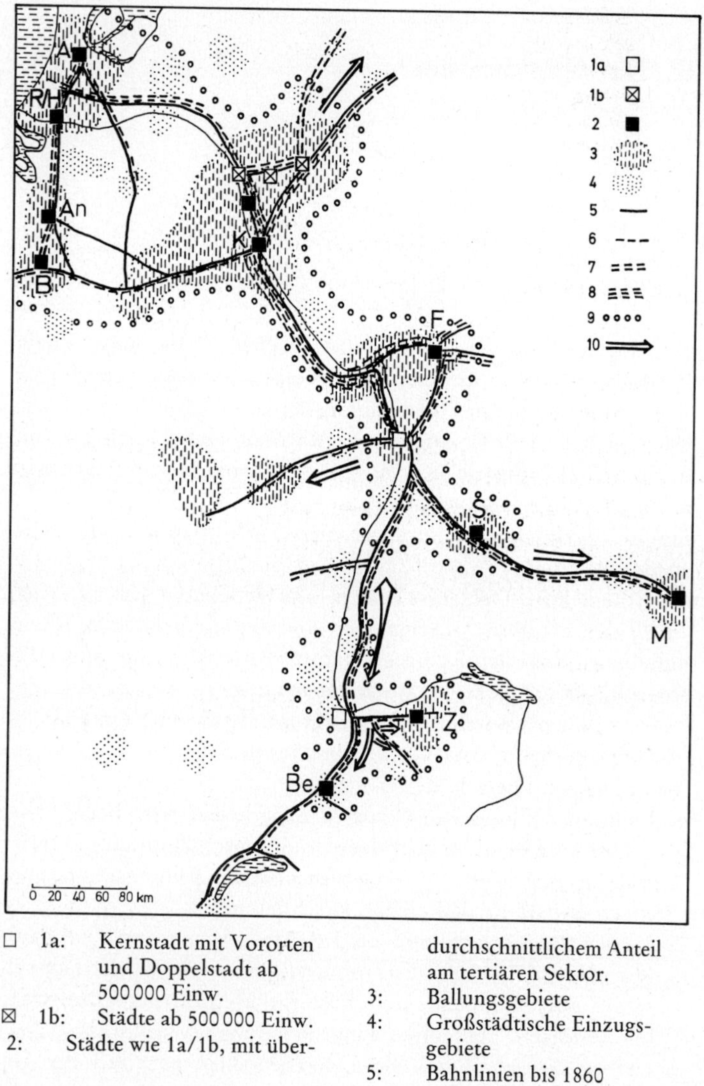

☐ 1a: Kernstadt mit Vororten und Doppelstadt ab 500 000 Einw.

☒ 1b: Städte ab 500 000 Einw.

2: Städte wie 1a/1b, mit überdurchschnittlichem Anteil am tertiären Sektor.

3: Ballungsgebiete

4: Großstädtische Einzugsgebiete

5: Bahnlinien bis 1860

6: Schnellzugpaare 9–19
7: Schnellzugpaare 20–39
8: Schnellzugpaare über 40
9: Außengrenze der Megalopole nach den zugrundegelegten Kriterien
10: Ausdehnungstendenzen
A: Amsterdam
An: Antwerpen
B: Brüssel
Be: Bern
F: Frankfurt
K: Köln
M: München
R/H: Rotterdam/Den Haag
S: Stuttgart
Z: Zürich

stand darf nicht mehr als 160 km zur jeweils nächsten Kernstadt betragen.

3. Verstädterte Großstadtbereiche (Städte von mehr als 100 000 Einw. mit ihrem unmittelbaren Umland in einem Radius von 15 km von der Stadtmitte) werden dann dem Verstädterungsfeld zugerechnet, wenn die Außengrenzen zwischen den Ballungsgebieten und den Großstadtbereichen oder dieser untereinander nicht mehr als 20 km auseinanderliegen.
4. Das Verstädterungsfeld muß von alten bedeutenden Verkehrslinien durchzogen sein. Als Kriterium dient das Vorhandensein von Eisenbahnlinien, die bis 1860 fertiggestellt waren.
5. Die Verkehrslinien müssen eine hohe Frequenz aufweisen. Als Kriterium werden die Schnellzugpaare auf den Haupteisenbahnlinien (in der Regel zugleich die bis 1860 fertiggestellten Bahnlinien) herangezogen. Die Frequenz muß mehr als 20 Paare täglich betragen (ergibt sich aufgrund der Auszählung von Schwellenwerten).
   (Auf das Kriterium der Bahnlinien und ihrer Frequenz wird deswegen zurückgegriffen, weil es eine gemeinsame Straßenverkehrs- oder Eisenbahngüterverkehrsstatistik nicht gibt.)
6. Die Kernstädte müssen einen überschießenden Besatz (etwa im Sinne von Blotevogel 1980) im tertiären Sektor aufweisen. (Hierbei Zusammenfassung von Rotterdam und Den Haag.)

Aufgrund dieser Kriterien ergibt sich Abb. 1.

Entsprechend dem Beschluß der Ministerpräsidentenkonferenz für Raumordnung (21. 11. 1968) wird als Verdichtungsraum definiert ein Gebiet, in dem

1. in Kern- und Randgemeinden auf geschlossenem Areal eine Summe von 1250 Einwohnern + Arbeitsplätzen erreicht wird,
2. die Bevölkerungsdichte 1 000 Einw./km² beträgt,
3. zwischen 1961 und 1967 ein überdurchschnittliches Bevölkerungswachstum in den Randgemeinden festzustellen ist.

In diesem Sinne umfaßt der Verdichtungsraum Rhein-Ruhr 4 % der Fläche der Bundesrepublik, aber 17,5 % der Bevölkerung und 24 % der Industriebeschäftigten. Seit 1968 ist selbstverständlich das Gebiet noch gewachsen, was durch eine entsprechende Stadt-Rand-Wanderung bzw. durch den Bau von Einfamilienhäusern statistisch belegt werden kann. Sehr hohe Zahlen entfallen hier für die Zeit von 1976–1980 auf die Kreise Wesel, Recklinghausen, Unna, Hamm, Ennepe-Ruhr. Gegenüber den Kriterien der Raumordnungskonferenz für die *Abgrenzung* (nämlich Dichte und Industriebeschäftigte je km²) wird in dieser Darlegung von folgenden *Kriterien* ausgegangen:

1. *Bevölkerungsdichte*, und zwar, insoweit ein geschlossenes Gebiet vorliegt, in dem die Dichte über dem Durchschnitt der Bundesrepublik, also über 250 Einw./km², liegt;
2. *Nachbarschaft von Städten* mit einer Bevölkerungszahl von mehr als 50 000. Hinsichtlich dieses Gesichtspunktes wird auch das Umland dieser Städte nach der funktionalen Maßgabe einbezogen, daß einem jedem Zentrum von der genannten Größenordnung ab, als Pendlereinzugsbereich ein Umland bis zum Radius von etwa 20 km hinzugerechnet wird. Als Definition des Ballungsgebietes in diesem Sinne verläuft dann die Grenze dort, wo geschlossene ländliche Gebiete vorliegen, die mehr als 20 km vom nächsten Zentrum ab 50 000 Einw. entfernt sind. (Vgl. zu dieser Definition die von de Geer vorgenommene Abgrenzung des Manufacturing Belts in den USA.)

Die Grenze des so definierten Ballungsgebietes ist in Abb. 2 eingetragen.

Innerhalb dieses Raumes gibt es 25 Städte mit über 100 000 Einwohnern. Abb. 2 zeigt, daß eine ganze Reihe von Städten mit mehr als 500 000 Einw. noch weit darüberliegen. Das Rhein-Ruhr-Gebiet ist somit ein mehrkerniges *(polynukleares) Ballungsgebiet.* Insgesamt wohnen in dem so umrissenen Bereich rund 12 Mill. Einwohner. (Nordrhein-Westfalen insgesamt: 17 Mill. –

Abb. 2 Abgrenzung des Raumes und polynukleare Struktur.

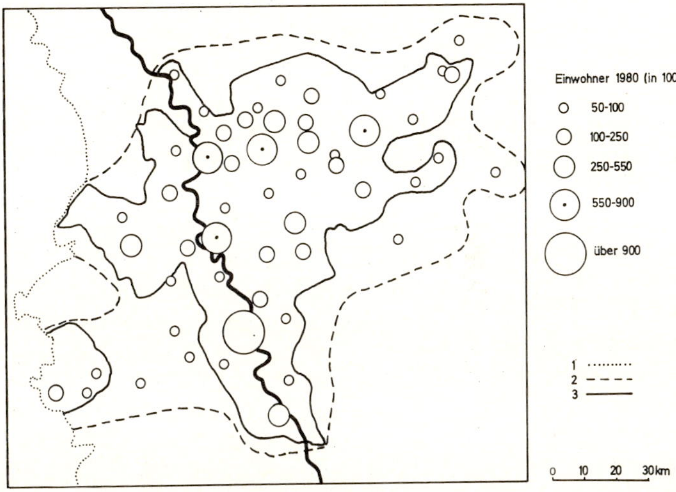

1 = Staatsgrenze
2 = Grenze des Ballungsraumes
3 = Grenze des Verdichtungsraumes

Kriterien zu 2:

1. mehr als der Durchschnitt der Bevölkerungsdichte der Bundesrepublik Deutschland; zugleich mehr als 450 Einw./km² am 31. 12. 71
2. Überlappung von Einzugsgebieten von Städten mit mehr als 50 000 Einw.

Alle 66 deutschen Großstädte zusammen hatten 1980 21 Mill. Einwohner. Auf die Großstädte im Rhein-Ruhr-Gebiet entfielen mit 7,6 Mill. Einw. davon 37 %.)

Die vorhin angesprochene Mehrkernigkeit hat auch eine erhebliche funktionale Bedeutung, insbesondere was die *zentralen Funktionen* und die Hierarchie der zentralen Orte angeht. Diese wird zuerst nach Kluczka dargestellt.

Mit Köln/Bonn besitzt das Verdichtungsfeld eine sog. Teilhauptstadt, d. h. ein höchstrangiges Zentrum, das Funktionen für die gesamte Bundesrepublik erfüllt. Essen und Düsseldorf sind zwei sog. Regionalhauptstädte. Diese erfüllen übergeordnete Aufgaben für die jeweilige Region. Sie sind im Rang vergleichbar mit Bremen,

Hannover, Nürnberg, Stuttgart. Von sechs Regionalhauptstädten der Bundesrepublik entfallen somit zwei auf den Rhein-Ruhr-Raum. Als rangnächste folgen die Oberzentren. Hier sind zu nennen: Aachen, Bonn, Krefeld, Wuppertal, Duisburg, Bochum, Dortmund, Hagen.

Eine andere Zuordnung ergibt sich nach Blotevogel. Als Meßgrößen, um das hierarchische System zu erfassen, verwendet er die Anzahl der Beschäftigten in den Wirtschaftsabteilungen 4 sowie 6 – 9, d.h. also in den Abteilungen, in denen sich die zentralen Funktionen besonders ausdrücken. (Nicht gewertet werden die Beschäftigten, die von der Siedlungsgröße abhängig sind. Basis: Volkszählung 1970.)

Als Großzentrum und mit weitem Abstand im Land führend kristallisieren sich Köln und Düsseldorf heraus, wenn sie auch noch nicht die volle Ausstattung der Großzentren Hamburg, Frankfurt und München erreichen. Auf die Großzentren folgen die voll ausgestatteten Oberzentren: Dortmund, Essen, Bonn, Wuppertal, Aachen, Bochum, Krefeld, Hagen (Reihenfolge: entsprechend dem Umfang der Dienstleistungsbeschäftigten). Erst dann folgen auf einer Stufe zwischen Mittel- und Oberzentren Duisburg, Mülheim, Gelsenkirchen, Mönchengladbach. (Vgl. Abb. 4.)

Im Vergleich mit der Darstellung Kluczkas ergibt sich eine deutliche Veränderung: Gleichrangigkeit von Düsseldorf und Köln, deutliche Minderung des Status von Essen und Duisburg, sogar eine leichte Überflügelung Essens durch Dortmund und eine kräftige von Duisburg durch Krefeld.

Im Vergleich der Zahlen von 1961 und 1970 haben Köln und Düsseldorf überproportionale Zentralitätsgewinne erreicht, ebenfalls auch noch Bonn, während die Ruhrgebietszentren Einbußen erlitten. Mit Hilfe der Statistik der Sozialversicherten kann nachgewiesen werden, daß diese Trends auch nach 1970 angehalten haben. Im Vergleich von Düsseldorf und Köln hat ersteres einen leichten Zentralitätsvorsprung, wenn man nur das Beschäftigungskriterium verwendet. Doch muß man auch noch weitere Kriterien verwenden: Ausstattung mit Einrichtungen oberzentraler Art, den D/B-Index (siehe dort; Abb. 5a), Verkehrsbedeutung. Nimmt man z.B. die Anzahl der regelmäßig verkehrenden IC- und TEE-Züge als

ein Maß, so liegt Köln in der Bundesrepublik weit an der Spitze (noch vor München -40-, Dortmund -38- Frankfurt -37-, Mannheim -34-, Hamburg -31-; übrigens entfallen von 46 Bahnhöfen mit IC-Verkehr allein 11 auf das Rhein-Ruhr-Gebiet).
Innerhalb des Verdichtungsfeldes haben sich in den beiden vergangenen Jahrzehnten hinsichtlich der Bevölkerungszahl und der Bevölkerungsdichte *Verschiebungen* ergeben, und zwar insofern, als alle großen Kerne an Bevölkerung verloren haben oder doch mindestens seit 10–15 Jahren stagnieren. Demgegenüber zeigt das *Umland* nach Zahl und Dichte eine *Expansion*, wodurch es funktional und gebietsmäßig kontinuierlich immer mehr in das Verdichtungsfeld hinein eingeschmolzen wurde – ein weiterer Beleg für die hier vorgenommene gebietsmäßige Abgrenzung. (Abb. 3)

Abb. 3: Zu- und Abwanderung im Rhein-Ruhr-Gebiet
Abwanderung: waagerechte Schraffur; Zuwanderung: Kreuzschraffur

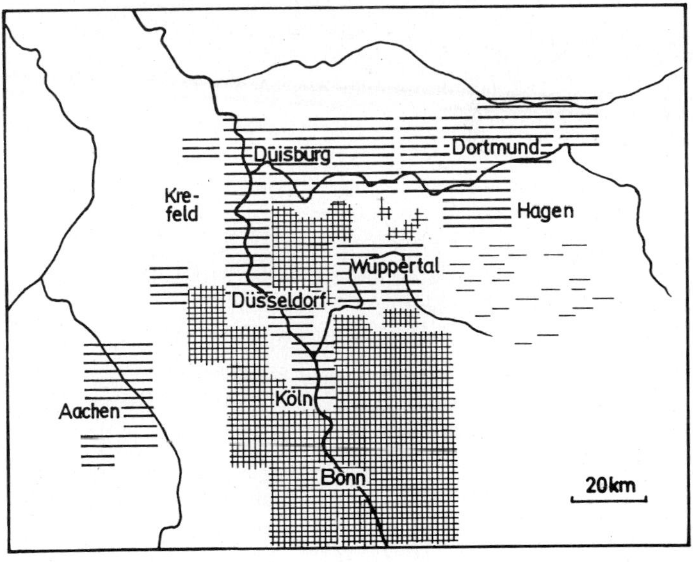

Z.B. erreichten zwischen 1958 und 1968 folgende Städte ihren Höchststand und nahmen seitdem langsam, aber kontinuierlich ab

(Zahlen in 1000 Einw.; 1. Zahl Höchststand, 2. Zahl 1983): Essen 731 – 642, Dortmund 658 – 600, Düsseldorf 713 – 583, Wuppertal 423 – 398, Gelsenkirchen 391 – 301, Oberhausen 261 – 233, Mülheim 193 – 177. Wegen der größeren Eingemeindungen 1975 scheinen die Städte Köln, Duisburg, Bonn, Bochum, Hamm, Mönchengladbach, Aachen, Krefeld, Hagen, Herne Ausnahmen zu bilden. Im Prinzip ist jedoch bei ihnen dieselbe Entwicklung zu verzeichnen. Allerdings gibt es dabei im Ruhrgebiet eine strukturelle Abwanderung, während im Rheingebiet eine *Stadt-Rand-Wanderung* vorliegt.

Die Bevölkerungsexpansion im Umland ist wesentlich als Zuwanderung einer jüngeren, mobileren und leistungsstärkeren Bevölkerungsgruppe anzusehen, die aus den alten Ballungskernen abgewandert ist. Dadurch entsteht in den alten Kernen eine räumliche und soziologische wie auch z. T. funktionale Disparität, einem der wesentlichen Probleme dieser Kerne.

Als *Maß der Wirtschaftskraft* eines Gebietes (und damit seiner Inwertsetzung) kann das Bruttoinlandsprodukt (BIP) angesehen werden. (Unter dem *BIP* versteht man den sog. Bruttoproduktionswert P abzüglich bestimmter Abzüge A. BIP = P – A. P besteht aus dem Umsatz aller Unternehmen, dem betriebsinternen Bestand nach Anlagen und Erzeugnissen, sowie allen im tertiären Sektor gezahlten Löhnen. A besteht aus den Abschreibungen, Steuern, Vorleistungen von anderen Firmen wie Rohstoffen und Dienstleistungen.)

Die Abb. 4 zeigt ein generalisiertes Bild des BIP im rheinisch-westfälischen Verdichtungsfeld.

Als Grundlage dafür wurde das BIP in 1000,– DM je Kopf der Wohnbevölkerung in den Stadt- und Landkreisen herangezogen. Die Werte ordnen sich entsprechend einer Normalverteilungskurve an. Deren Abschnitten entsprechend kann das BIP der Gebietskörperschaften grob in 5 Klassen A–E gegliedert werden. (Vgl. Tab. unter Abb. 4) Dabei stellt A die höchste Klasse und E die niedrigste dar. Auf A entfallen 7, auf B ebenfalls 11 Gebietskörperschaften. Den insgesamt 18 Gebietskörperschaften mit der höchsten Wirtschaftskraft stehen am unteren Ende 10 mit der geringsten Wirtschaftskraft entgegen.

Abb. 4: Wirtschaftskraft (Bruttoinlandsprodukt 1978)

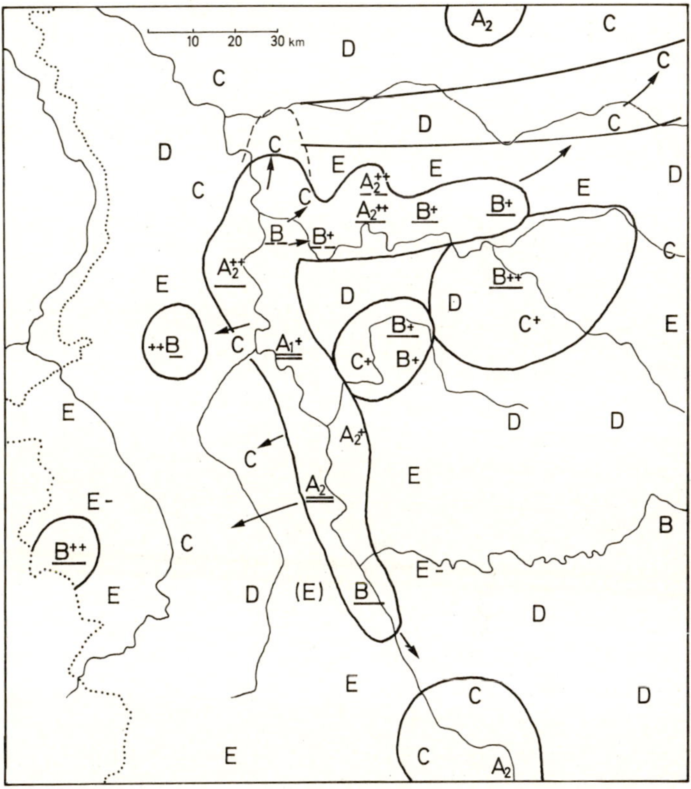

Grundlage: alle Gebietseinheiten NRW; angrenzende Einheiten R–P. Klassen (nach Schwellenwerten) des BIP je Wohnbevölkerung in 1000 DM.

A_2 = über 35 (1) B = 20–25,0 (11) D = 15–16,5 (12)
A_1 = 25,5–35 (6) C = 17–19,5 (12) E = 12,0–14,5 (10)

In Klammern: Anzahl der Gebietseinheiten. Es bedeuten: Fallen oder Steigen im BIP

\+ : um 1 Klasse von 1968 auf 1978 gestiegen
– : um 1 Klasse gefallen
\+ +: um 2 Klassen gestiegen von 1968 auf 1978

Pfeile: Ausdehnungsrichtungen der rheinischen Achse und des Hellwegs

B: Oberzentrum (nur teilw.) A: Oberzentrum (voll) A: Großzentrum

Hinsichtlich der Lage der einzelnen Gebietskörperschaften mit hohem, mittlerem und niedrigem BIP lassen sich *regionale Differenzierungen* innerhalb der rheinisch-westfälischen Stadtlandschaft feststellen. Diese Differenzierungen erscheinen für eine innere Gliederung des Gebiets als recht brauchbar. Zunächst fällt als *wirtschaftsstärkste Achse* des gesamten Verdichtungsfeldes *das Rheingebiet* zwischen Wesel im Norden und Bonn im Süden auf: in ihm sind alle Fälle der Klasse A konzentriert. Hinzu treten B- und C-Gebiete zum Randbereich hin. Jeweils nach Osten und Westen ergibt sich ein deutlicher und relativ scharfer Abfall der Wirtschaftskraft von dieser Achse aus.

Ein zweiter Streifen mit höherer Wirtschaftskraft verläuft ungefähr senkrecht dazu *zwischen Duisburg im Westen und Dortmund im Osten* und weiterhin von dort aus nach Hamm (B mit +). In diesem Streifen befindet sich die Mehrzahl der B-Orte. Nördlich dieses Streifens sind zwei weitere Teilräume festzustellen, insofern als der unmittelbar anschließende Teil einen sehr starken Einbruch der Wirtschaftskraft anzeigt (nur E-Orte) und der davon nördlich liegende Teil nur die D-Klasse umfaßt.

Die deutlichen Unterschiede zwischen den beiden wirtschaftsstärksten Achsen sind u. a. eng in den Zusammenhang mit der Bedeutung des Sektors der Dienstleistungen zu bringen, wie der Vergleich mit der Hierarchie der zentralen Orte zeigt. An folgenden Beispielzahlen wird der Unterschied besonders augenfällig. In Düsseldorf entfallen von 1000 Beschäftigten 442 auf solche im Dienstleistungsbereich, in Dortmund dagegen nur 230 (1980).

Südlich des Streifens Duisburg – Dortmund – Hamm bilden Wuppertal, Solingen und Remscheid ein Kerngebiet mit B-Orten, um das nach außen mit abfallender Wirtschaftskraft C-, D-, E-Gebiete angeordnet sind. Dadurch wird das *Bergische Land* gekennzeichnet. Eine ähnliche Anordnung findet sich östlich davon, im *Märkischen,* wo Hagen, Iserlohn und Lüdenscheid den Kernbereich bilden, an den sich nach außen abfallend wiederum D-Gebiete angliedern.

Die *westlich der Rheinachse* gelegenen traditionellen Industriegebiete Mönchengladbach, Düren und Aachen sind durch kein hohes BIP charakterisiert. Da teilweise Industrie- und Landgemeinden in den Kreisergebnissen zusammengefaßt sind, sind diese Zahlen allerdings nicht unmittelbar mit denen der kreisfreien Städte in den anderen Gebieten zu vergleichen.

Somit ergibt sich nach Wirtschaftskraft und Gefälle im Rheinisch-Westfälischen Ballungsgebiet folgende *regionale Untergliederung*:

1. die Rheinachse;
2. das Gebiet von Aachen und Düren;
3. der sog. „linke Niederrhein“ um Mönchengladbach;
4. das südliche Ruhrgebiet;
5. das nördliche Ruhrgebiet mit den beiden Untereinheiten;
6. das Bergische Land;
7. das Märkische.

Über das BIP und eine entsprechende Klassenbildung ist es somit möglich, eine regionale Untergliederung zu erreichen. (In den folgenden Kapiteln werden diese Untereinheiten getrennt analysiert.)

Bevor mit der Einzelanalyse begonnen wird, ist jedoch noch einiges zur industriellen Gewichtung der einzelnen städtischen Standorte im Rahmen eines Gesamtvergleichs auszuführen.

Um diesen Vergleich anstellen zu können, wird ein sog. *D/B-Index* eingeführt. D steht für *Diversifizierung.* Damit ist die Anzahl der Hauptbranchen gemeint, die über einem bestimmten Schwellenwert der Beschäftigten liegen. Ähnlich führt auch Ruppert (1981, S. 135 ff.) einen sog. Spezialisierungskoeffizienten ein.

B steht für die *Beschäftigten* bzw. die Anzahl der Beschäftigten in jeder Hauptbranche, die nach bestimmten Schwellenwerten den *Rang* dieser Hauptbranche im Größenvergleich untereinander für diesen städtischen Standort ausdrücken. Den Branchen werden Gewichtungsziffern zugeteilt nach folgender Festlegung: 1 für den untersten Rang, 2 für die nächste Rangstufe, bis 4, der höchsten. Die Ziffern werden addiert. Diese Addition ergibt den B-Index.

Die für D und B gefundenen Werte werden auf je einer linearen Skala entsprechend ihrem Auftreten und der Häufigkeit des Auftretens von bestimmten Werten eingetragen und nach der Häufigkeit der Verteilung Schwellenwerte gebildet. Folgende Klassen entstehen:

bei D: Orte mit 1 und 2 Branchen	= 50 Fälle	= Klasse 1
3 und 4 Branchen	= 12 Fälle	= Klasse 2
5 bis 7 Branchen	= 7 Fälle	= Klasse 3
8 und 9 Branchen	= 2 Fälle	= Klasse 4
bei B: Orte mit den Werten 1– 3	= 46 Fälle	= Klasse I
4– 7	= 15 Fälle	= Klasse II
8–12	= 2 Fälle	= Klasse III
13–17	= 5 Fälle	= Klasse IV
über 18	= 2 Fälle	= Klasse V

Das Ergebnis ist die Abb. 5a.

Für die Festlegung des Ranges ist die Zahl der Beschäftigten herangezogen worden, wie sie den Symbolgrößen im Alexander-Weltatlas zugrundegelegt werden. Es ergeben sich – Zahlen in 1000 Beschäftigten – folgende Rangzuordnungen:

	1	2	3	4
Eisenverhüttung	0,2–0,5	0,5–0,8	0,8–2,0	ü. 2,0
Nahrungsmittel	4,5–7,5	7,5–19,0	–	–
chemische Industrie	1,0–3,0	3,0–5,0	5,0–12,5	ü. 12,5
übrige Industrie (außer Bergbau und Elektrizität)	1,5–4,5	4,5–7,5	7,5–19,0	ü. 19,0

Man kann ablesen, daß sich die Orte mit den höchsten Klassen auf die Städte der *Hellwegreihe* und auf die Rheinschiene verteilen, und zwar so, daß die höchste Klasse nur in den Orten der *Rheinschiene* auftritt, die nächsthöchste Klasse dann in den Orten der Hellwegreihe. Das Ergebnis entspricht der regionalen Verteilung der Rangfolge der Orte beim BIP (Hellweg = Klasse B, Rheinschiene = Klasse A). Als *höchstrangiges Zentrum* kristallisiert sich *Köln* heraus.

Einerseits ist dieses Ergebnis als Bestätigung für die Brauchbarkeit des BIP für die Regionalisierung zu werten, andererseits aber auch dafür, daß ein gewisses Maß der Wertschöpfung und damit der Wirtschaftskraft eines städtischen Standorts mit dem sekundären Sektor zusammenhängt.

Abb. 5a Der D/B-Index der Industriebranchen und das Intercity-Netz (Erläuterungen: siehe Text)

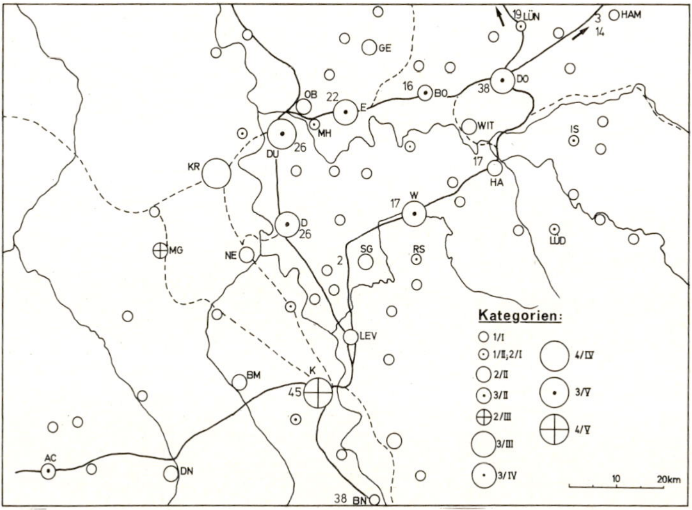

Auf der Grundlage der Volkszählungsergebnisse von 1970 sind die Städte Nordrhein-Westfalens durch de Lange (1980) typisiert worden. Aufgrund dieser Unterlagen wurde die Abb. 5b entworfen. Auch diese Karte zeigt Möglichkeiten, deutliche Unterregionen nach der Gewerbestruktur zu bilden, die den bisherigen im großenganzen entsprechen. Dies gilt besonders für die Regionen I, II, IV, V, VI, VII. Einen Sonderfall gegenüber der bisherigen Gliederung stellt Region III dar. In ihr können nach den Kriterien de Langes das Gebiet von Mönchengladbach/Viersen einerseits und das Gebiet von Düsseldorf/Neuß/Krefeld, die von uns zwei getrennten Gebieten zugeordnet worden sind, zusammengefaßt werden. Aus den mitgeteilten Gründen bleiben wir jedoch bei der von uns gegebenen Einteilung.

Nicht nur hinsichtlich der Bevölkerung und der Industriebeschäftigten ist der rheinisch-westfälische Ballungsraum das wichtigste Verdichtungs- und Industriegebiet der Bundesrepublik, sondern

Abb. 5b: Typisierung der Städte nach vorherrschenden Gewerben

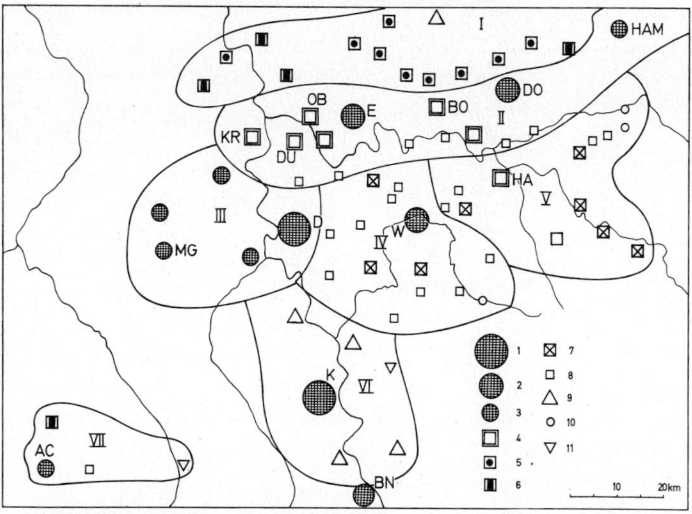

1: Multifunktionale Großzentren
2: Multifunktionale Hauptzentren
3: Multifunktionale Ober- und Mittelzentren
4: Metallverarbeitung in Großbetrieben dominierend
5: Kohlenbergbau
6: Kohlenbergbau mit weiteren Branchen
7: Metallverarbeitung in Klein- und Mittelbetrieben dominierend
8: Metallverarbeitung und weitere Branchen
9: Chemische Industrie
10: Gemischt
11: Papierindustrie

I.: „Emscher"
II.: „Hellweg"
III.: „Linker Niederrhein"
IV.: Bergisches Land
V.: Märkisches Land
VI.: Südliche Rheinschiene
VII.: Randkern Aachen/Düren

AC: Aachen
BN: Bonn
BO: Bochum
D: Düsseldorf
DO: Dortmund
DU: Duisburg
E: Essen
HA: Hagen
HAM: Hamm
K: Köln
KR: Krefeld
MG: Mönchengladbach
OB: Oberhausen
W: Wuppertal

auch im Hinblick auf den Sitz der *größten deutschen Unternehmen* nach dem Umsatz.
Von den 20 größten Unternehmen entfallen seit Jahren 10 auf das Rhein-Ruhrgebiet. Allerdings geht der Anteil am Gesamtumsatz dieser 20 Unternehmen kontinuierlich zurück, wie erstmals die Ford-AG ausgeschieden ist und die Ruhrgas hinzukam. Auf diese 10 entfällt immerhin noch 46,5 % des Umsatzes. Diese Unternehmen sind: Veba (Düsseldorf), Bayer (Leverkusen), Thyssen (Duisburg), Klöckner (Duisburg), Ruhrkohle (Essen), Rheinisch-Westfälische Elektrizitätswerke – RWE – (Essen), Gutehoffnungshütte – GHH – (Oberhausen), Krupp (Essen), Mannesmann (Düsseldorf).
Von den 20 größten deutschen *Handelsunternehmen* entfallen auf solche mit Sitz im Gebiet 12. Diese weisen einen Umsatzanteil von 68 % auf. U. a. sind zu nennen: Tengelmann, Stinnes, Aral, Raab-Karcher, Karstadt, Aldi, Kaufhof, Rewe-Zentrale, Metro.

2. Genetisches Verständnis

Es stellt sich die Frage, mit welcher Struktureinheit begonnen werden soll. Der *genetische Ansatz* kann bei der Beantwortung weiterhelfen, und zwar insofern, als man sich fragt, wo denn die Industrialisierung ansetzt und einsetzt, die ja der Grundanlaß für die zunehmende Verstädterung und das Einschmelzen weiter Gebiete und somit der Unterschiede der Teilregionen bildet.
Um diese Frage beantworten zu können, wird eine Karte der Verteilung der *Gewerbe um 1830* in Mitteleuropa herangezogen, bzw. ein Ausschnitt daraus für das rheinisch-westfälische Verdichtungsfeld. (Die Karte ist entworfen nach der Beschreibung von C. J. Weber, 1826–1834.) (Abb. 6)
Aufgrund dieser Karte können wir folgendes feststellen: Die „Rheinschiene“ hatte nur eine ganz geringe Bedeutung. Nur im Raum Köln und im Raum Krefeld ist etwas Textilgewerbe vorhanden. Im gesamten Ruhrgebiet nördlich der Ruhr findet sich nur ein wenig Kohlebergbau unmittelbar an der Ruhr. Links des Rheines, zwischen Düren und Aachen, gibt es Abbau und Verhüttung

Abb. 6: Gewerbe um 1830 (nach J. Weber)

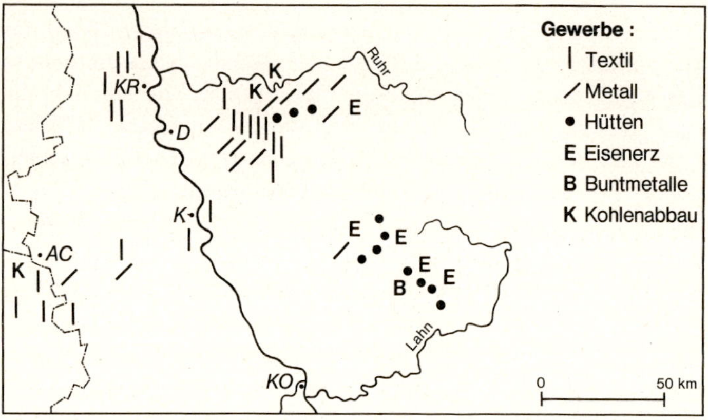

von Buntmetallen und ein darauf aufbauendes Metallgewerbe. Der Kohlebergbau im Gebiet von Lüttich ist vergleichsweise stärker als der an der Ruhr (Ersterwähnung 1298). Hüttenindustrie befindet sich nördlich der Lahn, im Siegerland und seinen Ausläufern; dieses Hüttengewerbe basiert auf den Eisen- und Buntmetallerzen. Nur hier war also um 1820 so etwas wie eine Art „Schwerindustrie“ vorhanden – im Ruhrgebiet dagegen nicht.

Weitere industrielle Ansatzpunkte finden sich im Märkischen mit Metall- und Textilgewerbe, ebenfalls im Bereich von Wuppertal (damals noch Elberfeld), Solingen und Remscheid (damals im wesentlichen Lennep). Gewerbe und vorindustrielle Ansätze finden sich somit in anderen Gebieten als im heutigen Ruhrgebiet.

Insgesamt gesehen paust sich – von Ruhrgebiet und Rheinachse als offenbar genetisch recht junger Entwicklungen abgesehen – jedoch das *vorindustrielle Bild* mit den Wurzeln für die heutige Industrie bis heute durch.

Benutzt man die genetische Methode, so gibt es keine andere Wahl, als bei der regionalen Analyse mit dem Gebiet zu beginnen, in dem gewissermaßen *die Wiege* des heutigen Rheinisch-Westfälischen Verdichtungsfeldes gestanden hat, nämlich *im Märkischen* und vor allem *im Bergischen Land.* Daher wird im folgenden mit dem Bergischen Land begonnen und mit dem Märkischen fortgefahren. Dabei fragen wir uns, was aus dieser „Wiege" geworden ist und wieso dies in dieser Weise der Fall gewesen ist. Auch für die Analyse der Unterregionen wird der genetische Ansatz beibehalten. Es wird davon ausgegangen, daß von diesem Ansatz her ein *Verständnishorizont für die heutige Struktur* gewonnen werden kann. Insbesondere wird jeweils auf die Entwicklung des Standortes, seine Voraussetzungen und auf die Veränderungen eingegangen, die sich auf Grund veränderter technologischer Entwicklungen vollzogen haben. So führt Ruppert (1981, S. 119) aus; daß Beispiele räumlicher Verteilung von Industrien „allein mit Hilfe der rechnerisch differenzierbaren Assoziationsursachen der Ähnlichkeit des Ressourcenbedarfs oder interindustrieller Sonderbeziehungen nicht verständlich sind, sondern daß insbesondere zur Erklärung standörtlicher und -räumlicher Dissoziation der zeitliche Aspekt der Industrieentwicklung und ihrer Dynamik mit herangezogen werden muß."

Wesentliche Bedingung für die Genese im groben wie auch im einzelnen war das Vorhandensein bzw. die Entwicklung der *Verkehrsinfrastruktur.* (Vgl. auch das Vorwort.)

Die frühe internationale Leitlinie war und blieb der *Rhein.* An ihm hatte Köln seit der Spätantike eine herausgehobene Stellung. Von ihm als überregionalen Knoten strahlten sternförmig die römerzeitlichen und mittelalterlichen Straßen aus (vgl. Abb. 35a); von ihm aus entwickelte sich das westdeutsche Eisenbahnnetz (vgl. Abb. 1). Welche Impulse von Köln ausgingen bzw. vermittelt wurden, wird in den folgenden Kapiteln verschiedentlich zu erwähnen sein (vgl. auch die Zusammenfassung, Kapitel IX, XII).

Mit der Einbeziehung des Stammes der Sachsen in das karolingische Reich entstand eine zeitlich wie auch bedeutungsmäßig sekundäre Verkehrslinie, der *Hellweg*, der für das Entstehen mittelalterlicher städtischer Kerne auf der Strecke zwischen Duisburg und Paderborn erhebliche Bedeutung besaß. Duisburg war der wichtige rheinnahe Stützpunkt dieser strategischen Linie.

Im rheinisch-westfälischen Ballungsraum pausen sich beide Verkehrsgrundzüge – also der „Kölner Knoten" und die „Hellweg-Linie" bis heute als Untersysteme eines inzwischen einheitlichen verkehrlichen Raumsystems durch (vgl. Abb. 1, das Autobahnnetz). Eine Untersuchung dieses Verkehrssystems ist im Rahmen dieses Buches im einzelnen nicht vorgesehen, zumal eine Untersuchung des Gesamtraumes in dieser Hinsicht fehlt. Dies liegt insbesondere auch daran, daß eine dafür notwendige Aufgliederung der Verkehrsstatistik des Landes Nordrhein-Westfalen nicht vorhanden ist, die etwa genaue Angaben zum PKW- und LKW-Verkehr an allen Zählpunkten enthielte.

Im Vorwort wurde bereits die *Gebietsreform* von 1975 angesprochen. Es ist nun ebenso kennzeichnend für den Gesamtraum und seine Ausdehnungsstadien, daß diese Gebietsreform nur *einen* solchen Akt darstellt. Ihm waren schon mehrere vorausgegangen. Der erste einschneidende Akt erfolgte mit dem preußischen Gesetz von 1904, ein zweiter in den Jahren 1926–1929. Der erste betraf im wesentlichen das Ruhrgebiet, der zweite bezog weite Teile des Rheinlandes ein. Diese fortschreitenden Gebietsreformen sind also ein Ausdruck des räumlichen Fortschreitens des Verstädterungsvorganges.

Wie 1975, so waren auch die früheren Maßnahmen jeweils Gegenstand heftiger Auseinandersetzungen. So interessant eine vergleichende Darstellung des Umfanges der Eingemeindungen, der Motive und Gegenmotive wäre, so sehr würde sie den hier gesetzten Rahmen sprengen. Bei der Darstellung einzelner Gebiete werden in den folgenden Kapiteln gelegentliche Bemerkungen über Sinn und Erfolg eingeflochten. Wichtig ist sich klarzumachen, daß bei jeder „Reform" traditionsreiche Städte ihre Selbständigkeit aufgeben mußten. 1975 schloß Wanne-Eickel sich mit Herne zusammen, kam Wattenscheid zu Bochum, Rheydt zu Mönchengladbach; 1926–1929 das „alte" Lennep zu dem „jungen Dorf" Remscheid, wurden Elberfeld und Barmen mit anderen alten städtischen Kernen zu Wuppertal zusammengeschlossen; schon davor waren Gerresheim zu Düsseldorf, Mühlheim und Deutz zu Köln gekommen, das alte Sterkrade zum „Weiler" Oberhausen, Hamborn, Ruhrort und Meiderich zu Duisburg, Uerdingen zu Krefeld – um nur einige wichtige Beispiele zu nennen.

Bei einigen dieser Veränderungen spielte die durch die Eisenbahn „zementierte" Lagebevorzugung eine große Rolle (Remscheid,

Mönchengladbach, Oberhausen, Duisburg, Köln, Düsseldorf). Keine der Städte wurde jedoch durch die Eingemeindungen so begünstigt wie Köln, dem es gelang, auch auf der gegenüberliegenden Rheinseite große Gebiete hinzuzugewinnen (demgegenüber blieben Düsseldorf, Duisburg, Krefeld stärker auf ihre jeweilige Seite beschränkt) und bei der Gebietsreform 1975 noch auszubauen.

Diese wenigen Hinweise müssen hier genügen. Leider fehlt zu diesem Gesichtspunkt der Gebietsreform eine – an sich notwendige – ausführliche Monographie.

3. Zur Abfolge der Kapitel und zu ihrer Gestaltung

Warum etwa das Bergische Land und das Märkische an die erste Stelle der regionalen Kapitel gestellt werden, wurde schon begründet. Einige weitere methodische Überlegungen schließen sich an. Hierbei ist besonders von der Überlegung auszugehen, daß die einzelnen Teile des rheinisch-westfälischen Ballungsraumes wie auch der Gesamtraum mit dem Umland in einem Systemzusammenhang der jeweiligen Ergänzung steht (z. B. Pendlereinzugsbereiche und Wohngebiete, Naherholung, Ernährung, Versorgung mit Baustoffen und Zuschlägen der Roheisengewinnung). Auch die Bemerkungen zum Verkehrssystem, zum Ausgreifen der Eingemeindungen ins Umland belegen dies. In diesem System von Ballungsraum und Umland bildet der Ballungsraum den Kern der aktiven Impulse, der technologischen Weiterentwicklung, der polynuklearen, städtischen Verdichtung; der Ballungsraum ist der *Kernraum.* Das Umland dagegen ist der in der bezeichneten Weise auf den Kernraum bezogene *Ergänzungsraum.* Wegen dieses Systemzusammenhangs muß auch das Umland in den Kreis der Betrachtung einbezogen werden. Daher ist das Kapitel XI notwendig und nicht eine bloße Zutat (vgl. auch das Vorwort).

An verschiedenen Stellen wird im Verlauf eines Kapitels der jeweils einzuschlagende Weg erörtert (vgl. z. B. die „Methodische Zwischenbemerkung" im Kapitel V, 1). Damit wird deutlich, daß nicht jedes Kapitel ein und demselben „Strickmuster" rigide folgt, son-

dern je nach *den als dominant betrachteten Merkmalen* der Teilregion verfahren wird. Es wurde z. B. überlegt, die sog. „Strukturdatei" (vgl. z. B. Abb. 18) und die aus ihr zu gewinnenden Charakterisierungen eines Gebiets einem jeden Regionalkapitel voranzustellen. Dieser Gedanke wurde fallengelassen und findet daher beim Bergischen Land und dem Märkischen keine Anwendung, wohl aber bei den folgenden Kapiteln.
Solche Leser, die über die bisher vorgenommenen Charakterisierungen des Gesamtraums hinaus *Zusammenfassungen* schon am Anfang für wünschenswert halten, seien darauf hingewiesen, daß die Lektüre zusammenfassender Abschnitte natürlich auch vorweggenommen werden kann. So sei hier schon auf Kapitel IX aufmerksam gemacht, in dem bestimmte wesentliche Einsichten der vorangegangenen Kapitel systematisiert werden. Der Verfasser schlägt aber im Aufbau insgesamt lieber ein induktives Vorgehen ein. Daher werden z. B. die Ergebnisse der Städtesystemforschung erst im Abschlußkapitel, im Kapitel XII, vorgestellt.

III. Das Bergische Land

Abb. 7 Gewerbe im Bergischen Land und am Niederrhein um 1820

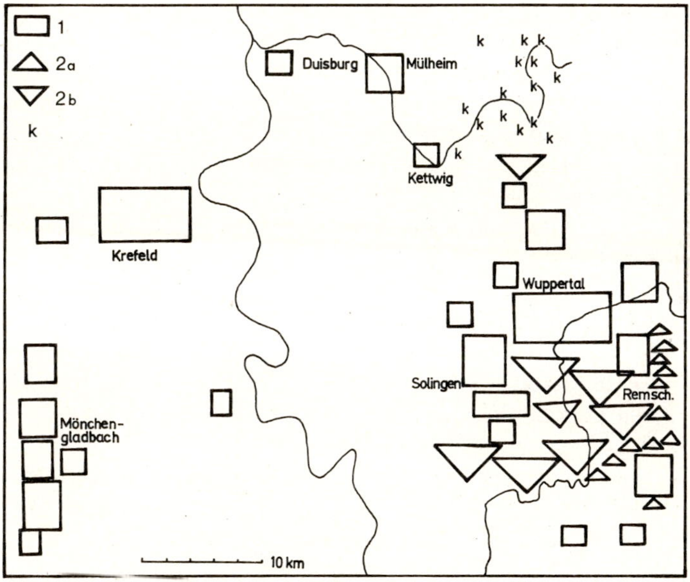

1. Webstühle: groß = 200–500; klein = 75–200
2a) Hammerwerke (je 10)
2b) Schmieden (über 400; 300)
k = je zwei Kleinzechen
(Nach Hahn und Zorn 1973)

Abb. 7 zeigt, daß das Gebiet von Wuppertal (Elberfeld) bereits um

1820 einen Schwerpunkt des Textilgewerbes bildete, mit Ausläufern zur Ruhr (Mülheim, Duisburg) hin. Im Gebiet von Solingen und Remscheid fällt schon für damals die Monostrukturierung mit Schmieden und Hammerwerken auf. Die Wurzeln der noch heute hier dominierenden beiden Zweige der Textil- und der metallverarbeitenden Industrie waren also bereits um 1820 als Vorläufer kräftig ausgebildet, während an der Ruhr nur Kleinzechen erscheinen, als erstes Merkmal für die spätere Entwicklung. Zwischen Ruhr und Wupper erscheint noch ein Schwerpunkt des frühen Metallgewerbes im Niederbergischen.

Um 1820 ist also bereits eine Differenzierung in *drei unterschiedliche Teilgebiete* vorhanden, die sich im großen bis heute gehalten hat.

Es läßt sich somit eine *Persistenz* der Standorte und der branchenmäßigen Differenzierung über mehr als 150 Jahre hinweg erkennen. Die drei Teilgebiete sind:

1. Der Bereich *Wuppertal* mit dem Kern Elberfeld, dazugehörend die südlichen und südöstlichen Vororte bis zur alten Stadt Lennep (heute Teil von Remscheid) sowie auch der Südwesten mit Haan, der auch heute noch von der Textilindustrie bestimmt ist.
2. Der Bereich *Solingen und Remscheid*, der von der Kleineisenindustrie geprägt wird, mit Spezialisierung auf bestimmte Kleineisensparten (Solingen: Schneidwaren aller Art, mit Ausfuhranteil bei rd. 45%; Remscheid: Werkzeuge aller Art mit 60% des Gesamtumsatzes der Remscheider Industrie in nur 500 Betrieben von 1850 Betrieben, zugleich mit hohem Anteil – bis 40% – an der Weltgesamterzeugung).
3. Der Bereich *Velbert*, der in der Beschlagindustrie und bei Schlössern aller Art mit einem Drittel der Erzeugung in der Bundesrepublik in diesen Sparten führend geworden ist.

Schon um 1830 wurde das Bergische von K. J. Weber folgendermaßen beschrieben: „Diese Provinz . . . ist eine weite, große Fabrik, und unstreitig die industriöseste Provinz des Vaterlandes.“

Die *frühe Industrialisierung* führte bald zu einer starken Bevölkerungsverdichtung, die sich in der Folgezeit noch erheblich fortsetzte, insbesondere nach 1870, im Einklang mit der erst seitdem beginnenden allgemeineren Industrialisierung Deutschlands. Da-

bei wurde eine Einwohnerzahl von 600 Einw./km² erreicht – und das in einem erst relativ jung besiedelten Mittelgebirge, das noch im Mittelalter mit Wäldern bedeckt war.
Diese späte Erschließung hatte ihren Grund in den kargen Schiefer- und Grauwackenböden, in den sehr hohen Niederschlägen (maximal 1200–1400 mm im Jahr, trotz der relativ geringen Meereshöhe von 250–450 m), in der starken Reliefzerschneidung. Nur der Hafer brachte auf den staunassen, daher kühlen Böden regelmäßige Erträge, weswegen das Gebiet auch als „Haferspanien" bezeichnet wurde.
Trotz dieser außerordentlich *mäßigen Voraussetzungen* hat sich hier ein relativ hohes BIP pro Einw., d.h. also eine recht große Wirtschaftskraft, ergeben, trotz auch der schon genannten erheblichen *Reliefzerschneidung*, die für die verkehrliche Verbindung stets große Schwierigkeiten gemacht hat. Erst 1906 wurden z.B. Solingen und Remscheid mit Hilfe der höchsten Eisenbahnbrücke Deutschlands direkt miteinander verbunden.
Die Grundlagen für die Entwicklung von Gewerbe und Industrie liegen weniger in bestimmten räumlichen Standortfaktoren, die sich etwa stets gleichbleibend erhalten hätten, sondern mehr im *sozialen Bereich* – im weitesten Sinne des Wortes. Gerade wegen der sich in der Genese dieses Raumes oft ändernden Standortbedingungen war die Bevölkerung zu Anpassung und damit zu Mobilität gezwungen. Diese wurde zu einem charakteristischen Zug und hat immer wieder auch die Anpassung an wechselnde Marktbedingungen erlaubt.
Daher konnten die bis heute dominierenden, kleinen bis mittleren mittelständischen Betriebe ihre entsprechende *Elastizität* bewahren. Hinzu trat ein ebenso anpassungsbereites Facharbeitspersonal. So konnte man nach und nach immer mehr zur Erzeugung *hochveredelter Produkte* der Kleineisenindustrie übergehen und nur dadurch Marktposition, Arbeitsplätze und Dichte halten. Die Nähe zu den sich besonders nach 1850 entwickelnden rheinischen und westfälischen Industriearealen wurde ebenfalls zu einem nicht zu unterschätzenden Standortfaktor.
(Eine Kartierung des überbauten Geländes jeweils in den Jahren 1800, 1850 und 1900 im Vergleich mit den Statistiken über die Be-

völkerungsentwicklung zeigt, daß sich das Bergische fast explosionsartig gerade erst nach 1850 zu einem hochverdichteten Ballungsraum entwickelte.)
Zum sozialen Bereich im weiteren Sinne gehört auch die von der kalvinistischen Einstellung her geprägte *Mentalität.* Wie Weber gezeigt hat, sind Gebiete mit kalvinistischer Bevölkerung geradezu prädestiniert für die Entwicklung eines frühkapitalistischen Unternehmertums. (Andere Beispiele: Genf, Basel, Mittelengland, Neuengland-Staaten der USA.)
Seinen besonderen Ausdruck fand diese Entwicklung und Einstellung in der Stadt *Elberfeld*, der Geburtsstadt von Friedrich Engels, ein Fabrikantensohn dieser Stadt. Durch den Pietismus wurde die Religiösität neu belebt. Zwar entstanden rund 100 Sekten, die miteinander rivalisierten, aber zugleich auch ein blühendes kirchliches Leben. Seinen Ausdruck hat dies darin gefunden, daß Elberfeld zum Schwerpunkt der sog. Rheinischen Mission wurde, daß früh soziale Hilfswerke für die Arbeiterschaft entstanden, daß eine *kirchliche Hochschule* gegründet wurde. Sie bildet heute den traditionellen Kern der Gesamthochschule Wuppertal und hat Elberfeld und damit Wuppertal schon früh auch den Rang eines kulturellen Oberzentrums verliehen. Abgesehen vom wirtschaftlichen Aufschwung der Stadt an einer der ältesten, durchgehenden Haupteisenbahnlinien, ist darin auch einer der Grundpfeiler für die Entwicklung der Stadt zu dem bergischen Oberzentrum schlechthin zu erblicken. (Vgl. auch Blotevogel 1975.) Auf den tertiären Sektor entfielen an Arbeitsplätzen 92 000, auf den sekundären 88 000.
Abb. 8 verdeutlicht modellartig die Entwicklung der Industrie am Beispiel von Wuppertal. Der Anstoß dazu geht von den mittelalterlichen Handelsherren in Köln aus, die im Verlegersystem von den Familien Tuche und Garne bleichen lassen, die ursprünglich aus einheimischem Flachs hergestellt wurden. Die Verleger waren es, die Arbeit und Absatz garantierten. Es wurde somit am Anfang nicht für einen selbst erschlossenen Markt produziert, sondern auf fremde Rechnung. Erst allmählich entwickelte sich eine selbständige Weiterproduktion. Der erste Schritt dazu war die Einführung des Färbens. Das dabei nach und nach erworbene „Know-how" führte dazu, daß man sich allmählich von den einheimischen Roh-

Abb. 8a Stammbaum der Wuppertaler Textilindustrie

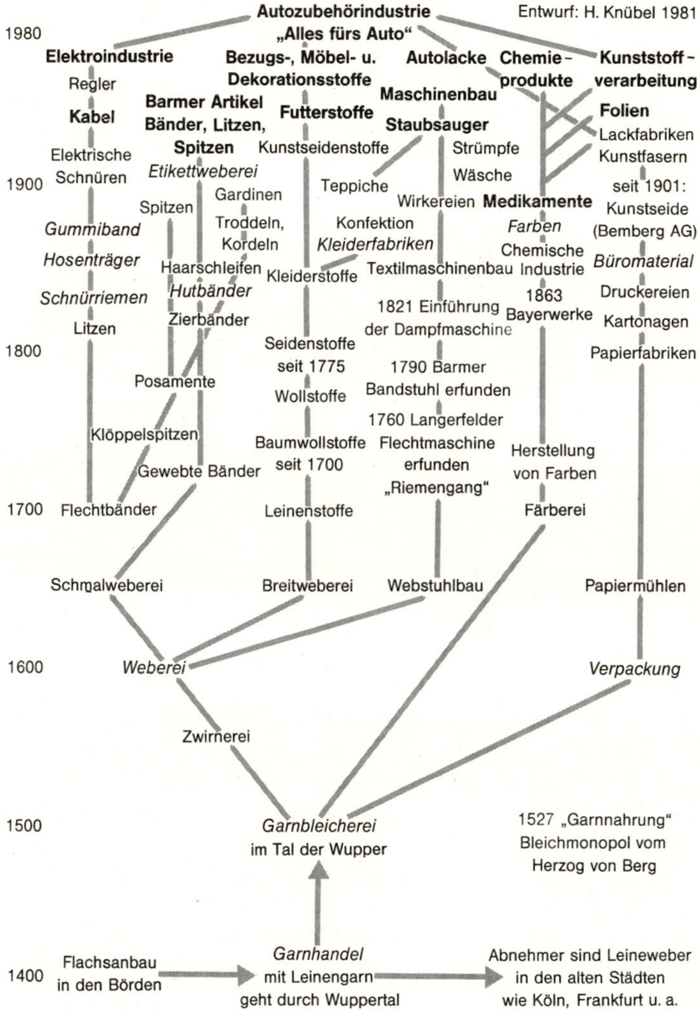

Quelle: Wuppertaler Geogr. Studien, H. 2, S. 97, Abb. 3

Abb. 8b Grundlagen: Arbeitsorientierung

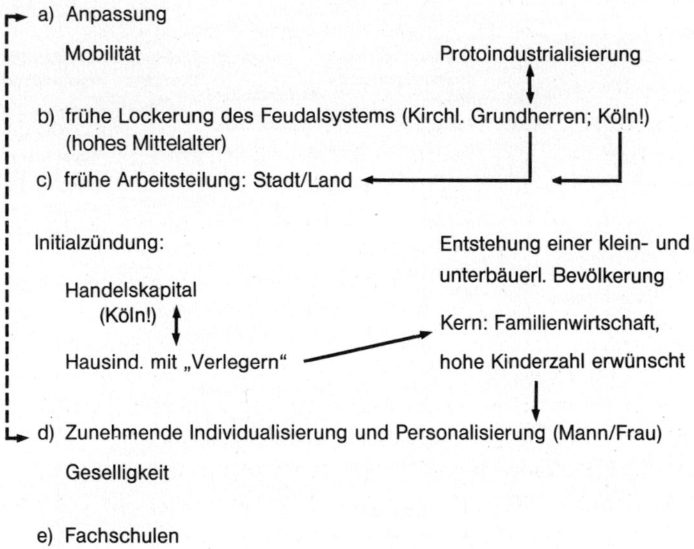

stoffen wie auch von den Kölner Verlegern lösen konnte, auch deswegen, weil die einheimischen Vorprodukte bald nicht mehr reichten und Vorprodukte aus ganz Norddeutschland, später von Holland und Übersee her eingekauft werden mußten.

Aufgrund einer weitergehenden *Spezialisierung* erwarb Elberfeld auf dem Gebiet der Schmalweberei (z. B. Bänder und Spitzen aller Art) eine Spitzenstellung im damaligen Europa. Der Erfolg dieser Spezialisierung zog eine weitere *Diversifizierung in der Textilindustrie* nach sich (z. B. auch Verarbeitung von Seide und Samt). Entsprechend wurden die jeweils naheliegenden weiteren Vorprodukte mit einbezogen (Gummi- und Lederwarenherstellung), wie dann später die Verarbeitung von Kunstfasern, Kunststoffen und Kunstleder.

1899 wurden die Vereinigten Glanzstoffwerke gegründet. Nach dem Vorbild der Glühfäden wurde Kupfer-Kunstseide hergestellt. 1929 fusionierte die Firma mit einem großen holländischen Faserproduzenten. Das Gesamtunternehmen ist als Enka der größte

Hersteller von Chemiefasern. Auf Fasern entfallen heute 40% der Produktion (früher 60%), auf Synthesegarne 31%; hinzutreten Folien u. dgl. Mit einer japanischen Firma wurde die Zusammenarbeit bei Kohlenstoffasern vereinbart. Solche Fasern sind wichtige Bestandteile für hoch belastbare Werkstoffe. (Die Japaner sind derzeit bei dieser Technologie führend. Die Produktionskosten sind noch sehr hoch und betragen 200,– DM je kg.)
Im Zusammenhang mit der Kunststoffindustrie entwickelten sich nach und nach auch Zulieferanten für die Autoindustrie (Armaturen, Armaturenbretter). Auch entwickelte sich ein spezieller Zweig, der Maschinen für den Kunststoffsektor herstellt. Diese Maschinen werden ebenfalls im Enka-Bereich erzeugt.
Im Zusammenhang mit der Färberei entstand eine *chemische Industrie*, wie z. B. die Firma Bayer, die ihr Stammwerk bis heute in Elberfeld hat, in der Expansionsphase dann aber ein Zweigwerk, das das spätere Hauptwerk wurde, an den Rhein verlegte.
Da die Textilindustrie immer maschinenintensiver wurde, mußte man auch im Sektor der Textilmaschinen das notwendige „Know-how" erwerben. So wurde um 1770 der Bandstuhl erfunden, auf dem die Bänder für die Schmalweberei rationeller gefertigt werden konnten (allerdings in Barmen, der Nachbargemeinde Elberfelds).
Im Zusammenhang mit den Textilmaschinen setzte die Entfaltung der *Maschinenindustrie* überhaupt an, die dann bis zur Entwicklung der Elektroindustrie weiter ausgebaut wurde (z. B. Vorwerk: Textilien und Haushalt-Elektroartikel).
Die Entwicklung wurde seit 1849 durch die *Bergisch-Märkische Bahn* gefördert.
Der Diversifizierungsvorgang in der Industrie wäre aber ohne die Anpassungsfähigkeit der Bevölkerung und der Facharbeiter nicht möglich gewesen. Spätestens mit der Lösung von den einheimischen Vorprodukten wurde mit der *Orientierung am Markt* der Standortfaktor der *Arbeitskräfte* immer wichtiger, ergab sich damit die Möglichkeit, eine stetig anwachsende Bevölkerung zu ernähren, erklärt sich von daher die hohe Bevölkerungsdichte.
Begünstigt wurde die Entwicklung durch eine frühe Lockerung des Feudalsystems im Bergischen Land im Zusammenhang mit dem hier weit gestreuten Besitz der Kölner Klöster wie auch des

Klosters Werden an der Ruhr. Diese frühe Lockerung des Feudalsystems führte zu einer sog. „*Proto-industrialisierung*" (proto = voraus, vorweg), für die die Arbeitsteilung zwischen Stadt und Land charakteristisch ist, wie sie im Verlegersystem vorgebildet worden war. Wenn auch die Initialzündung vom Handelskapital aus vor sich ging, so entstand als Träger der weiteren Entwicklung eine klein- und nichtbäuerliche Bevölkerung, aus der die Arbeitskräfte für die zunehmend arbeitsorientierte Industrie kamen. Damit konnte sich allmählich das Facharbeitertum ausbilden.

Die Kernzellen innerhalb der Klein- und nichtbäuerlichen Gesellschaft waren die Familienwirtschaften. Diese hatten dann ein hohes Gesamteinkommen, wenn die Anzahl der Familienmitglieder hoch waren. Hohe Kinderzahlen waren erwünscht. Dies trug zur Arbeitsorientierung und zum Wachsen der Bevölkerungsdichte wesentlich bei. Innerhalb dieser Familienwirtschaften war das Rollenverhältnis von Mann und Frau nicht mehr feudal und patriarchalisch bestimmt, sondern wegen der von Mann und Frau gleichermaßen getragenen Sorge um das gemeinsame Wirtschaftsziel mehr oder weniger gleichberechtigt. Damit setzte sich ein stärker personalisiertes Verhältnis der Geschlechter durch. Das Interesse an einer vorteilhaften Ausbildung für alle Familienmitglieder war in diesen Familienwirtschaften immer größer geworden. So fanden die im Laufe des 19. Jahrhunderts gegründeten *Fachschulen* großen Widerhall. Damit verstärkte sich einerseits die Bedeutung des Faktors Arbeitskraft, andererseits die Bedeutung auch dieses Faktors für die immer stärkere Diversifizierung.

Mit dem „Schema Wuppertal" läßt sich somit gerade für das Bergische Land die Entwicklung der vor- und frühindustriellen Gesellschaft gut beschreiben. Auch in diesem sozialen Sinn liegt hier somit die Wiege der Industrialisierung innerhalb des Rheinisch-Westfälischen Verdichtungsfeldes.

Im Prinzip war die Entwicklung in *Solingen ähnlich* (Mentalität, Mobilität, Anstoß von den Kölner Handelsherren aus: Schneidwarenherstellung), nur daß die Produktionsrichtung auf die Herstellung und Verarbeitung von Kleineisen gerichtet war.

Von beiden frühen städtischen Gewerbezentren aus (Elberfeld als Stadt: 1610; Solingen als Stadt: 1374) ging die Entwicklung ins

Umland hinein, wobei Remscheid erst eine relativ späte eigene Entwicklung genommen hat. Doch bilden, wie wir gesehen haben, Wuppertal, Solingen und Remscheid heute den Kernraum des Bergischen Landes. Die *Randzonen* nach Süden und Westen hin wurden erst später im Sinne einer kontinuierlichen Ausdehnung seit der 2. Hälfte des 19. Jahrhunderts, besonders auch erst im 20. Jahrhundert, in den Industrialisierungs- und Verdichtungsprozeß einbezogen. Wegen der Überlagerung der Einflüsse (Textilgewerbe von Wuppertal aus, Metallverarbeitung von Solingen und Remscheid aus) ist die Spezialisierung auf eine bestimmte Produktengruppe im Randbereich nicht so deutlich. Auch werden nicht so hohe Erträge (Lohnsummen, BIP) erwirtschaftet, wie in den Kernräumen.

Diese Kernräume mit den südlichen und westlichen Randzonen werden als das *Mittelbergische* bezeichnet. Wegen seiner Entfernung gehört das Oberbergische bei ähnlicher Struktur und Mentalität wie im Mittelbergischen nicht mehr in das Betrachtungsgebiet hinein (Kern: um Gummersbach). Dies ist jedoch beim Niederbergischen der Fall, mit dem Kern um Velbert, also auf der Abdachung zwischen Wupper und Ruhr nach Norden.

Im *Niederbergischen* war die Industrialisierung um 1820 erst wenig fortgeschritten, wie die Abb. 7 verdeutlicht. Noch um 1820 waren die heutigen Städte Velbert, Heiligenhaus und Tönisheide kleine Kirchdörfer oder gar Einzelhöfe in diesem wegen seiner Lößböden günstigen Agrargebiet. Dennoch betrug in diesen Kirchdörfern und Einzelhöfen aufgrund des Verlegersystems, das sich bis hierhin ausgebreitet und damit die Protoindustrialisierung auch hier eingeleitet hatte, der Anteil der Handwerker bereits 50–70%. Das Gewerbe war schon um 1820 auf Schloßproduktion und die sogenannte Gelbgießerei spezialisiert. (Verarbeitung von Buntmetallen, Messing z. B., als Wurzel der späteren Beschlagindustrie.) 1850 wurden die ersten Maschinen eingeführt, um 1860 die ersten Kraftmaschinen. In diesem Prozeß entwickelte sich der Handwerker allmählich zum Besitzer der Maschinen und zum Kaufmann in einer Person, d. h. zum Kleinfabrikanten. Man begann, die Schlüsselrohlinge in eigener Gießerei herzustellen. Die Gießereien als weiterer Fabrikationszweig breiteten sich aus. Um 1890 erfolgte

der Übergang ins eigentliche Fabrikzeitalter. Ab 1950, also mit beginnender Nachkriegskonjunktur, begann man, sich auf die Belieferung der Bau-, Möbel- und Kfz-Industrien zu konzentrieren, mit dem Ergebnis, daß hier heute 40 % aller Beschäftigten der Bundesrepublik in der Schloß- und Beschlagindustrie tätig sind. 30–35 % des Wertes werden exportiert. Eine enorme *Binnendiversifizierung* innerhalb dieser Spezialbranche setzte ein, mit vielfältigsten Zulieferbetrieben. Zu diesen zählen insbesondere die verschiedensten Gießereien. Seit 1955 wurde daher dieses Gebiet zum bedeutendsten Gießereizentrum der Bundesrepublik.
Vorteilhaft bemerkbar machte sich, daß – im Gegensatz zum Mittelbergischen – auf den breiteren Flächen des Niederbergischen noch eine bauliche Ausdehnung möglich war. Vorteilhaft war auch die Nähe zum Ruhrgebiet, und zwar in zweierlei Weise: Rohstoffe und Halbwaren können aus der Nähe bezogen werden (ursprünglich aus dem Märkischen). Für die Fertigwaren ist das Ruhrgebiet wichtigstes Zielgebiet.
Die Bevölkerungs- und Dichtezunahme als Ausdruck der intensiven Inwertsetzung zwischen 1950 und 1970 war enorm (50–100 %). Die Bevölkerung beträgt heute rund 230 000 Einw.; in der Zielplanung geht man von 350 000 Einw. aus. (In der südlichen Randzone des Mittelbergischen war dagegen die Dichtezunahme zwischen 1950 und 1970 mit rd. 25 % relativ gering.)
Wie schon am „Schema Wuppertal“ gezeigt, ist die Genese und damit das heutige räumliche Gefüge nicht verstehbar ohne den sozialen Hintergrund im weitesten Sinne. Dazu gehören auch Erfindungen und *veränderte Technologien.* Diese haben sich gerade im Bergischen Land als Standortfaktoren nachhaltig bemerkbar gemacht. Daher soll auf diesen Hintergrund mit seinen Folgen für das heutige räumliche Bild noch näher eingegangen werden (vgl. Abb. 9).
Während für die Entwicklung bei der Proto-Industrialisierung hinsichtlich des gesamten Mittelbergischen ähnliche Grundzüge vorliegen, ist dies bei der Genese des räumlichen Gefüges nicht der Fall. Dies liegt einerseits an den je unterschiedlichen Reliefverhältnissen, andererseits an der unterschiedlichen Produktionsrichtung und schließlich (jedoch nicht der an Einfluß geringste Faktor!) an dem Einfluß von außen, hier der Kölner Handelsherren.

Abb. 9 Entwicklung der Siedlungsstruktur und der Standorte der Gewerbe in Wuppertal

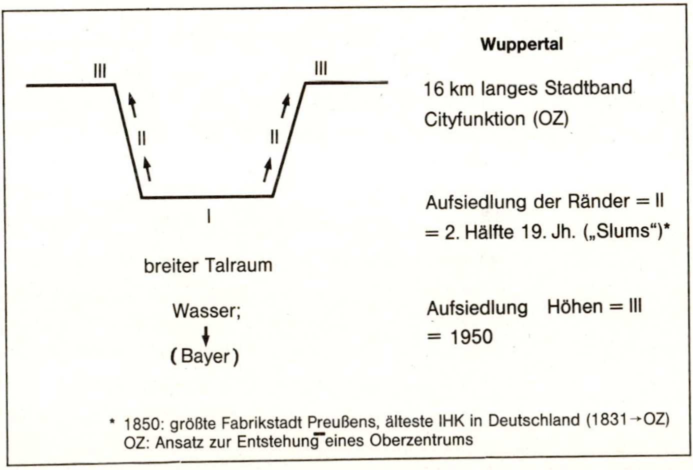

Für *Wuppertal* war ursprünglich der relativ breite Talraum ausschlaggebend (Abb. 9). Er ist offenbar als so maßgeblich empfunden worden, daß sich die beiden konkurrierenden Städte Elberfeld und Barmen bei der Gemeindereform 1929 damit einverstanden erklären konnten, fusioniert zu werden, weil unter dem neuen Namen Wuppertal ein treffendes, aber doch neutrales Etikett gefunden werden konnte, das schon Jahrzehnte zuvor sich einzubürgern begann. (Wieviel einfacher wäre es vermutlich gewesen, die in der letzten Gemeindereform an Leverkusen angegliederten großen Mittelstädte von den Widerständen abzubringen, wenn ein gemeinsamer Name, „Wuppermünd“ z. B., gewählt worden wäre, ganz abgesehen davon, daß darin auch die genetische Entwicklung von Wuppertal noch wupperabwärts einen sinnfälligen Ausdruck gefunden hätte!) Der breite Talraum und das weiche Wasser der Wupper begünstigten die Bleicherei als Wurzel der Proto-Industrialisierung, aber auch das Entstehen eines 16 km langen Stadtbandes in diesem Ausraumtal der Wupper. Aufgrund der historischen Stellung entwickelten sich innerhalb dieses Stadtbandes in Elberfeld die Cityfunktionen für den gesamten Stadtraum aus. Ge-

stützt wurde die bandartige Entwicklung einerseits und die Stärkung Elberfelds andererseits durch die frühe Anbindung an eine der ersten Haupteisenbahnlinien. Nachdem der Talboden mit sich durchmischenden Industrien und Wohnvierteln sowie Verkehrsbändern völlig verbaut war, mußte man in der zweiten Hälfte des 19. Jahrhunderts auf die steilen Hänge ausweichen und verließ damit erstmals den ursprünglichen Standort (Phase II). Um 1850 war Elberfeld die größte Fabrikstadt Deutschlands (65 000 Einw.). Entsprechend entstanden in der Phase II an den steilen Talhängen besonders die Arbeiterviertel, durchsetzt von den Erweiterungsbauten der ausgesiedelten Zweigbetriebe. Um die Jahrhundertwende setzte die Aufsiedlung der randlichen Höhengebiete ein (Phase III), die besonders nach 1950 weiterging und zu einer völligen, da im wesentlichen planlosen, Zersiedlung der Höhengebiete beiderseits der Talachse geführt hat. Durch alle Jahrhunderte hindurch ist jedoch der Schwerpunkt immer diese Talachse geblieben.
Anders dagegen ist die Situation bei *Solingen und Remscheid* (Abb. 10). Die intensive Zertalung führt zu einer ebenso starken Riedelbildung zwischen den Tälern, die zudem außerordentlich schmal sind. War die Entwicklung in Wuppertal „einbahnig“ und „einachsig“, so lassen sich hier mehrere Inwertsetzungsphasen aufgrund veränderter Technologien erkennen, mit dem Ergebnis, daß durch die letzte Phase die Riedel völlig aufgesiedelt wurden, die Täler dagegen meist nur punkthaft besiedelt sind. Insgesamt gibt es sechs solcher Phasen.
Der Ausgangspunkt für die Phase I ist die Eisenverarbeitung an den Pingen. (Pingen sind kleine Gruben, aus denen das Eisenerz mit primitiven Methoden gebrochen wurde.) Der Standort war also zunächst an den Rohstoff gebunden, und zwar bis ins 15. Jahrhundert hinein. Die Phase II beginnt um 1500 mit der hier gemachten Erfindung des wasserbetriebenen Blasebalges. Dadurch konnte der Ausstoß wie aber auch allgemein die Produktion wesentlich verbessert werden. Notwendig aber war die Verlagerung der Betriebsstätten in die Täler hinein, während die Pingen an den Hängen oder auf den Riedeln lagen. Der Absatz der in Solingen z. B. verarbeiteten Erze bzw. des Roheisens zu hochwertigen Artikeln war während des ganzen Mittelalters ständig gestiegen. Mit

Abb. 10 Entwicklung der Standorte und der Siedlungen im Mittelbergischen

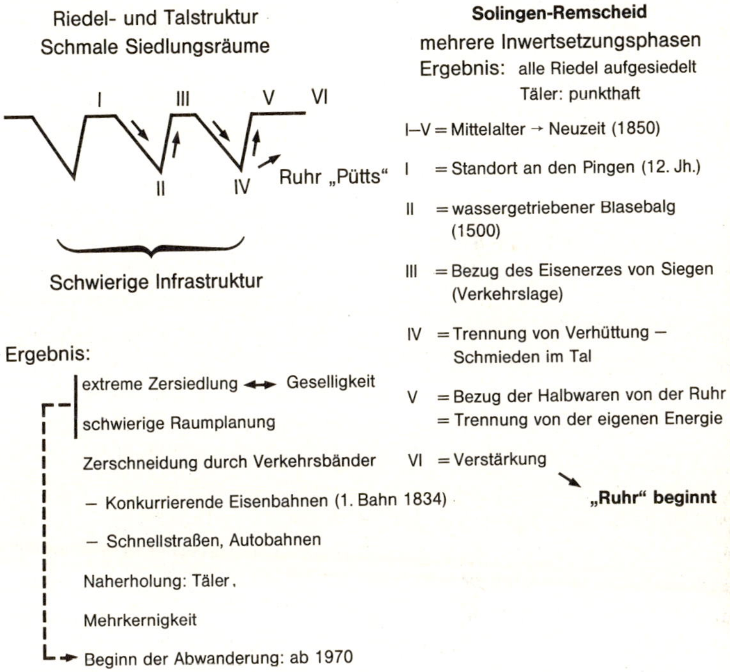

dem wasserbetriebenen Blasebalg hatte man erstmals die Möglichkeit, die Produktion von der Rohstoffseite auszuweiten. In Phase III erschöpften sich die einheimischen Pingen; daher mußte man das Erz aus anderen Gebieten beziehen, insbesondere aus dem Siegerland. Da die Straßen jedoch seit vorgeschichtlichen Zeiten über die Riedel verlaufen, wurde das Erz auch über die Riedel herangebracht. Die Verkehrslage war so entscheidend, daß die Betriebe auf die Riedel zurückverlagert wurden und nur die notwendigsten Einrichtungen für die Verhüttung in den Tälern verblieben. In Phase IV gab man die eigene Verhüttung auf und bearbeitete nur noch die aus dem Siegerland bezogene, dort bereits verhüttete Halbware. Aufgrund der Bearbeitung des Roheisens durch die Hammerschmieden im Tal erhielt nun wieder die Tallage eine erneute Bedeutung. In Phase V ist bereits die Entwicklung des Ruhrgebiets soweit fortgeschritten, daß man das verarbeitete Roheisen auch schon gewalzt und geschmiedet von dort her bezog. Deswegen werden nun auch die Hammerwerke aufgegeben und die Verkehrs- und Siedlungslage auf den Riedeln kann sich endgültig durchsetzen. Die Selbstverstärkung innerhalb der Industrialisierung hat somit zu einer völligen Unabhängigkeit von den früheren einheimisch geprägten Standortvoraussetzungen geführt. In Phase VI werden deshalb die verbleibenden Riedelflächen planlos aufgesiedelt. Die Täler dagegen bleiben punkthaft besiedelt.

Während das Bergische Land seine fünfte Phase erreicht, beginnt das zu entstehen, was wir heute als Ruhrgebiet bezeichnen. Und zwar geht diese Entwicklung in zweierlei Weise vom Bergischen Land aus. Von daher ist es berechtigt, das Bergische Land auch als die *Wiege des Ruhrgebietes* zu bezeichnen und daher das Bergische Land an den Beginn der Betrachtung zu stellen. Es sind die Produktivkräfte und Produktivverhältnisse des Bergischen Landes, die die Entwicklung des Ruhrgebiets einleiten: Erstens wird vom Bergischen Land aus die Halbwarenerzeugung induziert; für diese Halbwaren ist das Bergische Land der wichtigste Absatzmarkt; es wäre sehr unökonomisch gewesen, hätte man im Bergischen Land nicht den finanziellen Vorteil erkannt, der darin bestand, die Halbwaren vom billiger produzierenden Ruhrgebiet zu beziehen. Zweitens konnte im Ruhrgebiet billiger produziert werden, weil dort in der Kohle eine billige Energie zur Verfügung stand, wobei diese Energievorräte durch Impulse, die ebenfalls vom Bergischen Land ausgingen, (für die dort benötigte Energieversorgung), ebenfalls inwertgesetzt wurden. Ein Zeugnis dafür sind die Pferdebahnen, die vom Ruhrtal aus für den Transport der Kohlen ins Bergische Land in dieser Phase V erbaut worden sind.

Wie schon gesagt, erreicht das Bergische Land in Phase V die völlige Lösung von allen natürlichen einheimischen Standortvoraussetzungen, wird die *Arbeitsorientierung* die alleinige Grundlage der weiteren Industrialisierung. Diese Weiterentwicklung ist jedoch nur deswegen möglich, weil man sich immer mehr auf eine äußerst *vielseitige Veredlung* der Halbwaren verlegt hat, die zu einer differenzierten *Binnendiversifizierung* innerhalb der Schneidwaren- und

Werkzeugindustrie, wie aber auch in der Bandwarenherstellung geführt hat.

Was unter Veredlung zu verstehen ist, soll an einem Beispiel erläutert werden. Bei der Herstellung von Kugellagern besitzen die kleinsten Kugeln einen Ø von 0,4 mm. Zwar kostet eine einzelne Kugel nur ca. 8 Pfg. Da aber 3450 solcher Kugeln auf ein Gramm gehen, ergibt dies einen Preis von rund 300,– DM; 1 kg entspricht somit dem Betrag von rund 300 000 DM – ein Preis, der durchaus mit dem Goldpreis verglichen werden kann, als Ausdruck der Arbeitsorientierung über die Lohnkosten, die in diesen Preis eingehen.

Wie schon bemerkt, beginnt in der folgenden Phase VI die Aufsiedlung aller noch freien Höhen und oberen Hangbereiche, sowohl mit Wohnsiedlungen, als auch mit Fabrikbetrieben. Das Ergebnis ist eine extreme, planlose Zersiedlung und das Aufgesogenwerden der alten kleinstädtischen, selbständigen Zentren (Lüttringhausen, Lennep, Gräfrath z. B.) innerhalb des Siedlungsbreis. Als herausragende *Zentren* dieser Teilagglomeration des Rheinisch-Westfälischen Verdichtungsfeldes ziehen Wuppertal (Elberfeld), Solingen und Remscheid (anstelle von Lennep) die zentralen Funktionen auf sich.

Bis etwa 1970 wächst die Bevölkerung in dieser Teilagglomeration noch weiter, hält also der Prozeß der Verstärkung an. Seitdem jedoch setzt erstmals eine rückläufige bzw. stagnierende Entwicklung ein.

Die Rückläufigkeit zeigt sich auch bei den verschiedensten Betriebsgruppen. Teils wurden die Betriebe stillgelegt, teils in Nachbargemeinden in Richtung auf den Rhein zu verlagert, weil dort günstigere Geländeverhältnisse und Erweiterungsmöglichkeiten vorhanden sind. Entsprechend sank die Zahl der Beschäftigten in der Industrie von 42 000 (1960) auf 34 000 (1975) ab.

Daß die *Bevölkerungsbewegung* erstmals stagniert bzw. zurückgeht, hängt weniger mit einer geringeren Leistungsfähigkeit der Industrie zusammen (vgl. Tabelle, Abb. 11), als mit der Tatsache, daß kaum noch Flächen für eine weitere Expansion der Bebauung vorhanden sind, daß damit weitgehend auch die Lebensqualität leidet, daß immer wieder Flächen für die notwendige Verkehrsanbindung mit Schnellstraßen und Autobahnen benötigt werden.

Der einzige positive Zug der gesamten Entwicklung kann darin erblickt werden, daß die Talräume weitgehend freigeblieben sind, so daß um die alten Hammerwerke und Schmieden, die z. T. in idyllischer Lage zu Restaurants und Ausflugslokalen umgewandelt wurden, die *Naherholung* ihren Freiraum findet, der von der Bevölkerung auch an jedem schönen Wochenende und Feiertag intensiv genutzt wird. So sind aus den früheren, gewerbereichen Tälern heute die „Gassen der Naherholung“ geworden, allerdings mit dem Nachteil, daß sie als Binnennaherholungsgebiete zu den genannten Zeiten zu überlasteten Stauräumen werden.
Die heutige Wirtschaftsstruktur als das Ergebnis der gesamten Genese wird belegt durch die *statistischen Grunddaten* (in Abb. 11). Die Erwirtschaftung der Lohn- und Gehaltssummen in den einzelnen Branchen und innerhalb der Gebietskörperschaften ist recht aufschlußreich. In Remscheid und Solingen entfallen auf die drei Hauptsparten (1. Eisenverformung und dgl., 2. Maschinen- und Fahrzeugbau, 3. „Feinindustrie“ – worunter Elektroindustrie, optische Industrie und Feinmechanik und dgl. zusammengefaßt werden –) ⅔ der gesamten Lohnsummen. In Wuppertal dagegen sind die Branchen noch weiter gefächert (Textilbranche mit Leder und Bekleidung; Chemie); doch werden in den drei Hauptsparten des Bergischen Landes auch hier rd. 50 % erbracht, entfallen auf die beiden für Wuppertal ursprünglichen Branchen nur 30 %.
Mit dem Textilsektor hängt es z. T. zusammen, daß das Industriewachstum in den letzten 10 Jahren in Wuppertal recht gering war und nur 50 % des Durchschnitts der Bundesrepublik Deutschland erreichte. In 15 Jahren verlor dieser Sektor 12 000 Arbeitsplätze. Ein weiterer Grund für die Stagnation ist die klein- und mittelbetriebliche Struktur. Im Schnitt entfallen auf den Betrieb 50 Besch. (im Ruhrgebiet dagegen 160).
Deutlich heben sich die westlichen und südlichen Randbereiche (heute: Landkreis Mettmann, Rhein.-Berg.-Kreis) mit einem geringeren Lohnsummenbetrag – bei einer ähnlichen Branchenstruktur wie in Solingen und Remscheid – von diesen Kernräumen ab. Dem entspricht auch das geringere BIP.
Betrachtet man nun das Verhältnis der Beschäftigten zu den Lohnsummen der Hauptbranchen, so zeigt sich, daß in Remscheid von

Abb. 11 Industrielle Grunddaten der Region Bergisches Land

	BIP[1]		Lohn- und Gehaltssummen[3]						
	1968	1978[2]	Gesamt	Steine, Erden Glas Keramik	Eisen- u. Stahl (Erzeug. /Ver-form.)	Maschinen, Kfz	„Fein-industrie"[4]	Chemie, Kunst-stoffe	Textil, Leder
Remscheid	9	22	895	–	92	516	9	–	–
			[32][5] (28)[6]			607 (19)			
Solingen	8	18	836	–	137	360	100		
			[30] (27)			597 (18)			
Wuppertal	9	21	2041	–	56	649	338	438	189
								627	
			[32] (64)			1043 (33)		(11)	(8)
Mettmann[7] (Kr.)	8	15,5	8122	122	427	886 (29)	137	–	67
			[32] (67)	(3)	(13)	1450 (47)	(5)		(3)

1 Bruttoinlandsprodukt in 1000,– DM je Kopf der Wohnbevölkerung
2 Vorläufige Zahlen 1981
3 Erfassungsgrundlage: Betriebe ab 20 Beschäftigte; Zahlen in Millionen DM; 1979
4 Unter dieser Bezeichnung werden Elektrotechnik, Feinmechanik, Optik u. dgl. zusammengefaßt.
5 Lohnsumme je Beschäftigten in 1000 DM; der Durchschnitt in Nordrhein-Westfalen: 33
6 Beschäftigte in 1000
7 Einschließlich Teile des früheren Rhein-Wupper-Kreises (seit Gebietsreform von 1975)

der Hälfte der Beschäftigten und in Solingen von weniger als der Hälfte der Beschäftigten rd. ⅚ des Aufkommens in diesen Hauptsparten erbracht werden; d. h. der in den Lohnsummen zum Ausdruck kommende Erzeugungswert je Beschäftigten ist außerordentlich hoch. Darin findet die Veredelung zu hochwertigen Gütern ihren besonderen Ausdruck, aber auch das relativ hohe BIP bei geringer Branchenvielfalt. Ein solches außerordentliches Verhältnis ist bei Wuppertal und im Kreis Mettmann nicht zu erkennen – ein Hinweis auf die insgesamt geringere Veredlung.

IV Das Märkische

In diesem Gebiet mit rd. 1. Mill. Einwohner, dessen Name sich seit dem 13. Jahrhundert durchzusetzen begann, hat sich die Entwicklung ähnlich wie im Tal der Wupper abgespielt, und zwar wegen der dort ebenfalls breiteren Talräume von Ruhr, Lenne, Volme und Ennepe (vgl. zur Lage Abb. 13).
Wie im Bergischen, so ist auch im Märkischen die *Metallindustrie* bis heute bestimmend geblieben. Auf sie entfallen rd. 85 % aller Beschäftigten. Die Entwicklung der Metallindustrie verläuft zeitlich und strukturell jener im Bergischen in etwa parallel.
Wesentliche Entwicklungsanstöße gingen insbesondere im 17. Jahrhundert vom Bergischen Land aus. Vergleichbar dem Bergischen Land ist die kalvinistische *Mentalität* und die *mittelständische Struktur* der Klein- und Mittelbetriebe, die abgesehen von Hagen, weithin dominieren. Wegen der Durchgängigkeit der breiteren Talräume wurde hier kontinuierlich die *Talständigkeit* seit der Errichtung der wasserbetriebenen Blasebälge und Hammerwerke beibehalten. Daher wurden die Täler früh zu Gewerbe- bzw. regelrechten *Industriegassen*, während die Höhen bis heute als Waldgebiete frei geblieben sind. Einzige Ausnahme ist Lüdenscheid, das abseits der Täler in einer breiteren Hochmulde Ausdehnungsmöglichkeiten fand, die aber, ähnlich wie im Bergischen Land, heute erschöpft sind. Dasselbe gilt allerdings auch für die völlig verdichteten Talräume.
Die Abb. 12 verdeutlicht den Zusammenhang von Raum und Genese in schematisch-modellhafter Weise seit dem Mittelalter. Die Entwicklung beginnt bereits im 8. Jahrhundert, ausgehend vom

Abb. 12 Schema des Zusammenhangs von Raum und Genese im Märkischen

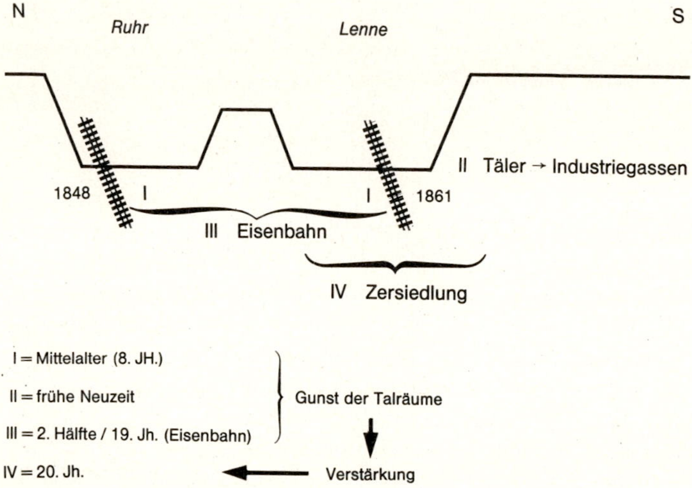

breiten Talraum im Mündungsbereich der Lenne in die Ruhr (Phase I), von wo aus die Seitentäler erschlossen, integriert und zu Industriegassen geworden sind.

Die Lagegunst im Tal wurde von etwa 1850 ab durch den *Eisenbahnbau* verstärkt. Durch ihn erst wurde die starke Industrialisierung und Verbauung der Talräume angestoßen. (Eröffnung der Eisenbahn im Ennepe- und Ruhrtal von Köln und Elberfeld aus 1848; der Siegerland-Linie im Lennetal 1861.) Zumindest in den Höhengebieten, die zwischen den Tälern auf die Ruhr zu konvergierten, ging der Zersiedlungsvorgang im 20. Jahrhundert auf diese Höhen hinauf weiter, vergleichbar dem Bergischen Land.

Auch die Stadtrechte zeigen, daß die frühe Entwicklung in den Tälern stattfand, wo sich die bis heute dominierenden städtischen Kerne entfalten konnten. (Altena: 14. Jahrhundert, Neheim und Arnsberg 13. Jahrhundert.) Von diesen *städtischen Kernen* aus wurden bereits im 14. Jahrhundert Stahlwaren nach England exportiert. Das unter den alten Stadtorten nicht erwähnte Hagen nahm eine Sonderentwicklung und wird später ausführlicher behandelt. Die funktionale Geschlossenheit der Talräume läßt sich gut mit Hilfe der Pendlerbeziehungen belegen. Abb. 13 zeigt, daß sich regelrecht *Interkommutationsgassen* (Kommutation: Pendeln) in den Industriegassen ausgebildet haben. Die Hauptgasse verläuft in West-Ostrichtung von Ennepe über Hagen nach Iserlohn und Hemer. Die im Norden dazu parallel verlaufende Ruhrgasse ist nicht so deutlich ausgebildet. Nicht das Ruhrtal stellt also die Hauptachse und damit den wirtschaftlichen Schwerpunkt dar, sondern die südliche West-Ost-Achse, das Ennepe-Tal, in dem sich schon früh die Eisenhämmer reihten und das vor dem Eisenbahnzeitalter eine der belebtesten Straßen Deutschlands besaß. Die Pendlerbeziehungen erweisen das Ruhrtal eher als ein Anhängsel des südlichen Raumes. Auch hier ist somit nicht im Ruhrtal der wirtschaftliche Impulsraum vorhanden gewesen. Wesentlich stärker kommt die Lenneachse (Hagen – Plettenberg – Werdohl – Altena) zum

Abb. 13 Pendlerbeziehungen im Märkischen

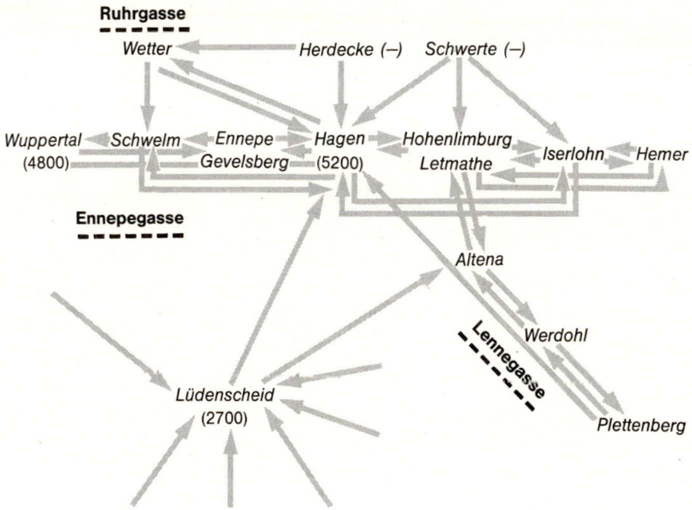

Ausdruck. Lüdenscheid stellt einen Sonderfall dar als Einzelknoten.

Alle Pendlerachsen konvergieren auf Hagen, das den höchsten Einpendlersaldo aufweist, somit also die stärkste und attraktivste Stellung auf dem Arbeitsmarkt der gesamten Region besitzt. Dies ist ein Ausdruck der Verkehrsgunst im Konvergierungsbereich von Ennepe, Volme, Lenne und Ruhr, die durch den Bau der Eisenbahnen gestärkt und zementiert worden ist (Abb. 12).

In diesem *Konvergierungsbereich* setzt seit etwa 1600 die jüngste Entwicklung ein, die hier zur stärksten Siedlungsverdichtung und zur stärksten Verbauung durch Industrieanlagen geführt hat. Diese Verbauung ist durch die Entwicklung der *Großindustrie* hervorgerufen worden, die gerade hier entstand, durch einen historisch-genetischen Zufall gewissermaßen, jedoch später gefördert durch die zunehmende Verkehrsgunst im Eisenbahnzeitalter (Abb. 12). Wegen dieser Großindustrie nimmt Hagen eine Sonderstellung in der Betriebsstruktur des Märkischen ein.

Der erwähnte historisch-genetische Zufall besteht aus zwei Komponenten. Eine frühe, zwischen den Gebieten im Märkischen verabredete *Arbeitsteilung* führte erstens dazu, daß im Gebiet von Hagen und des ganzen Ennepetales in Richtung auf Gevelsberg sog. „Breitwaren" (Sensen, Hauwerkzeuge und dgl.) hergestellt wurden. Zweitens wurde deren Erzeugung durch eine der der berühmten „Pionierfamilien" des Märkischen bzw. des späteren Ruhrgebiets auf mechanische Produktion umgestellt; dadurch wurde die industrielle Mechanisierung im Märkischen und an der Ruhr erst eingeleitet. Dies ist hier die Familie *Harkort* gewesen, deren Begründer 1826 in Hagen mit der Umstellung begann.

1832 wurde von den Gebrüdern Harkort cin Werk in Betrieb genommen, das als die Kernzelle anzusehen ist. Hier wurden zunächst Baumaterialien, dann Waggonmaterialien hergestellt, womit die Tradition Hagens, für den Eisenbahnbedarf zu arbeiten (auch bei Schienen: vgl. Breitbandwaren!), begründet wurde. Dies geschah bei der Familie Harkort jedoch nicht von ungefähr; die Gebrüder traten ähnlich früh wie Friedrich List und mit ihm zusammen für den raschen Ausbau des deutschen Schienennetzes ein.

Friedrich Harkort war zwischen 1825 und 1832 der Anreger für die ersten echten Eisenbahnen auf dem europäischen Kontinent. Diese Bahnen dienten als Kohlenbahnen der Versorgung des Bergischen und Märkischen mit Kohlen. Die Erzeugung von Eisenbahnbedarf in Hagen bzw. an der Ruhr hat damit schon eine frühe Wurzel.

Die Änderung des protoindustriellen Gewerbes in eine erste echte Fabrikindustrie war die Wurzel für die Stahlindustrie, die sich in Hagen (besonders in Haspe) daraus entwickelte. Sie ist zugleich auch die Ursache für die Dominanz der Großindustrie in *Hagen.* Dadurch wurde die wirtschaftliche Stellung Hagens wie auch allmählich seine kulturelle Bedeutung als Oberzentrum für das gesamte Märkische erst in die Wege geleitet. Hagen erhielt erst 1746 Stadtrecht, hatte um 1800 2000 Einw., 1850 6000 Einw., d. h. nicht mehr als Altena und Lüdenscheid zur selben Zeit (während Elberfeld mit Barmen bereits 80 000 und Köln 100 000 Einw. besaßen). Die erst spät entstandene *zentrale Bedeutung* Hagens hat auch dazu geführt, daß der Einfluß von außerhalb des Gebietes gelegenen Oberzentren relativ stark blieb. So tendieren Hattingen und Witten mehr zu Bochum bzw. Essen, Schwerte, Menden und Hemer mehr zu Dortmund und Schwelm zu Wuppertal.

Die Harkort-Werke wurden 1900 vom Großkonzern Klöckner übernommen, als sich die wirtschaftliche Notwendigkeit ergab, die Produktionsrichtung unter dem Konkurrenzdruck zu rationalisieren und zu spezialisieren. Der ursprüngliche Standortvorteil war jedoch günstig, insofern als die *Erze aus dem Siegerland* (mit relativ reichem Eisengehalt um 40 %) seit der Eröffnung der Siegerland-Strecke kostengünstig zu den bei Hagen in engster Nähe aufschließbaren Kohleflözen gebracht und dort verhüttet werden konnten. Aus Kostengründen mußte jedoch die eigene Stahlgewinnung und die Eisenverhüttung im letzten Jahrzehnt aufgegeben werden.[1] Weder der Standortfaktor Kohle (Erschöpfung der nahen Zechen, weiter Antransport des Kokses aus dem nördlichen Ruhrgebiet), noch der Standortfaktor Erz (Aufgabe der letzten Eisenerzbergwerke im Siegerland in den sechziger Jahren) war als

[1] Verlegung des Stahlwerks an die Wesermündung

Basis erhalten geblieben. Immerhin aber ist die Stellung der Großindustrie trotzdem bestehen geblieben; nur 10% aller Betriebe in Hagen haben eine Betriebsgröße von mehr als 200 Beschäftigten; auf sie entfallen aber 70% aller Arbeitnehmer Hagens.

Wie schon bemerkt, war der *Standortfaktor Kohle* ursprünglich ein Gunstfaktor, gerade in dieser Region. Denn durch das eingetiefte Ruhrtal und seine Nebentäler wurde das hier nach Süden allmählich ausstreichende „Kohlengebirge" und damit die Flöze angeschnitten. Daher war es mit nur geringem Kapital- und Arbeitsaufwand möglich, kleine „Pütts" zu betreiben, indem vom Talhang aus schmale, fast horizontale Stollen in die Flöze vorgetrieben wurden. Weder Be- und Entlüftung, noch Transport- oder Grundwasserprobleme waren hier zu bewältigen. Dies erklärt auch die Vielzahl der kleinen „Zechen" auf Abb. 7.

In den Betrachtungsraum des Märkischen werden auch die alten städtischen und gewerblichen Einzelstandorte Neheim-Hüsten, Arnsberg und Fröndenberg miteinbezogen, einerseits deswegen, weil die Orte allmählich im Talverlauf aufeinanderzuwachsen und eine mit dem Märkischen allmählich zusammenwachsende Industriegasse bilden (mit verstärkter Tendenz seit 1950), andererseits deswegen, weil auch besonders Neheim-Hüsten in die regionale Arbeitsteilung, von der schon bei Hagen gesprochen wurde, einbezogen war.

Auf diese regionale Arbeitsteilung und die davon ausgehende Entwicklung mit einer unglaublichen *Binnendiversifizierung* in den bereits spezialisierten Teilbranchen wird als nächstes eingegangen, weil sie einerseits die heutige Wirtschaftsstruktur verdeutlicht, andererseits auch die genetischen Aspekte einschließlich der Technologie ins Spiel zu bringen vermag (Abb. 14).

Den *Ausgangspunkt* der Entwicklung bilden *Drahtherstellung* und Artikel aller Art, die aus Draht aller Sorten und Größen geschnitten, gestanzt, geformt werden können. Grundlage für die Drahtherstellung war seit dem Mittelalter das sog. Osemundeisen, d.h. ein Eisen, das so hergestellt war, daß es sich besonders gut zu Draht ausziehen ließ (schwedisches Vorbild, daher Name). Besonders an der Lenne entstanden auf der Grundlage der Wasserkraft die sogenannten Drahtrollen, d.h. Mühlen, in denen der Draht

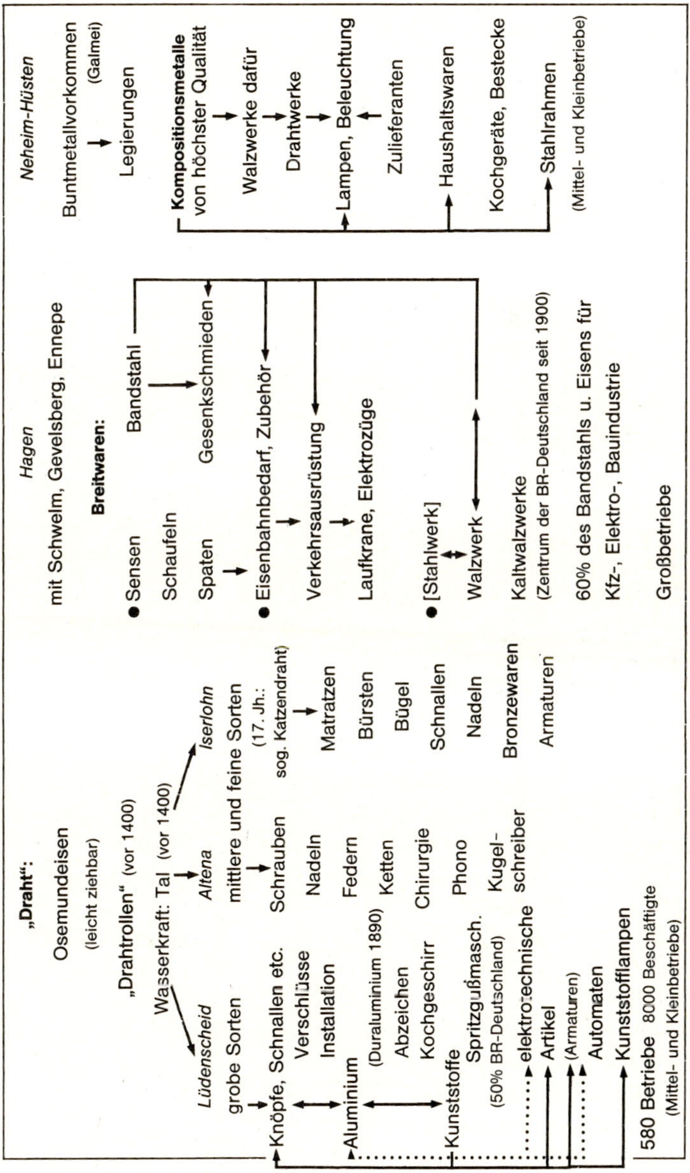

Abb. 14 Regionale Arbeitsteilung, Branchenvielfalt und Genese im Märkischen

durch Rollen ausgezogen wird (sogenannten Reiden, daher Reidemeister). Im ganzen Gebiet bestanden schon vor 1400 solche Drahtrollen. Um 1400 machte man hier die Erfindung, für die Drahtrollen die Wasserkraft einzusetzen, wodurch die Talstandorte endgültig festgelegt wurden.

Innerhalb der Talstandorte entstand durch Absprache, insbesondere zwischen den Gebieten Altena, Iserlohn und Lüdenscheid, eine *regionale Differenzierung* auf die verschiedenen Drahtgrößen. Diese Verträge hatten für die Weiterentwicklung der Gewerbe in den genannten Gebieten eine entscheidende Bedeutung. In Lüdenscheid wurden nur die groben Sorten hergestellt, in Altena mehr die mittleren und besonders in Iserlohn außer den mittleren auch die feineren. (Ursprung: Herstellung von Panzerhemden, seit 13. Jahrhundert.) Aufgrund der Grobdrahtherstellung konnte sich besonders *Lüdenscheid* zu einem sich in ständiger Sukzession von neuen Produkten selbstverstärkenden Gewerbezentrum entfalten. Zunächst wurden aus dem groben Draht besonders Knöpfe und Schnallen gefertigt. Im Anschluß daran entwickelte sich das Verschlüsse produzierende Gewerbe, das seinerseits die Entwicklung zur Anfertigung von Installationsteilen nahm. Nachdem man gelernt hatte, Aluminium herzustellen, setzte sich dieses als neuer Werkstoff rasch durch. Um 1890 wurde dann in Lüdenscheid das Duraluminium erfunden. (C. Berg; Beimengung von Kupfer.)

Über die Herstellung von Eßgeschirren und Kochtöpfen entstand damit allmählich eine ganze Industrie für Küchenartikel aller Art, Armaturen, Automaten, Abzeichen. In den ausgehenden dreißiger Jahren dieses Jahrhunderts griff man zu den Kunststoffen als weiteren Ersatzmaterialien für Knöpfe, Schnallen, Abzeichen und Armaturen. Um rationeller fertigen zu können, benötigte man für die Kunststoffteile Spritzgußmaschinen. Diese werden heute zu 50% der Bundesrepublik in Lüdenscheid hergestellt.

Die Küchen und Armaturenindustrie entfaltete sich in die elektrotechnische Industrie hinein (z. B. Kunststoffleuchten). Heute arbeiten in Lüdenscheid in dieser außerordentlich diversifizierten Vielfalt 580 Betriebe mit rd. 8000 Beschäftigten. Es handelt sich somit weitgehend um Klein- und Mittelbetriebe, die in großer Anpassungsfähigkeit die Träger der starken Diversifizierung gewor-

den sind, mit großer Aufgeschlossenheit allen Neuerungen gegenüber. (Menden: weltgrößte Armaturenproduktion.)
In *Altena und Iserlohn* ist die Entwicklung nicht in dieser reichhaltigen Palette verlaufen, wenn auch eine Vielfalt unterschiedlicher Artikel hergestellt wurden: Nadeln, Federn, Ketten, Kettenglieder, Bügel, Matratzen, Bürsten.
Die Nadelindustrie spezialisierte sich später auf Phononadeln und andere Erzeugnisse der Phonoindustrie, wie ferner auch auf chirurgische Bestecke. Aus der Federnindustrie entstand die Herstellung von Kugelschreibern und anderen Schreib- und Bürogeräten. Bedeutend ist auch die Armaturenproduktion.
Von den vielen hundert Produkten, die auf der ursprünglichen Grundlage der Drahtindustrie entwickelt wurden, wurden nur einige wenige herausgegriffen, um beispielhaft eine Vorstellung von der Vielfältigkeit zu vermitteln. Das Bestreben, die *Qualität* zu verbessern, hat bis heute angehalten, wenn auch die Anregungen für die Weiterentwicklung oft von den Weiterverarbeitern ausgeht, für die der märkische Raum die Zulieferer stellt, und wenn auch die Facharbeiterschaft heute kaum noch als Standortfaktor genannt werden kann, da wegen der weitgehenden Automatisierung der Produktion man mit angelernten Kräften arbeiten kann.
Besonders zu erwähnen ist die Familie Piepenstock in Iserlohn; denn auch sie gehört zu den *Pionieren im Stahlbereich.* Sohn Hermann errichtete 1839 in Dortmund-Hörde die Hermannshütte und begründete damit die Stahlindustrie in Dortmund. Die Erzbasis der Hütte war damals noch das einheimische Erz aus den Eisensteinflözen des Karbons.
Wie im Bergischen Land ist aber die flächenhafte Expansion wie auch die Bevölkerungszunahme zum Stillstand gekommen; seit etwa 1970 überwiegen, wie dort, die *Abwanderungstendenzen.* Auch Betriebsstillegungen und -abwanderungen sind inzwischen zu verzeichnen, da Erweiterungen in den fast völlig aufgesiedelten Talräumen kaum noch möglich sind, von Aufstockungen im Gelände der Klein- und Mittelbetriebe selbst abgesehen. (Arbeitsplatzverluste zwischen 1970 und 1980 ca. 10000).
Wie schon bemerkt, spezialisierte sich das *Ennepe-Gebiet mit Hagen* auf Breitwaren aller Art. Sensen, Schaufeln und Spaten z.B.

wurden an sog. Gesenkschmieden aus Bandeisen verarbeitet. Die große Nachfrage nach Bandeisen führte schließlich zur Großindustrie, da Bandeisen in großen Walzwerken am kostengünstigsten hergestellt werden konnte.

Von der Bandeisenherstellung aus konnte man seit 1850 auf *Eisenbahnbedarf* und -zubehör umschalten. (Vgl. Harkort.) Dies rief eine Industrie für Verkehrsausrüstungen aller Art ins Leben, woraus Werke für Laufkräne und Elektrozüge aller Art entstanden. Auch in diesen Industriezweigen war die Großindustrie vertreten. Verständlich ist, daß besonders in der Stahlindustrie wegen der Nähe zu den Abnehmern das Walzwerk erhalten geblieben ist. Es handelt sich um ein Kaltwalzwerk für bestimmte Qualitäten von Bandstählen.

Überhaupt wurde der Bereich Hagens zum *Zentrum der Kaltwalzwerke.* 60 % der Erzeugung an Bandstahl und Bandeisen der Bundesrepublik entfallen auf diese Region. (Abnehmer: Kfz-, Elektro-, Bau-, Maschinenindustrie).

Am dritten Standort, *Neheim-Hüsten*[2], hat man sich auf Grund der ursprünglichen Galmeivorkommen (Zinkerze) früh auf Buntmetalle und deren Legierungen verlegt, d. h. wie im Bergischen und Märkischen war auch hier der ursprüngliche Standortfaktor der Bodenschatz. Ähnlich wie im Bergischen und Märkischen wird auch hier nach dem Erschöpfen der Bodenschätze der Standortfaktor Arbeitskraft entscheidend, bzw. die Qualitätsverbesserungen. Bis heute sind Bronze- und Messingartikel charakteristisch geblieben, aber auch Artikel aus Kompositionsmetallen höchster Qualität. Wie im Bergischen Land war dies wichtig, um sich gegenüber der Konkurrenz fortdauernd behaupten zu können. Drahtwerke für die speziellen Kompositionsmetalle entstanden. Auf der Messinggrundlage entwickelte sich die heute selbständige Industrie für Lampen und Leuchtkörpern, Beleuchtungsanlagen aller Art, für die Neheim-Hüsten heute in der Bundesrepublik zum führenden Standort geworden ist. Für diese Industrie ist die Verwendung einer Fülle von Kleinteilen charakteristisch, die in Zulieferbetrieben hergestellt werden. Dies förderte die Entstehung wei-

---

[2] Seit 1975 nach Arnsberg eingemeindet

terer Betriebe. Auch die Herstellung von Haushaltswaren, Kochgeräten, Bestecken, Stahl- und Türrahmen sowie Fensterrahmen – heute meist aus Kompostionsmetallen – entstammt der Wurzel der Buntmetallindustrie. Es ist somit wiederum eine ungeheuer starke *Binnendiversifizierung* aus einer einzigen Wurzel heraus festzustellen. Diese war hier auch getragen von einer mittelständischen Betriebsstruktur (Klein- und Mittelbetriebe).

Insgesamt ist das Märkische einschließlich Neheim-Hüstens ein einziger Beleg dafür, wie wesentlich gerade hier die Spezialisierung und regionale Arbeitsteilung für die Sicherung und Entwicklung des gesamten Raumes gewesen ist, wie wichtig die Konzentration dieser Standorte war und ist, von wo ein großer Absatzmarkt versorgt werden kann, von dem die Impulse für die Weiterentwicklung ausgegangen sind.

Trotzdem wird im Märkischen immer wieder über eine gewisse *Strukturschwäche* geklagt. Dies liegt daran, daß erstens das Hüttenwerk in Hagen-Haspe geschlossen wurde und damit der Verlust eines sehr traditionsreichen Betriebes zu beklagen ist. Zweitens – und dieser Grund dürfte der entscheidendere sein – liegt es an der geringen Bedeutung des tertiären Sektors (35% Anteil beim BIP). Zwar ist die städtische Tradition in den Kleinstädten alt, jedoch im Oberzentrum Hagen noch relativ jung; dieses besitzt eine geringere Integrations- und Ausstrahlungskraft als die Oberzentren mit längerer Tradition in der Umgebung. Drittens ist im märkischen Kernraum auch der Anteil der Halbwaren relativ hoch und eben nicht jener der Veredlungsprodukte. Viertens ist in den eng gewordenen Talräumen kein Platz mehr für die Ausbreitung von Betrieben. Außerdem durchmischen sich Betriebe und Wohnhäuser. Dieses überkommene Gefüge ist für rationell zu gestaltende Anlagen denkbar ungünstig.

Im Zusammenhang mit dem dritten Punkt ist jedoch darauf aufmerksam zu machen, daß die Stadt Hagen mit großen Anstrengungen den Industriepark „Lennetal" (1,7 Mill. m^2) voll erschlossen hat und den m^2 zu 35,–/45,– DM abgibt (1980). Nach kurzer Zeit war rd. ein Drittel des Geländes verkauft. Eine gewisse Rolle spielt dabei auch der Investitionszuschuß des Landes mit 7,5%, wenn es sich um Neugründungen handelt.

Abb. 15 Industriestatistische Daten zur märkischen Region

	BIP[1]		Lohn- und Gehaltssummen[3]			
	1968	1978[2]	Gesamt	Eisen Stahl	Maschinen, Kfz	„Fein-" ind.[4]
Hagen	8	23,5	1034	348 (11)	158 (5)	–
			[32][5](32)[6]	506	(16)	
Ennepe-Ruhr-Kreis	7,5	16	2005	305 (10)	809 (26)	139 (5)
			[32] (64)		1253 (41)	
Märkischer Kreis[7]	8	19,5	2577	1182 (36)	734 (26)	364 (14)
			[30] (85)		2285 (76)	

[1–6] Siehe Abb. 11 (S. 55)

[7] Darin: Iserlohn, Lüdenscheid, Arnsberg mit Neheim-Nüsten (seit Gebietsreform von 1975)

Betrachtet man nun die Lohnsummen (Abb. 15), so ist insgesamt ein Verhältnis von Beschäftigten und Lohnsummen zu erkennen, das 1979 nicht mehr über dem Durchschnitt von rd. 33000,– DM pro Beschäftigten liegt. Allerdings haben im Unterschied zum Bergischen Land (wegen der frühen und starken Binnendiversifizierung innerhalb der metallverarbeitenden Industrie) die Sparten Textil und Chemie überhaupt keine Entwicklung erfahren.

V. Das Ruhrgebiet

1. Räumliche Differenzierung aufgrund des BIP und Querschnittanalyse

Die Betrachtung des BIP (Abb. 4) hat gezeigt, daß im Ruhrgebiet eine deutliche Anordnung in Streifen vorhanden ist. Es können von Süden nach Norden drei Streifen unterschiedlicher und recht gegensätzlicher Wirtschaftskraft unterschieden werden. Um die Hintergründe für das Entstehen der Streifen zu erkennen, wird anhand eines von Süden nach Norden durch das Ruhrgebiet gelegten Querschnitts die genetische Entwicklung untersucht. Hinzugezogen wird die Lohnsummenstatistik und die Pendlerstruktur. Der Schnitt wird dort gelegt, wo der Gegensatz im BIP am schärfsten ist, also auf der Linie Witten – Bochum – Herne – Recklinghausen – Marl. Dabei wird von der Vermutung ausgegangen, daß wegen dieses scharfen Gegensatzes die Abfolge und ihre Erklärung hier auch am besten faßbar wird. Verdeutlichen wir uns aber zunächst die wirtschaftliche bzw. industrielle Struktur anhand der Lohnsummenverteilung auf die verschiedenen Industrie- und Wirtschaftszweige für die Gebietskörperschaften im Verlauf des genannten Querschnitts (Abb. 16).

Methodische Zwischenbemerkung

Es wird somit für das Ruhrgebiet zunächst ein anderer Weg eingeschlagen als beim Bergischen und Märkischen. An diesen beiden Beispielen konnte gezeigt werden, daß die statistischen Daten über

Abb. 16 Industriestatistische Daten zum Profil „Ruhr“

	BIP[1]		Lohn- und Gehaltssummen[3]						Pendler[11]		Dichte[12]	
	1968	1978[2]	Gesamt	Bergbau	Eisen/ Stahl	Masch. Kfz	„Fein“-Ind.[4]	Chemie, Kunst-stoffe	Ein	Aus	Zu-	Abnahme
(Witten)[7]	8	16	2005 [32][5](64)[6]	–	305	809	139	(27)	+		(+)	
Bochum[8]	8,5	22,5	1906 [34] (56)	–	28 (1)	358 (10)	120 (5)	(33)	+			–
Herne[9]	5	14,5	730 [33] (22)	313 (9)	(10)	118 (4)	(34)	5		+ +		–
Recklinghausen[10]	7	15,5	2436 [34] (72)	871 (26)	75 (2)	217 (6)	115 (5)	801 (20)			(+)	

1–6) Vgl. Abb. 11
7) Wegen Gebietsreform keine selbständigen Zahlen für Witten; daher Ennepe-Ruhr-Kreis-Zahlen eingesetzt
8) Mit Wattenscheid
9) Mit Wanne-Eickel
10) Seit Gebietsreform wird Stadt Recklinghausen nicht mehr selbständig ausgewiesen
11) nur Berufspendler; + = hohe Zahl; + + sehr hohe Zahl
12) (+): noch Zunahme; –: deutliche Abnahme

die Lohnsummenverteilung aufschlußreich sind für die Wirtschaftsstruktur eines Gebietes, diese verdeutlichen und belegen. Damit wird auch das weitere Ziel verfolgt, aufgrund der statistischen Unterlagen zu einer in sich stimmigen Gliederung des Ruhrgebietes zu gelangen, die funktionalräumlich auf der sich herauskristallisierenden Wirtschaftsstruktur beruht. Zwar gibt es vorliegende Gliederungen des Ruhrgebiets; doch sollen nicht bereits vorgefertigte Ideen übernommen, sondern eine eventuell unabhängige Gliederung entsprechend der heutigen Wirtschaftsstruktur erarbeitet werden. Dies erscheint angemessener zu sein als historisch überkommene Gliederungen, die der heutigen Wirtschaftsstruktur nicht mehr entsprechen. Wie schon beim Bergischen und Märkischen wird auch nicht von der Physiognomie ausgegangen oder von den physischgeographischen Grundlagen. Vielmehr wird eine funktionalräumliche Betrachtungsweise vorgezogen, die dann auch die Möglichkeit bietet, die Physiognomie zu erklären, und die es erlaubt, die physischgeographischen Faktoren dort einzubetten, wo sie im Kausalzusammenhang hingehören bzw. für das Verständnis als notwendig erscheinen. Dabei wird auch auf die Lohnsummenstatistik von 1970 zurückgegriffen (nicht in Abb. 16).

Beginnen wir nun mit dem Querschnitt.

Bei der Beschreibung des Querschnitts Witten – Marl werden die für die Städte und Landkreise mitgeteilten Strukturdaten miteinander verglichen. Aussagen wie „relativ hoch“ oder „recht stark“ beziehen sich auf diesen Vergleich untereinander. Statt der absoluten Bevölkerungszahlen wird die Bevölkerungsdichte herangezogen, weil bei dieser die Bezugseinheit stets gleich bleibt und damit die Bedeutung einer positiven oder negativen Veränderung besser erkennbar wird.

Witten ist charakterisiert durch einen Anteil der metallverarbeitenden Industrie von rd. 50% bei einer insgesamt breiteren Palette auch anderer Branchen als dies z.B. im Bergischen und Märkischen der Fall war. Energiewirtschaft und Kohlebergbau fehlen. Die tertiären Funktionen sind stärker als im Bergischen und Märkischen bei vergleichbarer Größenordnung ausgebildet. Doch überwiegt der sekundäre Wirtschaftssektor mit 51 %. Die Bevölkerungsdichte hat zunächst (1950–1960) noch zugenommen; seitdem ist eine Abnahme festzustellen. Die Stadt besitzt einen Einpendlerüberschuß.

In *Bochum* ist die Lohnsumme höher als der übliche Durchschnitt. Auf die metallverarbeitende Industrie entfallen nur 27 %. Die Palette ist breiter als in Witten. Auch die Energiewirtschaft ist vertreten. Die relativ hohe Beschäftigtenzahl ist bemerkenswert. Das produzierende Gewerbe hat insgesamt nur einen Anteil von 46 %, während die tertiären Funktionen (Großhandel) recht stark vertreten sind. Der Einpendlerüberschuß ist relativ hoch. Die Bevölkerungsdichte ist kontinuierlich zurückgegangen. Die Bedeutung der Branchen Maschinenbau, Kfz, Feinindustrie hat deutlich zugenommen.

Herne weist eine sehr geringe Branchenpalette auf. Der Energiesektor (Bergbau) ist mit 9000 Besch. stark vertreten. Die geringe Lohnsumme zeigt die Strukturschwäche des Gebietes an. Auch die tertiären Funktionen sind dementsprechend schwach; selbst der Einzelhandel ist schlecht ausgebildet. Bemerkenswert ist die durchschnittliche Lohnsumme im Bergbau, die mit fast 35 000 DM deutlich über dem Landesdurchschnitt liegt.

Auch für *Recklinghausen-Stadt* ist nur eine schmale Branchenpalette mit noch starker Bedeutung des Energiesektors (Bergbau) festzustellen. Insgesamt scheint die Strukturschwäche nicht so ausgeprägt zu sein wie bei Herne. Die tertiären Funktionen sind stärker ausgebildet als bei jener Stadt (54 % Anteil).

Im Landkreis Recklinghausen dominieren Energie und Chemie; alle anderen Branchen sind schwach vertreten. Bemerkt sei, daß der Anteil der chemischen Industrie im wesentlichen auf die Stadtgemeinde Marl entfällt.

Der Querschnitt verdeutlicht, daß die Energiewirtschaft (Bergbau und Kohleverstromung) nach Norden an Bedeutung zunimmt, während sie im Süden, wo auf der Abb. 7 eine große Zahl wenn auch kleiner Zechen den Kohlebergbau für 1820 belegt, völlig verschwunden ist. Damit verschwand im Tal der Ruhr, dem Ursprungsgebiet der Bezeichnung „Ruhrgebiet“, dasjenige Element, was dieser Bezeichnung seine inhaltliche Bedeutung gegeben hat.

Mit dem Wandern des Bergbaus nach Norden dehnte sich aufgrund der Gleichsetzung von Namen und Inhalt dann auch die Bezeichnung nach Norden aus.
In der Branchenpalette fällt ferner die *Glasindustrie* auf (1970), die als energieintensiver Industriezweig auf den Standort Kohle angewiesen ist. Sie fehlt jedoch in Herne und Recklinghausen-Stadt.
Nach Norden tritt der Anteil der metall-, d. h. eisenverarbeitenden Industrie stark zurück. Eine Singularität im ganzen Querschnitt bietet die *chemische Industrie* in Marl.
Als nächstes betrachten wir die *Pendlerbeziehungen* (Abb. 17). Auf den ersten Blick auffällig ist der Unterschied zum Märkischen. Konnte man dort von Interkommutationsgassen sprechen, so ist hier ein regelrechtes *Netz* ausgebildet. Studiert man darin die Pendlerbewegungen genauer, so erkennt man, daß bei aller scheinbaren Regellosigkeit dennoch eine bestimmte Regelhaftigkeit besteht. Diese besteht darin, daß die Pendlereinzugsbereiche für den jeweiligen *Pendlerknoten jeweils nach Norden* hin kräftiger ausgebildet sind; besonders bei Marl, Recklinghausen und Bochum, aber auch noch bei Witten ist dies auffallend. Die Strukturschwäche des durch das Beispiel „Herne" charakterisierten Streifens kommt durch die geringen Einpendlerzahlen, die hohen Abgabezahlen nach Norden und Süden und die geringe Einpendlerverflechtung der benachbarten Orte in diesem Streifen untereinander zum Ausdruck. Die bereits im Kapitel II erwähnte Stellung der Oberzentren Essen und Düsseldorf, untergeordnet auch Duisburg, kommt ebenfalls in ihrer Bedeutung für die Städte des mittleren Ruhrgebiets deutlich heraus.
Marl erhält von allen Seiten, besonders aber von Norden, einen starken Einzug, gibt aber auch nach Recklinghausen Stadt ab; Recklinghausen hat seinen Einzug ebenfalls im Norden, gibt aber nach Herne nichts ab. Bochum erhält wie Marl allseits einen sehr starken Zufluß, insbesondere auch wieder aber von Norden, gibt seinerseits aber auch nach Süden an Witten ab, das als Einpendlerzentrum allerdings nicht die Bedeutung besitzt, wie sie Recklinghausen hat.
Die Pendlerkarte ist geeignet, das durch die Analyse der Lohnsummen gewonnene Bild weiter zu vertiefen. Mit den beiden Pendlerzentren Marl und Recklinghausen kann somit der so ein-

Abb. 17 Pendlerbeziehungen im mittleren Ruhrgebiet. (Es sind nur Pendlerzahlen von 100 und mehr von einem Quellort zum Zielort berücksichtigt worden.)

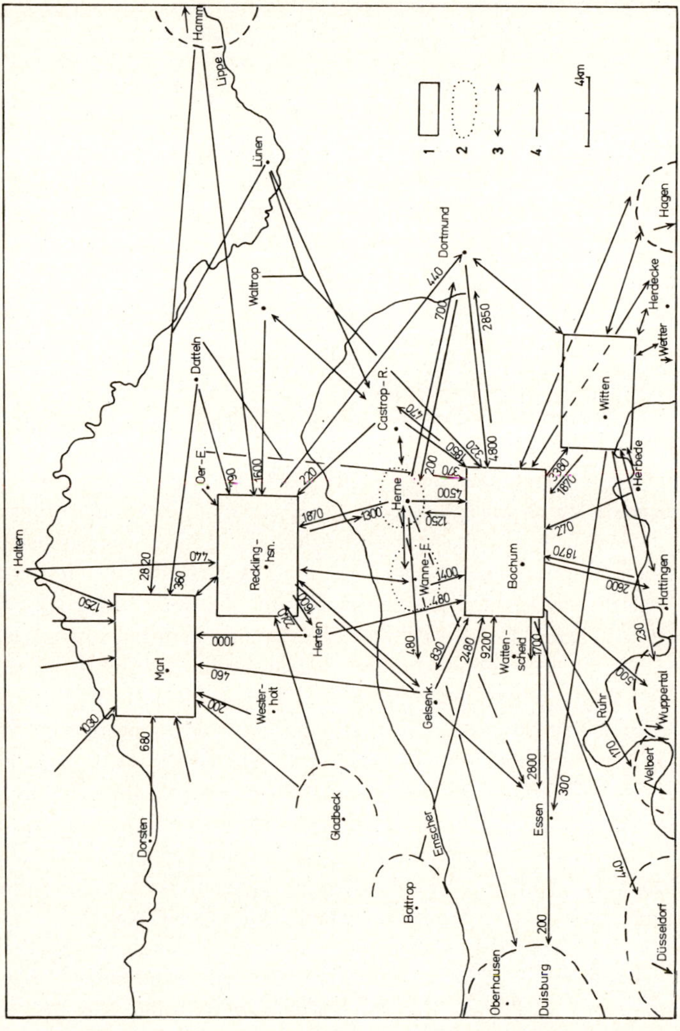

1: Einpendlersaldo positiv – 2: Einpendlersaldo negativ – 3: Salden ausgeglichen – 4: Pendlerströme (mit Zahlen)

seitig strukturiert erscheinende Norden nicht so strukturschwach sein wie der Streifen, für den Herne steht. Überragendes Zentrum aber im ganzen Querschnittbereich ist Bochum. Doch kann sich Witten im „Schatten" Bochums durchaus als lokales Zentrum für das Ruhrtal behaupten.

Insofern als sich im wesentlichen innerhalb der insgesamt netzartigen Ausbildung des Interkommutationsraumes „Ruhr" doch die *regelhaften Nord-Süd-Beziehungen* herausschälen, steht zu vermuten, daß diese Beziehungen im genetischen Wachstum des Ruhrgebiets sich von Süden nach Norden herausgebildet haben, und zwar so, daß durch die jeweils „schubweise" sich nach Norden weiter verlagernde *„Industriefront"* die noch ländlichen Gebiete jeweils nordwärts davon als Pendlereinzüge in den wachsenden Ballungsraum eingeschmolzen wurden. Bemerkenswert ist allerdings, daß bei diesem sich über rund 100–150 Jahre hin erstreckenden Prozeß die genetisch gewachsenen Strukturen sich derart deutlich noch im heutigen Pendlerverhalten und damit im heutigen Funktionsraum nachweisen lassen.

Offenbar ziehen die jeweils im Süden schon verfestigten Arbeitsstrukturen – mit Ausnahme von Herne – Pendler aus den je „neuen" Einzugsgebieten im Norden an (Pendlereinzug Marl 6880, Recklinghausen 4040, Bochum 25 000).

Die *Grundstruktur* der funktionalräumlichen Gliederung, die wir an diesem Querschnitt herausgearbeitet haben, besteht offenbar – deutlicher als beim BIP erkennbar – aus mindestens *4 Unterregionen*, repräsentiert durch Witten an der Ruhr, Bochum im sog. Hellweggebiet, Herne südlich der Emscher und schließlich Recklinghausen und Marl zwischen Emscher im Süden und Lippe im Norden.

2. Die funktionalräumliche Struktur des Ruhrgebiets im engeren Sinn

Um zu überprüfen, ob die am Querschnitt herausgefundene Gliederung in 4 Streifen auch gewissermaßen nach „rechts" und „links" hin, also für weitere Teile des Ruhrgebiets Gültigkeit hat, wird in Abb. 18 die „Strukturdatei" für die anderen Städte des Ruhrgebiets wiedergegeben. Sie basiert ebenfalls auf der Vertei-

Abb. 18 Strukturdatei Ruhrgebiet (i.e.S.)

	BIP[1]		Lohn- und Gehaltssummen[3]						Pendler[8]	
	1968	1978[2]	Gesamt	Bergbau	Eisen/ Stahl	Maschinen, Kfz	„Fein-“ ind.[4]	Chemie, Kunststoffe	Ein –	Aus
Ruhr: Mülheim	9	20	873 [34][5] (25)[6]	–	376 (11)	324 (8)	–	–		
Hellweg Dortmund	9,5	21,5	2748 [34] (80)	569 (17)	1863 (54) (Eisen/Stahl, Maschinen, Kfz, „Fein-“ind. zusammen)			–	+ +	
Gelsen- kirchen	9	29	1511 [32] (47)	495 (15)	48 (1)	79 (3)	–	462 (mit Glas) (12)		
Essen	9	29,5	2187 [36] (62)	379 (10)	42 (1)	620 (17)	363 (10)	18 (1)	+	
					1714 (49) (Eisen/Stahl, Maschinen, Kfz, „Fein-“ind. zusammen)					
Hamm	9,5	17,5	674 [32] (21)	233 (7)	–	299 (8)	–	–	+ +	
Emscher (Recklinghausen)	(6)[7]	15,5	2436 [34] (72)	871	75	217	115	801		

Abb. 18 (Fortsetzung)

	BIP[1]		Lohn- und Gehaltssummen[3]						Pendler[8]	
	1968	1978[2]	Gesamt	Bergbau	Eisen/ Stahl	Maschi-nen, Kfz	„Fein-“ ind.[4]	Chemie, Kunst-stoffe	Ein –	Aus
Herne	5	14,5	730 [33] (22)	313	– (10)	118	–	– (34)		+
Bottrop	7	13,5	333 [32] (10)	340 (6)	–	–	–	–		+ +
(Lünen)	(7,5)[7]	13,5	618 [32] (51)	482 (15)		448(13) (Eisen/Stahl, Maschinen, „Fein“-ind. zusammen)		–		
Niederrhein Wesel	(7)[7]	18	1705 [33] (51)	768 (23)	72 (2)	290 (8)	–	–		
Oberhausen	8	19	1013 [37] (33)	191 (6)		982(26) (Eisen/Stahl, Maschinen, „Fein“-ind. zusammen)		–	+	

1–6) Vgl. Abb. 11
7) Wegen Gebietsreform sind die sich auf verschiedene Erhebungseinheiten beziehenden Daten in Klammern gesetzt worden.
8) Vgl. Anm. 11, Abb. 16 (S. 70)

lung der Lohnsummen, ergänzt durch Daten, die einer Karte der Industriestandorte entnommen sind, um weiteres Analysematerial zur Verfügung zu haben. Nicht berücksichtigt wird in dieser „Strukturdatei“ (mit Oberhausen als Ausnahme) das Gebiet der „Rheinschiene“, obwohl es traditionell zum Ruhrgebiet gerechnet wird. Die Verteilung des BIP hat jedoch gezeigt (Abb. 5), daß man dieses Gebiet am Rhein (aufgrund seiner offenbar anderen wirtschaftsräumlichen Gegebenheiten) abtrennen muß. Auf diese Weise schält sich der *traditionelle Kernraum* des Ruhrgebiets besonders gut heraus. (Im folgenden Ruhrgebiet im engeren Sinne genannt.)

Zur Erläuterung der Übersicht ist noch vorwegzuschicken, daß sie der besseren Lesbarkeit wegen (einerseits) und auch der zu überprüfenden Arbeitshypothese wegen (andererseits) vorweg so geordnet worden ist, daß die Gemeinden an der Ruhr, am Hellweg, an der Emscher zu entsprechenden Reihen zusammengefaßt worden sind.

Zu erläutern ist ebenfalls noch, daß die Gemeinden der Hellweg-Reihe nach dem *Hellweg*, der alten Handels- und Heerstraße, so genannt werden. In welcher Weise der Hellweg jedoch zu Beginn der Industrialisierung des Ruhrgebiets (d.h. also nach 1820: vgl. Abb. 6 und 7) eine Bedeutung gehabt hat, soll damit nicht vorweg entschieden sein.

Die Übersicht (Abb. 18) läßt für Mülheim als Vertreter der *Ruhr-Reihe* erkennen, daß hier eine Struktur vorhanden ist, die der von Witten sehr ähnlich ist, d.h. eisen- und stahlverformende Industrie, Maschinenbau.

Bei der *Hellweg-Reihe* in dem hier zugrundegelegten, strukturellen Sinn handelt es sich außer Bochum um Essen und Dortmund, wie ferner um Hamm, das als junge Erweiterung dieser Achse aus dem ursprünglichen Hellwegraum nach Nordosten hin strukturell einzubeziehen ist. (Lohnsumme je Beschäftigten in der Metallbranche mit 37000 DM sehr hoch). Ähnlich ist auch Gelsenkirchen hinzuzunehmen, obwohl es nicht am Hellweg liegt. Aber auch bei ihm läßt die Strukturdatei erkennen, daß es den Städten der Hellweg-Reihe ähnelt. Kennzeichnend sind für sie: Bergbau, eisen- und stahlverarbeitende Industrie, Maschinenindustrie, Feinindustrie, der Großhandel, der offenbar gerade in der Hellweg-Reihe eine sie besonders charakterisierende Rolle spielt. Kennzeichnend sind auch die hohen Einpendlersalden, auch bei der jüngeren Erweiterung Hamm. Singularitäten sind bei Essen die Glas- und Buntmetallindustrie, bei Gelsenkirchen Chemie und Glasindustrie, ergänzt durch den Raffineriestandort. Von den Singularitäten abgesehen, ergibt sich jedoch insgesamt der Typus „Bochum", den wir schon kennengelernt haben. (Hohe Lohnsummen je Beschäftigten, Zunahme der Maschinen-, Kfz- und Feinindustrie).

Die Städte der *Emscherreihe* weisen allenthalben eine starke Abnahme der Bevölkerungsdichte auf, was im Zusammenhang mit dem geringsten BIP und den Lohnsummen steht; die Lohnsummen werden im wesentlichen im Bergbau und darüber hinaus noch etwas in der Chemie erbracht. Vergleichsweise wird auch Wesel mitbetrachtet: die Zahlen zeigen, daß der *„linke Niederrhein"* eine Er-

Abb. 19 Strukturräumliche Gliederung des Ruhrgebiets (i. e. S.). (Pfeile: bezeichnen räumlich-funktionale Entwicklungstendenzen)

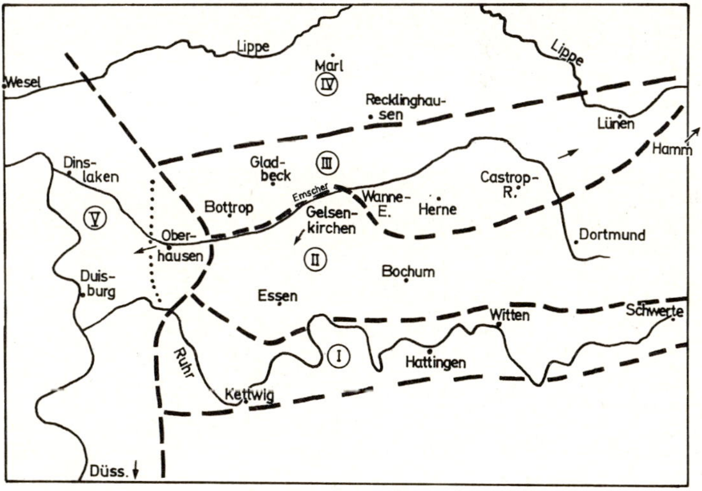

I: Ruhrreihe III: Emscherreihe V: Rheinachse Nord
II: Hellwegreihe IV: Lippereihe
(Wanne-Eickel ist seit 1975 mit Herne vereinigt.)

weiterung des traditionellen „Kohlenpotts“ ist, allerdings mit Zügen, die für die Hellweg-Reihe typisch sind.
Die Interpretation der „Strukturdatei“ führt zu einer strukturräumlichen Gliederung des Ruhrgebiets im engeren Sinn (Abb. 19). Entsprechend der Genese des Ruhrgebiets von Süden (Abb. 6 und 7) her, werden die strukturräumlichen Streifen von Süden nach Norden numeriert. Es ergeben sich insgesamt die *vier* schon bekannten *Streifen.* Besonders ist noch aufmerksam zu machen auf das Gebiet von Wattenscheid. Dieses gehört nach Branchen-Palette und Wirtschaftskraft eindeutig zum Streifen III, also in die Reihe der Emscher-Städte. Es fällt ganz aus dem Rahmen der Hellweg-Reihe heraus. Durch die letzte *Gebietsreform* ist für die steuerschwache Gemeinde der in dieser Hinsicht zu begrüßende Schritt vollzogen worden, daß sie dem wirtschaftsstärkeren Bochum eingemeindet wurde. Zu bedauern ist dagegen, daß Kettwig nach Essen eingemeindet worden ist und somit durch die spätere Statistik die bis 1975 noch einheitlich verlaufende Ruhrreihe durchbrochen werden wird. Strukturell wäre eine Eingemeindung nach Mülheim sinnvoller gewesen.
Die Abb. 19 vergleichen wir nun mit einer Abbildung (Abb. 20), die die traditionelle Auffassung der Gliederung des Ruhrgebiets nach dem Stand von etwa 1960 wiederspiegelt.
Ruhr- und Hellweg-Reihen sind deutlich wiederzuerkennen. Dann folgt südlich der Emscher eine Reihe von Oberhausen über Gelsenkirchen nach Castrop-Rauxel (Emscher-Süd), sowie nördlich von ihr eine weitere Reihe (Emscher-Nord) von Oberhausen-Nord (Sterkrade) bis nach Recklinghausen und schließlich eine fünfte Reihe an der Lippe bzw. südlich davon (Lippe-Reihe mit Dorsten, Marl, Haltern).
Unterstellt man, daß dieses Bild für etwa 1960 auch auf wirtschaftsstrukturellen Daten beruht, so ist doch in der Zwischenzeit eine recht erhebliche räumliche Veränderung zu verzeichnen (Mülheim zur Ruhr-Reihe, Duisburg eindeutig zur Rheinachse, sowie Oberhausen, strukturstarke Entwicklung von insbesondere Gelsenkirchen aber auch von Recklinghausen gegenüber den anderen Städten der Emscher-Reihen). Es bleibt nur noch eine einzige Emscher-Reihe übrig.

Abb. 20 Die Gliederung des Ruhrgebiets um 1960 nach traditionellen Kriterien
(Quelle: G. R., 1965, S. 185)

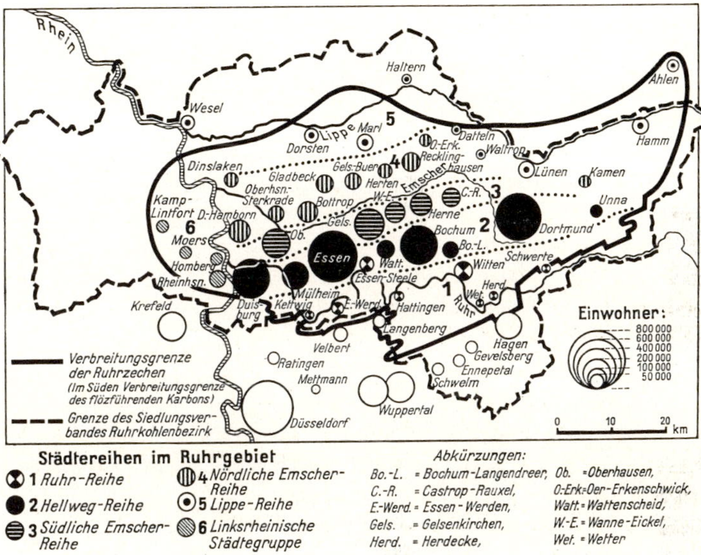

Einige Bemerkungen sind noch zu *Gelsenkirchen* zu machen. Ursprünglich war Gelsenkirchen eine typische Stadt der Reihe Emscher-Süd mit Kohlebergbau, Kokereien, Verstromung und beginnender chemischer Industrie, mit fehlender Schwerindustrie, wie sie für die Hellweg-Städte typisch ist. Vergleichbar der Hellweg-Reihe ist jedoch heute die Diversifizierung in verschiedene Branchen hinein, das Wirtschaftswachstum und die Wirtschaftskraft, die die der übrigen Emscher-Städte heute weit übersteigt.

3. Die Genese der funktionalräumlichen Struktur

Nachdem im Vergleich der Abb. 19 und 20 festgestellt werden mußte, daß strukturelle und damit auch räumliche Veränderungen stattgefunden haben, ist zu überlegen, wie es dazu gekommen ist. Es ist ferner zu überlegen, wie es zu der deutlichen Streifenstruk-

tur des Ruhrgebiets kam. Einen ersten Hinweis darauf erbrachte die Interpretation des Interkommutationsnetzes (Abb. 17). Um die Genese zutreffend zu erfassen, ist die Beschäftigung mit Details unumgänglich. Diese werden daher einen breiteren Raum einnehmen. Es wird allerdings versucht, besonders solche Details auszuwählen und herauszuarbeiten, die gewissermaßen „sprechenden" (d.h. erhellenden) Charakter besitzen, im Hinblick auf die Erklärung der räumlichen Struktur und ihrer Differenzierung.
Dies soll in einem zweifachen „Durchgang" geschehen. Im ersten Durchgang folgen wir der Entwicklung auf dem Querschnitt von Witten nach Marl, im zweiten Durchgang erfolgt vom Querschnitt aus wieder die Ausweitung nach Westen und Osten. Dabei wird auch Oberhausen einbezogen, weil es erst seit kurzem zur Rheinachse zu stellen ist.

a) Durchgang 1

Zu Beginn der Industrialisierung war **Witten** ein Kleinstädtchen an der Ruhr, das sich in Brückenlage zu einem der wichtigsten westfälischen Kornmärkte auf der Südseite der Bördenzone entwickelt hatte und dessen Funktion durch den Kohletransport ruhrabwärts insbesondere nach der Schiffbarmachung der Ruhr (1773–1781) für etwas größere Schiffe durch Preußen verstärkte. Mit Werden und Hattingen gehörte Witten wegen der Bleichereien (ebenfalls 16. Jahrhundert) noch zum Ausstrahlungsgebiet von Elberfeld.
Seine Entwicklung in der ersten Hälfte des 19. Jahrhunderts ist typisch für die anderen Städtchen an der Ruhr, insofern als hier erstmals die Symbiose von dem entstand, was später für die „Ruhr" als Industrierevier leittypische Bedeutung erhalten sollte, nämlich die *Symbiose von Bergwerken und Stahlherstellung*. Diese sich hier herausbildende Symbiose ist genetisch als die Ursache dafür anzusehen, daß der *Begriff des Ruhrgebiets als industriefunktionaler Begriff* sich von der eigentlichen Entstehungslinie, eben an der Ruhr selbst, ablöste und ein wesentlich weiteres Gebiet seitdem bezeichnet.
Nachdem die Kohle als Energie erstmals 1825 für eine zusätzliche Fabrikation, nämlich die von Glas in Witten, genutzt worden war – die Glasindustrie ist seitdem bis heute in Witten als Industriezweig beibehalten worden –, rückte allmählich seit dieser Zeit

auch die Eisenindustrie nach dem *Vorbild des Bergischen Landes* – also erst relativ spät – in das Gebiet am Fluß hinein. Dies ist der Initiative von Einzelunternehmen zu verdanken.
Unter ihnen ist besonders die Familie *Harkort* zu erwähnen, eine der schon genannten Pionierfamilien des Ruhrgebiets. Von dieser Familie wurde das Gußstahlwerk Witten gegründet (1856), aus dem die heute in Witten noch bestehende Edelstahlindustrie entstand. (Heute: Thyssen. Seit 1981 statt 4 SM-Öfen ein einziger Elektroofen mit Prozeßsteuerung, Absaugen der Rauchgase, Wärmerückgewinnung). Im benachbarten Wetter betrieb Friedrich Harkort 1826 den ersten Puddelofen nach englischem Vorbild, um aus Roheisen durch ständiges Umrühren (engl. to puddle) Stahl zu gewinnen. Das Erz als Rohstoff stammte aus den Eisenflözen des Karbons.
Weitere Stahlunternehmen entstanden. Während sich die Harkort-Werke zur Großindustrie weiterentwickelten (s. o.), ist für die Wittener Industrie insgesamt jedoch die Struktur als Familienbetrieb (Klein- und Mittelbetriebe), wie im Bergischen Land, bestimmend geblieben.
Auch der Kohlebergbau wurde nur in kleinen Abbaufeldern mit höchstens bis zu 7 Bergleuten je Zeche (oder „Pütt")[3] betrieben. Aufgrund der Nachfrage aus dem Bergischen Land nahm die Kohlenförderung seit etwa 1750 kontinuierlich zu, später durch die Schiffbarmachung der Ruhr (s. o.) noch besonders gefördert. Erst 1889 lief – wegen der Konkurrenz der Eisenbahn – der Schiffsverkehr aus.
Die von der Industrialisierung ausgehende Verstädterung blieb wegen der Betriebsstruktur relativ begrenzt. Flächen für Ackerbau und Milchwirtschaft, durchsetzt mit kleinen Wäldern, blieben daher besonders auf der südlichen Ruhrseite bis heute erhalten. Hier wie im ebenfalls nicht voll überbauten Ruhrtal ist eine *stadtnahe Naherholung* möglich, die – wie in den anderen Städten bzw. Stadtteilen an der Ruhr – von der Bevölkerung auch wahrgenommen wird.
War um 1800 das Ruhrtal bereits zechendurchsetzt, so war zur sel-

[3] von lateinisch puteus: Brunnen

ben Zeit das Gebiet von **Bochum** noch reines Agrargebiet und blieb es auch, trotz einiger Zechenansätze (s. u.) bis etwa 1840. Bochum selbst war ein Landstädtchen mit zentralen Funktionen (Kreis, Landgericht; entstanden um einen karolingischen Reichshof und die heutige Probsteikirche) und beherbergte auch das preußische Bergamt für die Kohlenfelder an der Ruhr. 1816 betrug seine Einwohnerzahl erst 2000, während Hattingen – vergleichbar Witten – an der Ruhr 3000 Einwohner zählte, Solingen dagegen bereits 5000. Die Stadt lag zwar am sog. *Hellweg*; dieser hatte aber nach den damaligen Straßenkarten als durchgehende Verkehrs- und Handelslinie keinerlei Bedeutung mehr.

Der *Wiederaufstieg der West-Ostlinien* des Verkehrs nördlich der Ruhr setzt erst mit dem Bau der Eisenbahnlinien ein, die das tief zerschnittene Bergische Land – im Unterschied zur wichtigen Straße Köln – Dortmund – Münster – der heutigen B 51 – im Norden umgingen. Zunächst wurden in den Jahren zwischen 1843 und 1848 die sog. Köln-Mindener Bahn (Düsseldorf – Duisburg – Oberhausen – im Norden an Essen und Bochum vorbei – Dortmund – Hamm) und die Bergisch-Märkische Bahn (Elberfeld – Hagen – Dortmund) als Konkurrenzbahnen gebaut. Führend waren hierbei *Kölner Bankiers,* wie z. B. Hansemann, der in enger Verbindung mit Harkort stand. Erst nach 1860 folgte die direkte Verbindung Duisburg – Dortmund über Mülheim – Essen – Bochum.

Diese drei *Bahnen* entwickelten sich zum *Verkehrsrückgrat* des Ruhrgebiets und bestimmten für viele Jahrzehnte den Verkehrsfluß mit der Ausrichtung auf die West-Ost-Richtung und der Zurückdrängung der Nord-Süd-Richtungen. Sie sind auch heute noch Stammstrecken des Intercity-Netzes.

Nach der Etablierung der Bahnlinien erhielt das entstehende Industriegebiet (Bochum 1860: 6000 Einw.) aus Transport und Absatz wichtige Impulse für die Weiterentwicklung, insbesondere auch für den Eisenbahnbedarf selbst (Schienen, Räder).

Die industrielle Entwicklung geht jedoch dem Bau der Eisenbahnen um einige Jahrzehnte voraus. Der Anstoß kam von Süden. 1799 wurde die erste Zeche auf heutigem Bochumer Stadtgebiet in Langendreer eröffnet, die mit einer aus England bezogenen

Dampfmaschine bestückt war. Nach ihrem Vorbild erbaute *Dinnendahl* (geb. 1775) 1803 die erste im Ruhrgebiet selbst entstandene Dampfmaschine. Damit legte Dinnendahl als einer der Pioniere die Wurzel für die sich später ausbildende *Schwerindustrie* an der Ruhr. Er selbst gründete 1807 eine Maschinenfabrik in Essen (weitere, verbesserte Dampfmaschinen). Doch zunächst entwikkelte sich weder der Bergbau noch die Industrie weiter.
Bis 1860 blieb der Schwerpunkt der Zechen im Süden des heutigen Stadtgebiets, wobei technisch noch der alte Stollenabbau von der Hangseite aus vorherrschte. Dennoch war bereits 1841 auf Bochumer Stadtgebiet ein bedeutsamer technologischer Durchbruch für die Weiterentwicklung des Zechenabbaus nach Norden hin gelungen, nämlich die Abteufung des ersten Senkrechtschachts als *Tiefbauzeche* (wenn auch nicht im heutigen Sinn). (Die ersten Versuche wurden allerdings durch Haniel auf dem heutigen Stadtgebiet von Essen unternommen.) Mit Hilfe der Dampfmaschine hatte man also die Technik des Senkrecht- und Tiefbaus erproben und ausnützen können. Dies war auch insofern ein Fortschritt, als von Bochum nach Norden ab das kohleführende Grundgebirge von einer immer mächtiger werdenden Decke aus weicherem Gestein (Mergel der Kreidezeit) überlagert wird und 1841 die Mergeldecke erstmals im Bochumer Bereich durchteuft werden konnte. Wegen ihrer mangelnden Standfestigkeit galten die Mergel bis dahin für den Bergbau als schwierig.
In der Stahlindustrie geht die erste Entwicklung von Bochum ähnlich früh zurück, und zwar auf das Jahr 1842, als der aus Schwaben stammende *J. Mayer* seine Gußstahlfabrik (zusammen mit dem sächsischen Kaufmann Kühne) gründete. Er hatte herausgefunden, daß einerseits der Ton aus der Eifel den bis dahin verwendeten englischen Stourbridge-Ton ersetzen konnte und daß andererseits die Ruhrkohle am besten geeignet war. 1852 machte er mit dem Stahlformguß zum erstenmal eine eigenständige revolutionäre Erfindung, die nicht mehr auf englischen Vorbildern beruhte. Damit stabile und doch beim Erkalten nachgebende Formen erreicht wurden, verwendete er Ton, Hefe und die oberoligozänen Sande, deren Eignung als Formsande er ebenfalls erkannte. Sie erhielten seitdem den Namen „Formsande“. Die Erfindung ist des-

wegen revolutionär, weil sie erstens mit einer enormen Arbeits- und Energieersparnis verbunden ist und zweitens den modernen Maschinen- und Anlagenbau mit seinen verwinkelten Formen wie auch die Hochdruckanlagen der chemischen Industrie erst ermöglicht.

Auf dieser Grundlage wurde 1854 der Bochumer Verein gegründet (mit Kölner Kapital) und seit 1865 das Siemens-Martin-Verfahren (SM) verwendet, um Qualitätsstähle zu gewinnen. Es gelang Mayer auch, nahtlose Stahlreifen für die Eisenbahnwaggons zu erzeugen, womit er der wichtigste Konkurrent für Krupp auf diesem Gebiet wurde. Auf diese Tradition geht bis heute der Schmiedebetriebsteil zurück. Nachdem der Bochumer Verein in den Krupp-Konzern integriert wurde (als Krupp-Stahlwerke Bochum), ist hier die gesamte Fertigung von Bahn- und Kfz-Material konzentriert worden.

Die eigene Stahlerzeugung wurde 1873 mit der Errichtung des ersten Hochofens möglich (heute kein Hochofen mehr in Bochum). Das Stahlwerk wurde inzwischen auf das Sauerstoffblasverfahren umgestellt.

Zum Werk gehört außer dem Schmiedebereich auch die Herstellung von Edel- und Flachstählen (z.B. Nirosta). Nach einem Höchststand von 20000 beträgt die Belegschaft nur noch 11000 Beschäftigte (1981).

Eine noch ältere Wurzel besitzen die Stahlwerke Bochum, die sich aus der 1820 gegründeten Seilerei Vennemann entwickelten. Sie wurden zu einem der führenden Anbieter von Fein- und Elektroblechen auf dem Weltmarkt. Letztere besitzen besondere magnetische Eigenschaften.

Mit Stahlverformung und -erzeugung wurde auch für Bochum – d.h. also für das Hellweg-Gebiet – die schon für Witten beschriebene Symbiose typisch. Damit dehnte sich das Ruhrgebiet im industriefunktionalen Sinn von der Ruhr erstmals nach Norden weiter aus – etwa eine Generation später als an der Ruhr selbst (s.o.: Dinnendahl).

Mit Bochum erfassen wir somit bei unserem genetischen Querschnitt die *erste Erweiterung des Begriffs „Ruhr“*, sowohl räumlich als auch industriell. Beim Industriellen ist jedoch darauf aufmerksam zu machen, daß sein Charakter nicht nur von der Symbiose mit der Stahlindustrie bestimmt ist, sondern auch von der Entwicklung im Bergbau mit der Entwicklung des Tiefschachtbaus. Dieser (wie aber auch die Entwicklung des „Bochumer Vereins“: s. o.) ist nur mit Hilfe der Außenfinanzierung auf Dauer möglich geworden; d. h. je kapitalintensiver die Produktionen wurden, umso mehr mußten *Kapitalgesellschaften* eingeschaltet werden (auf Aktien bzw. Kuxen = Anteile an Zechen), weil die Aufwendungen über die Leistungsfähigkeit des Privatvermögens der Unternehmer hinausgingen.

So erfassen wir auf Bochumer Stadtgebiet diejenigen *drei „Konstitutiven“*, die seitdem für das „Ruhrgebiet“ in diesem industriefunktionalen Sinn typisch wurden und blieben: die Großzeche, die Stahlindustrie als Großunternehmen (damit die Ablösung des Familienbetriebs) und die Aktiengesellschaft als Finanzierungsform. Bochum ist darüber hinaus typisch für die zeitlichen Schübe der Entwicklung, von denen oben z. T. generalisierend schon die Rede gewesen ist. Generalisiert werden können aber auch die Entwicklung des Bochumer Vereins, insofern als man vor der „Gründerzeit“ in Deutschland nach 1870 bereits eine *erste* („kleine“) *Gründerzeit* in den sechziger Jahren feststellen muß, die dann von der *zweiten Gründerzeit* (repräsentiert durch den Hochofen 1873) gefolgt wird.

Trotz dieser zweiten Gründerzeit blieb für Bochum der Bergbau die führende Industrie, nach Anlagenzahl und Beschäftigten. Entsprechend dem oben geschilderten technologischen Durchbruch beim Schachtbau wurden nämlich auch im Süden die Stollen in Tiefzechen umgewandelt, griffen die Großzechen nach und nach auch auf das nördliche Stadtgebiet (Leitlinie: nördliche Haupteisenbahnstrecke) über.

Der Bedarf an Arbeitskräften ist in diesen Zechen höher und kann zunehmend nicht mehr aus dem einheimischen Potential wie an der eigentlichen Ruhr gedeckt werden. Es kommt erstmals zu einer großen *Zuwanderung von Arbeitskräften* aus dem westfälischen Hinterland, besonders aus den Gebieten der kargen Gebirgslandwirtschaft im Südosten. Diese Arbeitskräfte werden erstmals in den großen, zecheneigenen „Kolonien“ untergebracht, die von

dieser Zeit ab die Siedlungs- und Raumstruktur des Ruhrgebiets zu bestimmen beginnen; damit wird die vierte „Konstitutive“ (s.o.) des Begriffs „Ruhrgebiets“ sichtbar.
Noch 1925 umfaßte der Bergbau 41% aller Beschäftigten, der Stahlbereich dagegen nur 16%. Doch ab 1950 kam es allmählich zur Umstrukturierung. Konnten in den traditionellen Industriezweigen nur männliche Beschäftigte Arbeit finden, so sind in anderen Wirtschaftsbereichen 1950 schon 22% weibliche Arbeitskräfte zu finden; 1970 stellen sie 33% aller Beschäftigten.
Als weithin sichtbares Zeichen des Prozesses können die Opel-Werke (mit 20000) gewertet werden, die auf stillgelegtem Zechengelände errichtet wurden (ab 1962). Ein Großbetrieb wurde somit durch einen anderen abgelöst, die Dominanz der Großbetriebe erhalten, jedoch für den Ersatzbedarf an Arbeitsplätzen ein großes Ventil angeboten.
Mit der Zuwanderung großer Menschenmassen (ab 1900 etwa war der Status der Großstadt erreicht) wurden die zentralen Funktionen im ursprünglich sehr kleinen Altstadtbereich verstärkt und in Anlehnung daran erweitert. Nach den Kriegszerstörungen entstand hier eine *moderne City.*
Auch durch die Gründung der Ruhr-Universität (wenn auch auf „der grünen Wiese“, abseits der Stadt), als Initiative der Landesregierung, wurden die zentralen Funktionen Bochums verstärkt.
Insgesamt ist der *Strukturwandel* in Bochum als geglückt zu bezeichnen, insofern als eine relativ ausgewogene Wirtschaftsstruktur erreicht wurde (gewisse Branchenvielfalt, tertiärer Sektor einschließlich Großhandel: vgl. „Strukturdatei“). Diese wird belegt durch das BIP (Zugehörigkeit zur Klasse B, also zur zweithöchsten Klasse). Von den Lohnsummen entfallen rd. 55% auf den tertiären Sektor, der damit die herkömmliche Industrie eindeutig überrundet hat (Einzugsbereich von rd. 800000 Menschen).
Herne weiter im Norden, ans Stadtgebiet Bochums anschließend, steht repräsentativ auch für Wanne-Eickel im Westen (nach Herne eingemeindet seit 1975) und Castrop-Rauxel im Osten. Um 1840 hatte Herne 4000 Einwohner, 1887, als Folge der zweiten Gründerzeit, 20000, mit raschem Anwachsen auf 100000 Einw. (zeitweilig mehr). Die frühe Entwicklung war jedoch bei weitem nicht

so differenziert und kräftig wie in Bochum. Das liegt daran, daß der *Kohlenbergbau* das Gebiet von Anfang an geprägt hat und daher sich hier das „Ruhrkohlenrevier“ gewissermaßen „in Reinkultur“ ausbildete. Noch 1962 waren über 50 % der Industriebeschäftigten im Kohlebergbau tätig.

Die Zechen entstanden im heutigen Herner Stadtgebiet seit 1854, also bereits schon während der *ersten Gründerzeit*, im Zusammenhang mit der Hauptbahnlinie, der Köln-Mindener Bahn. Die Initiative ging hier allerdings nicht von deutschen „Pionierfamilien“ aus, sondern von dem Iren Thomas *Mulvany*.

Mulvany witterte an der Ruhr gute Geschäfte im Bergbau, als er als 46jähriger 1855 nach Düsseldorf kam und dort mit englischen Gesellschaftern und Handwerkern eine Firma gründete. Wie wenig entwickelt der Bergbau seinerzeit an der Ruhr noch war, zeigt sein Wort, daß es diese Leute (im Ruhrgebiet) nicht verstünden, was sie hier hätten. Als Meisterabteufer beschäftigte er Coulson. Dieser erfand das Tübbing-Verfahren (von englisch: tub). Bei diesem Verfahren wurde das Ausmauern durch ineinander gesetzte Eisenringe ersetzt. Das Abteufen konnte rascher vonstatten gehen, viele Zechengründungen erfolgen. An Mulvanys Initiative erinnern die Namen für die Zechen (Shamrock: das irische Kleeblatt) oder für die größte Bergbaugesellschaft an der Ruhr (vor der Gründung der Ruhrkohle-AG), nämlich der Hibernia (lat. für Irland).

Daß die Hibernia zur größten Bergwerksgesellschaft an der Ruhr wurde, hängt ursprünglich auch damit zusammen, daß der Kapitaleinsatz viel höher war, ja sein mußte; denn die schon erwähnte Mergeldecke wird auf der relativ kurzen Strecke zwischen Bochum und dem Nordrand des Stadtgebiets von Herne bereits einige hundert Meter mächtig, weil sich das darunter befindliche Kohlegebirge steiler nach Norden absenkt. So mußten bei Herne die Zechen schon bis auf 700 m abgeteuft werden.

Um die Abteufungskosten rentabel zu gestalten, mußten unter Tage größere Felder erschlossen werden: der *Trend zu noch größeren Zechen,* noch größeren Belegschaften, entsprechend vielen bzw. größeren Bergmannskolonien setzte sich fort.

Was sich nicht fortsetzte, war die Wanderung der stahlschaffenden und -verarbeitenden Industrie nach Norden, weil sie aufgrund der hohen Kapitalinvestitionen an die Standorte im Süden gebunden war und blieb. So unterblieb hier die für den Hellweg am Beispiel von Bochum als so selbstverständlich angesehene Weiterentwicklung, wurde hier die *monostrukturelle Entwicklung* eingeleitet, unter der das Gebiet bis heute leidet (niedrigste Klasse des BIP, was dadurch erst erklärt wird).

Zwar bildeten sich auch hier Ansätze für eine Diversifizierung aufgrund technologischer Entwicklungen. Diese basierten auf den Kokereien, die gerade in diesem Gebiet typisch waren, weil hier die Fettkohle, eine besonders gut verkokbare Kohleart, am reichlichsten gefördert werden konnte (auch dies ein weiterer Grund für die Entwicklung der Hibernia). Von hier aus wurde der Koks über Werksbahnen zur Stahlindustrie nach Süden geschafft, wo er in den Hochöfen für das Erschmelzen des Roheisens als Energie- und Reduktionsträger eingesetzt wurde.

Basierend auf den Kokereien entwickelte sich mit Anfängen seit 1881 in Wattenscheid (Dr. C. Otto) auch im Gebiet von Herne die sog. *Kohlechemie.* Versuche in der organischen Chemie hatten ergeben, daß die Abgase und Abfälle der Kokereien wertvolle Rohstoffe, die sog. Kohlenwertstoffe, enthielten. Diese waren bislang weggekippt bzw. verbrannt worden. Das Verbrennen der Kokereigase nannte man wegen der beim Anzünden des aus den Rohren austretenden Gases „Abfackeln". Gerade im eigentlichen „Ruhrpott" (s.o.) bildeten die Fackeln der Kokereien über viele Jahrzehnte hinweg ein besonders in den Nächten typisches Merkmal. 1887 entstand aufgrund der Arbeiten von Otto die erste Benzolfabrik der Welt (in Dortmund), 1895 eine Ammoniakfabrik in Bochum und 1908 wurde mit der Herstellung des Ammoniumnitrats die Schießpulvererzeugung möglich, die Deutschland im ersten Weltkrieg unabhängig von den Salpetereinfuhren machte. Mit dem von Haber und Bosch (1908, 1910) entwickelten Verfahren der Ammoniak-Synthese wurde mit Hilfe von Wasserstoff Stickstoff gewonnen. Weitere Entwicklungen zwischen 1920 und 1940 brachten der Kohlechemie in der Emscherzone einen gewaltigen Aufschwung.

Diese Entwicklungen beruhen 1. auf der Teerdestillation mit Benzolerzeugung ab 1900 in Recklinghausen und 2. auf der Kohlehydrierung zufolge der Erfindung von Bergius 1913 bzw. von Fischer und Tropsch 1926. Das Benzol wurde dem Benzin wegen der Verbesserung der Klopffestigkeit beigemischt. Das Gemisch wurde seit 1928 vom Benzolverband mit Sitz in Bochum als Aral abgesetzt (Aral = Abkürzung von: Aromaten aus Kokereibenzin und Aliphaten aus Mineralöl). Das erste Hydrierwerk Scholven in Gelsenkirchen wurde seit 1936 von der Gelsenberg Benzin AG betrieben (später Veba) und erzeugte 1938 300000 t Benzin. Die Bedeutung des Ruhrgebiets für die Stickstofferzeugung ist bis heute sehr groß geblieben (ca. 50% der deutschen Erzeugung).

Seit den fünfziger Jahren jedoch wurde die Kohlechemie durch die billigere *Petrochemie* (bei Erzeugung derselben Wertstoffe) allmählich überflüssig; erneut bildete sich in den Gebieten, in denen eine Umstellung nicht erfolgt war, wie in dem von Herne, die einseitige Struktur wieder aus. Das führte auch zu einem Rückgang der Kokereien und damit zum Entfallen weiterer Arbeitsplätze, da Koks nur noch für die Stahlindustrie notwendig war. 1939 gab es hier 6 Kokereien und 6 Kohlechemiewerke, 1970 dagen nur noch 3 Kokereien und nur noch ein Werk der Kohlechemie (Ammoniak-Synthese: 1980 stillgelegt).

Es blieb nur noch eine weitere Nutzung für die Kohle übrig (nachdem sie auch als Hausbrand und Kohle für die Dampfloks kostenmäßig unterlegen war), nämlich die sogenannte *Verstromung* in den Wärmekraftwerken.

Diese entstanden, auch wegen der Wasserversorgung, vorzugsweise im Norden, am Rhein-Herne-Kanal, der, von Duisburg aus, 1914 fertiggestellt worden war und den Zechen einen billigeren Transport der Absatzkohle von den kleinen Zechenhäfen am Kanal aus ermöglichte als der über die Bahn. Auch heute wird am Rhein-Herne-Kanal fast nur Kohle umgeschlagen.

Mit dem sogenannten *Kohleenergieverbund* entstand in diesem Gebiet eine weitere technologische Innovation, die sich als sehr bedeutsam für die Betriebe erwies, jedoch insgesamt zu einer Verringerung der Arbeitsplätze führte. In diesem Verbund werden Zeche, Kokerei und Kraftwerk so zusammengeschlossen, daß möglichst wenig Energie verlorengeht. Einmal werden dadurch die spezifischen Energiekosten und damit die Betriebskosten gesenkt, ein andermal müssen die bisher getrennten Einheiten zu einheitlichen industriellen Großkomplexen zusammengeschlossen werden. Die Entwicklungstendenz zu Großbetrieben und Kapitalgesellschaften wird dadurch verstärkt. (Technische Einzelheiten zum Kohleenergieverbund: siehe später.)

Gegenüber Witten und Bochum (das im Süden Anteil am Ruhrtal hat), waren auch die Naherholungsmöglichkeiten in der versumpften Emscheraue begrenzt, zumal die *Emscher zur Sammelader des Abwasserverbundes* aus dem gesamten südlichen Ruhrgebiet wurde: alles von südlich der Emscher herstammende Abwasser wurde (und wird) in die Emscher als der „cloaca maxima" des Ruhrgebiets geleitet und erst in den großen Klärwerken an der Mündung in den Rhein bei Oberhausen gereinigt. Die gelegentlich reizvolle Bruchlandschaft der Emscher mit Auewäldern wurde dadurch entwertet, auch als attraktiveres Wohngebiet für einkommensstärkere Schichten, wie es zum Ruhrtal hin der Fall war und ist.

War Herne schon als Kohlenstandort mit seinen Bergmannssiedlungen unattraktiv, so auch als Wohnstandort für gehobenere Ansprüche an die Annehmlichkeiten der umgebenden Natur. Mit dieser sozio-ökonomischen Struktur hängt es zusammen, daß es in Herne kaum ein Potential für die Nachfrage nach gehobenerem Bedarf mit entsprechender Ausstattung der Geschäfte im Stadtkern z.B. gegeben hat. Das hat dazu geführt, daß sich Hernes „Hauptgeschäftsstraße" trotz der Bevölkerung von über 100000 kaum von einer solchen in einer bloßen Mittelstadt unterscheidet, daß die Einzelhandelsumsätze gering blieben, wie überhaupt der gesamte *tertiäre Sektor schwach* ausgebildet ist. Dies ist ein weiterer Ausdruck für die Strukturschwäche des Gebiets. Herne ist darin repräsentativ für alle ähnlichen Bergbaustädte südlich der Emscher, der sog. „Emscher-Reihe".

Nördlich der Emscher, im Gebiet von **Recklinghausen** und **Marl** (Recklinghausen repräsentativ für die „nördliche Emscher-Reihe", Marl für die Lippe-Reihe) beginnt die erste Abteufung 1869, die erste Zeche wird erst 1875 eröffnet, weil das Durchstoßen der noch tieferen Mergelschichten noch länger dauerte und noch kostspieliger war. Bis 1900 wurden im *„neuen Revier"* nach Norden hin weitere 23 Schächte abgeteuft – alle als noch größere Anlagen.

Gab es an Ruhr und Hellweg noch alte städtische Kerne, die die Entwicklung auf ein Zentrum hin kanalisieren konnten, so ist dies im „neuen Revier" nur bei Recklinghausen der Fall; in fast allen anderen Fällen wurden Wohnkolonien in ein völlig *ländliches Umland* hineingebaut, Wohnkolonien für Zechen, die eine Belegschaft von 8000–10000 haben. So wird das „neue Revier" von den *Großzechen und ihren Wohnkolonien* geprägt (vgl. Topographische Karte 1 : 50000 Recklinghausen), schiebt sich der Verstädterungsraum seit 1900 an die Lippe vor.

Im Falle von Marl wird diese Struktur verstärkt durch den riesigen Komplex der *Chemischen Werke Hüls* (CWH), also eines Werkes der Großchemie, das ursprünglich von den IG Farben (Bayer) am wassernahen Standort zur Verwertung der Kohle (Buna) errichtet worden ist. Der Wasserbedarf beträgt heute pro Stunde ca. 50000 m^3.

Diese Entwicklung fällt bereits in die dreißiger Jahre, gefördert durch die Autarkiebestrebungen seit 1933. Buna konnte nur dann rentabel in großem Umfang erzeugt werden, wenn das Werk in der Nähe leistungsfähiger Kokereien angesiedelt war. Das war aber nur in der Nähe von Groß- bzw. – wie hier – von zwei Riesenzechen der Fall (mit Investitionen für jede von 200–300 Mill. Mark). 1955 wurde im Gebiet von Marl der letzte Großschacht im Ruhrgebiet überhaupt abgeteuft. Die hohen Kosten ergeben sich aus der Tatsache, daß die Mergeldecke hier bereits 1000 m mächtig ist und ein entsprechend großes Feld untertage aufgeschlossen werden muß, mit einer riesigen Infrastruktur von Leitungen (Strom, Luft, Wasser) und Gleisnetzen.

Inzwischen hat sich auch CWH (heute zur Veba gehörig) auf Erdöl und Erdgas als Basis für die Produktion umgestellt. Das Gas wird aus den relativ nahen Feldern im Emsland bzw. im niederländischen Friesland bezogen. Es ist zum größten petrochemischen Werk der Bundesrepublik Deutschland geworden (Alleinumsatz 6 Mrd. DM) und durch ein weit verzweigtes Produktenrohrnetz mit vielen anderen Chemieunternehmen am Rhein verbunden. Da nach dem Krieg die Erzeugung von Buna zunächst verboten war, stellte man sich mit großem Erfolg auf Kunststoffe und Weichmacher um. Schon 1959 hatte das Werk über 15000 Beschäftigte und wurde damit zu einem der großen Einpendlermagneten aus allen Richtungen (Abb. 17). Neben Erdöl, Erdgas und Wasser ist auch der Strombedarf sehr hoch (1978: 3,7 Mrd. kWh = 2% der Bundesrepublik Deutschland).

Heute ist die CWH zum fünftgrößten deutschen Chemiekonzern geworden (mit Einschluß der Werke bzw. Beteiligung an Werken in Bottrop, Herne, Phenolchemie Gladbeck, Castrop-Rauxel, Ruhr-Stickstoff-AG in Bochum). Hergestellt werden Kunststoffe (37%), Industriechemikalien (37%), Kautschukarten (10%). Wegen der Überproduktion auf dem Weltmarkt wurden die Faserwerke Hüls stillgelegt und die Produktion der Kunststoffe gedrosselt.

Soweit eine Anlehnung an die bestehenden alten Siedlungsstrukturen nicht möglich war, war es schwierig, für die verstreuten Wohnkolonien und Werkskomplexe eine eigene Identität herzustellen. Dies traf insbesondere auf die „Stadt" Marl zu, bei dem nicht einmal ein altes dörfliches Ortszentrum bestand. Ein eigenes Stadtzentrum mußte künstlich „auf der grünen Wiese" im ungefähren Mittelpunkt von Zechen, Werken und Wohnkolonien begründet werden. Aus der Not machte man die Tugend, möglichst viel Grün in den künstlichen Verwaltungs- und Geschäftskern hineinzunehmen.

Auf diesem Durchgang 1 haben wir, *abschließend* sei dies noch einmal festgestellt, die generationenweise-schubweise Entwicklung des „Ruhrgebiets" von der Ruhr im Süden bis zur Lippe im Norden kennengelernt, haben dabei gesehen, wieso dadurch die Streifenanordnung der Städtereihen nach ihren funktionalen und industriellen Merkmalen sowie nach ihrem BIP genetisch erklärbar wird, wie aber gerade dadurch auch erst verständlich wird, warum die Struktur der Pendlerbeziehungen jeweils von Norden nach Süden hin (selten von Süden nach Norden hin) verläuft, wie also das räumliche Bild des Pendelns bis heute die genetische Raumstruktur nachbildet, denn die jeweils älteren Ansatzpunkte und damit die Voraussetzung für eine nachfolgende Selbstverstärkung liegen ja im Süden des sich jeweils nördlich davon entwickelnden neuen Wachstumsstreifens. So verschieben sich auch die Pendlerbeziehungen im generationenweisen Schub gewissermaßen jeweils um einen Streifen nach Norden.

Abb. 21 Die Entwicklung des Ruhrgebiets und der Hauptbranchen im Querschnitt Witten – Marl. (Tabellarische Übersicht.)

	S Witten	Bochum	Herne/ Wanne	Reckling-hausen	N Marl
Kohle	1750 = Stollen	1799 = Stollen; Dampfm. 1860: Schacht	1856; Kokerei 1914: Strom	1869	1906 1965/ Strom
Stahl	1820/1856	1841/1854/ 1873: Hochofen	–	–	–
Chemie	–	–	1883–1939	–	1938 1959
Glas	1825	–	1900	–	–
Zechen in Betr.	–	–	1	1 (2)	2
Kokereien	–	2	2	–	1
Gymnasien	1860	1851 (1887)	1902	1820 (1921)	1938

Die Abb. 21 faßt das beschriebene Bild noch einmal tabellarisch im Verlauf des hier gezogenen Querschnitts zusammen.

Der Durchgang 1 hat gezeigt, welche *innovatorische Bedeutung* die Entwicklung von *Technologien* für Wachstum und Verfall besitzen, sowohl räumlich als auch strukturell (Kokereien, Kohleenergieverbund, Hochofentechnik, Kohlerentabilität und Stillegung). Angesprochen wurde immer wieder auch die geologische Situation. Bevor jedoch die damit zusammenhängenden Hintergründe systematisch geschildert werden (was zum vollen Verständnis notwendig ist), soll in einem weiteren Durchgang mit der Ausweitung vom Querschnitt aus nach Westen und Osten hin die Kenntnis der Stadträume des Ruhrgebiets abgerundet werden, zumal dadurch auch das genetisch-räumliche Verständnis der heutigen Struktur des Ruhrgebiets weiter vertieft wird wie auch die Einsicht in die Notwendigkeit, sich ausführlich mit Technologie zu beschäftigen.

Zum Vergleich sind die Gründungsjahre der ersten Gymnasien in die Tabelle eingetragen worden. Die frühen Nennungen bei Bochum und besonders bei Recklinghausen beruhen auf den zentralen städtischen Funktionen dieser Orte, die der Entwicklung an der Ruhr vorausgingen. In Klammern sind daher die frühesten Gründungen in der Nachbarschaft (Wattenscheid zu Bochum; Herten zu Recklinghausen) zusätzlich eingetragen. Die Daten für die genannten Orte korrespondieren übrigens repräsentativ mit den Daten der Gründungen von Gymnasien in den jeweiligen Städtereihen. So lassen auch diese Daten sehr schön das etappenweise Vorrücken der Ausdehnung des Ruhrgebiets nach Norden erkennen – aber auch das Nachhinken einer solchen schulischen Komplettierung der Infrastruktur gegenüber den ersten industriellen Impulsen.

b) Durchgang 2

In **Essen** ist die Tradition der Eisenverarbeitung sehr alt. Nachdem bei dem 852 gegründeten Stift Asnidi (die heutige Bischofskirche) seit 1000 eine Kaufmannssiedlung am Hellweg entstanden war, die 1041 das Marktprivileg erhielt, sind seit 1300 Waffenschmieden nachzuweisen, die besonders im 30jährigen Krieg florierten (Reichsunmittelbarkeit: 1377). Wegen der hohen Nachfrage reichte die bis dahin verwendete Holzkohle allmählich nicht mehr aus. Zwar wird der Bergbau auf Kohle schon 1317 erwähnt, aber voll mußte man doch erst ab 1663 auf Steinkohle übergehen. Somit besitzt die Verwendung der Steinkohle für die Eisenverarbeitung eine längere Tradition. Doch auch die Tatsache, daß Essen ein Oberzentrum des zweithöchsten Ranges geworden ist, steht in der mittelalterlichen Tradition der Kaufmannssiedlung.
Zur „Stadt Montan" (geprägt durch Stahl und Bergbau) mit überregionalen Funktionen aufgrund eines relativ frühen industriellen Wachstums wurde Essen jedoch erst durch die *„Pionierfamilie" Krupp*. Die Entwicklung setzte, wie in Bochum, beim Gußstahl ein, mit den ersten Anfängen bereits 1811, also dreißig Jahre früher als in Bochum, aber auch hier mit dem eigentlichen Durchbruch erst in der „kleinen" Gründerzeit. Ausschlaggebender Motor von außen war auch hier der Eisenbahnbedarf. Krupp verstand es, als erster gußeiserne Federn für Eisenbahnwaggons her-

zustellen, was ihm einen Großauftrag der Köln-Mindener Bahn einbrachte. Der zweite Erfolg waren dann die Gußstahlreifen für die Waggons; drei verschränkte Ringe als Symbol der Reifen sind bis heute das Firmensymbol von Krupp geblieben. Die Herstellung von Eisenbahnschienen war aber das Hauptgeschäft. Krupp erwarb auch das Bessemer-Verfahren (Erschmelzen des Stahls in der sog. Bessemer-Birne) exklusiv für Deutschland (Werk: 1862).
Das Werksgelände dehnte sich im Westen der Altstadt aus. Nach und nach wurde von dort bis zum Rhein-Herne-Kanal im Norden ein Streifen von 8 km Länge erworben, der die Stadt nach Westen hin fast völlig abriegelte (von Straße und Eisenbahn abgesehen).
Beim Höhepunkt der Entwicklung wurden 1918 allein in Essen 59000 Menschen beschäftigt. Nach 1918 wurde die Rüstungsindustrie völlig aufgegeben und nur noch sog. „Friedensgüter“ hergestellt, die auch 1940–1945 zwischen 60 und 75% des Umsatzes ausmachten. 1958 dagegen arbeiteten nur noch 23000 Beschäftigte auf dem Krupp'schen Gelände in Essen, teils wegen der Kriegszerstörungen, teils wegen der völligen Verlagerung der Rohstahlerzeugung (seit 1945) von Essen weg und der Konzentrierung allein noch auf die schweren Maschinen, Motoren, LKW's und dgl. – also im Sinne der alten Tradition des Firmensymbols. – An die Stahltradition erinnert auch die „Ferrostaal“, ein großes Handelsunternehmen für Stahlerzeugnisse (Tochter der GHH).
Wie im Bergischen und Märkischen wurde das Unternehmen sehr lange als patriarchalischer Familienbetrieb geführt – mit dem Gefühl der Verantwortung für die Beschäftigten. So wurden die Krupp'schen Sozialeinrichtugen (Werkswohnungen, Krankenversicherung seit 1836) vorbildlich.
Essen war jedoch nicht nur Sitz des vormals bedeutendsten Stahlunternehmens Deutschlands, sondern auch der größten Bergwerksgesellschaft, nämlich der Gelsenkirchener Bergwerksgesellschaft, die ihrerseits sich aus der Hibernia entwickelt hatte. So etablierte sich nach dem Zusammenschluß der privaten Zechen in der *Ruhrkohle-AG* diese ebenfalls in Essen.
Auch das größte Gasunternehmen Europas, die *Ruhrgas*, hat ihren Sitz in Essen. Innerhalb von weniger als 15 Jahren entwickelte sich das Unternehmen von einem bloßen Vertreiber von Kokereigas

zum Großverteiler von Erdgas (20% aus der Sowjetunion, 32% aus den Niederlanden, 33% aus deutschen Erdgasfeldern, 16% aus norwegischen unter der Nordsee). Der internationale Gesamtabsatz des Unternehmens betrug 1979 in kWh ausgedrückt 408 Mrd. Großgesellschafter sind – nachdem die Veba ihre Anteile verkaufte – BP, Esso, Shell.

Auch ein anderes Unternehmen, das auf der Ausbeutung von Nordsee- und Afrika-Erdöl basiert, ist in Essen ansässig, die Deminex. Gesellschafter sind Veba, RWE, BASF.

Auch in Essen begann man die Kohle zu „verstromen“. Aus einer „Stammzentrale“ der Elektrizitätswirtschaft (1898) wurde Essen zum Sitz des größten europäischen Energieversorgungsunternehmens, der *RWE*. Deren Stimmrechtsanteile werden zu über 60% von den verschiedenen Gebietskörperschaften gehalten.

Doch ist die RWE nicht mehr der größte Verstromer von Steinkohlen, sondern die *Steag*, ebenfalls mit Sitz in Essen. Die Steag betreibt die Kraftwerke der zur Ruhrkohle AG gehörigen Zechen (Ruhrkohle: zu 69% Eigentümer der Steag).

Als *Verwaltungssitz* überregionaler Firmen zog Essen immer mehr auch weitere Dienstleistungen an sich; die zerstörte Innenstadt wurde zu einer der ersten Fußgängerzonen umgestaltet. Der Großhandel ist überproportional ansässig. Auch der größte deutsche Warenhauskonzern – Karstadt – hat seinen Sitz hier. Eine gewisse Diversifizierung ist somit strukturell vorhanden. Nach den Kriegszerstörungen wurde versucht, (vergleichbar Bochum) eine weitere *Strukturänderung und -verbesserung* einzuleiten. Hierzu zählt auch die Einführung der in Essen bis dahin nicht heimischen Glasindustrie (heute Veba). Daß die Strukturverbesserung gelungen ist, zeigt die Stellung Essens beim BIP.

Hat Essen somit die typischen Züge der Hellweg-Stadt beibehalten und entwickeln können, gehört **Mülheim** zum ursprünglichen Typus der „Ruhrstadt“ (wie Witten und Hattingen): Brückenfunktion, Markt, Schiffahrt, Zechen und Stahl, wie aber auch in der Physiognomie (mit den schiefergedeckten Fachwerkhäusern). Wie in Bochum bildete sich der alte Ortskern zur City um, später erweiterte sich die City im Sanierungsgebiet daneben mit einem großen Einkaufszentrum (Stadtrechte 1808).

Bis 1850 blieb die Ruhr der Hauptausfuhrweg für Kohle, entwikkelte sich Mülheim als Hauptausfuhrplatz für die Kohle zur damals größten Stadt des Ruhrgebiets. Daran knüpfte sich die Entwicklung des größten Unternehmens der Stadt, der Firma *Stinnes* (heute Veba). Das Familienunternehmen wuchs aus dem Kohlenbereich über eine angegliederte Reederei in den Großhandels- und Transportbereich hinein. Das Unternehmen beschäftigt heute insgesamt 36 000 Arbeitnehmer. Ganz Mülheim hat im Vergleich dazu nur 85 000 (Gründung von Stinnes: 1808).

Abgesehen von der Ruhr als Schiffahrtsweg zeigte es sich, daß offenbar eine günstige *Verkehrslage* überhaupt vorhanden war. Daran knüpfen heute weitere Großhandelsunternehmen an, wie die Zentrale der ALDI-Discount-Kette, Lekkerland, die Accos-Supermärkte, Tengelmann (mit Kaiser's Kaffee und den Plus-Discountgeschäften). Von Bedeutung bis heute ist auch eine weitere bodenständige Industrie, die Lederverarbeitung.

Den eigentlichen Aufschwung zur Industriestadt verdankt Mülheim jedoch der Kohle. Wegen der *Nachfrage des Kohlehandels* versuchte man die Schächte immer weiter auszudehnen. Für die Wasserhaltung wurden ab 1808 und für die Förderung ab 1816 Dampfmaschinen eingesetzt. Zunächst in Zusammenhang mit der Wartung der Maschinen, dann aber auch als eigenständiger Industriezweig, bildete sich die Herstellung von *Zechenausrüstungen* heraus. Auch die Erzeugung von Roheisen in *Kokshochöfen* nach wallonischem Vorbild und mit wallonischen Schmelzern begann 1849 in der Friedrich-Wilhelm-Hütte erstmals für das ganze Ruhrgebiet in Mülheim – 100 Jahre später als in England, 50 Jahre später als in Oberschlesien. (Bis 1920 waren die wallonischen Schmelzer als sehr gesuchte Fachleute überall im Ruhrgebiet an den Hochöfen tätig.)

(Die eingesetzten Erze stammten ursprünglich aus den Steinkohleschichten und gaben z. B. auch den Anlaß für Hochöfen in Hattingen und Kupferdreh.) Bereits 1820 gründete der schon früher genannte Dinnendahl – vergleiche die ähnliche Entstehungszeit bei Witten – die Friedrich-Wilhelm-Hütte, aus der sich später die Rheinstahlwerke entwickelten. Mannesmann gründete ein Röhrenwerk (heute spezialisiert auf die Herstellung von Großrohren,

z. B. für die sowjetischen Erdölleitungen); 1871 entstand das Phoenix-Stahlwerk (heute Thyssen).

Die Palette der Industriebranchen und Großfirmen wird abgerundet im Sinne einer ausgewogenen Struktur durch die Elektrowerke, die von Siemens betrieben werden, nachdem zwischen 1925 und 1928 eine Schwermaschinenfabrik übernommen worden war, deren Tradition in der Anfertigung schwerer Turbinen fortgeführt wurde. Hier wurde auch die *Kraftwerksunion* gegründet (Entwicklung von Wärmekraftwerken, führend in der Technologie und im Bau von Kernkraftwerken; Auftragsbestand 1979 je 13 Mrd. DM; Besitzer: Siemens).

In **Oberhausen** (bzw. auf dem Gelände des heutigen Stadtgebiets, nach einem kleinen Weiler genannt) stand die erste bis heute bestehende Eisenhütte der Ruhrgebiets überhaupt, die seit dem 18. Jahrhundert sedimentäres Raseneisenerz der Flußauen verarbeitete, und zwar von 1758–1876 durchgehend mit Holzkohlehochöfen, die erst ab 1853 allmählich durch Koks ersetzt wurden. Aus dieser Hütte (im Zusammenschluß mit einigen anderen) entstand seit 1781 die *Gutehoffnungshütte*, also eines der traditionsreichsten Werke an der „Ruhr". 1814 wurde die erste Dampfmaschine hergestellt, 1830 das erste deutsche Dampfschiff, 1839 die erste Lok, 1904 die ersten Turbinen. Damit war die weitere Richtung der Entwicklung vom Stahlunternehmen zum reinen Maschinenhersteller (Schwer- und Schwerstmaschinen und -ausrüstungen aller Art) vorgezeichnet, die durch den Anschluß an die Bahn 1847 (die Köln-Mindener) verstärkt wurde und zum Ausbau eines eigenen Walzwerkes führte (Eisenbahnschienen). In der Emscheraue, heute beiderseits des Rhein-Herne-Kanals, entstand nach und nach ein riesiger eigener Stadtteil, der die Wohngebiete im Norden und Süden effektiv trennte. Zwischen 1849 und 1857 wurden nach und nach in dem unbesiedelten Gelände zum erstenmal Kokerei, werkseigene Zeche, Hochofenwerk, Stahlwerk und Walzwerk zusammen und nebeneinander gebaut. Damit wurde die Entwicklung eingeleitet, die als *integriertes Hüttenwerk* heute weltweit selbstverständlich ist. Ab 1888 wurde ein weiterer technologischer Durchbruch erzielt, insofern als die GHH das erste integrierte Hüttenwerk betrieb, das *„in einer Hitze"* arbeitete (vgl. später), mit einem

angegliederten Großkraftwerk. Damit war hier *erstmals ein Stahlkonzern* im eigentlichen Sinne entstanden: alles, was für die Stahl- und Maschinenfabrikation an Rohstoffen, Halbwaren, Weiterverarbeitung notwendig war und ist, war hier vereinigt.
Man versuchte mit Erfolg, auch noch weitere nicht-traditionelle Branchen zu entwickeln und aufzubauen. Es entstand die *erste Kohlenwertstoffanlage.* 1927 wurde durch die GHH das führende kohlechemische Unternehmen an der Ruhr überhaupt gegründet, die Ruhrchemie (heute zu Hoechst: Düngemittel, Polyäthylen). In den Anlagen werden bis heute Treibstoffe erzeugt. Aufgrund vielfältigster Erfahrungen wurde die GHH (unter Ausgliederung des Stahlsektors = zu Thyssen) zum größten europäischen Investitionsgüterkonzern (einschließlich der mit GHH verbundenen MAN). Schwerpunkte sind: Maschinen, Apparate, Anlagen, Transportmittel aller Art.
Auch ein anderes großes Maschinenbau- und Kesselbauunternehmen, die Firma Babcock, ursprünglich von England her gegründet, entwickelte sich selbständig in Oberhausen weiter und gehört heute zu den führenden Firmen an der Ruhr überhaupt.
So ist Oberhausen, das erst 1874 Stadtrecht erlangte, traditionell mit Stahl und Maschinen verbunden. Mit der Entwicklung seiner Industrie ist aber insbesondere der Name *Haniel* verknüpft. Denn es war Haniel, der (aufgrund der Basis im Kohlenhandel in Mülheim) 1810 die Vereinigung der bestehenden Hütten zur Gutehoffnungshütte betrieb, der den Bau der ersten Dampfmaschine veranlaßte (1814) und damit den Grundstein zur Entwicklung der Maschinenindustrie legte, der ab 1832 die ersten Versuche unternahm, um die Mergeldecke zu durchstoßen und mit dem zweiten Schacht 1840 schon 190 m Tiefe erreichte (auf heutigem Oberhausener Stadtgebiet). Mit diesen Schächten wollte er die GHH mit einer eigenen Kohlebasis ausstatten, beschritt also bereits den Weg zu einem Vertikalkonzern. Zwar waren seine Abteufungen nicht erfolgreich, aber man lernte die Technik zu beherrschen, die Fettkohle zu erreichen.
Bottrop entwickelte sich wie Herne in der ersten Gründerzeit, **Gladbeck** wie Recklinghausen in der zweiten, und, wie dort, durch die Erschließung der Grubenfelder. (Bottrop 1856 erste Zeche,

Gladbeck 1872). Beide Städte sind wie Herne vom Bergbau monostrukturell bestimmt und entsprechend strukturschwach, obwohl in Bottrop mit seinen leistungsfähigen Zechen eine der größten Zentralkokereien Deutschlands betrieben wurde, die die Basis für die Kohlechemie mit der Herstellung von Treibstoff bot.

Gelsenkirchen, 1838 noch ein Dorf mit 500 Einwohnern, Stadtrechte dann 1875, ist heute nach Dortmund die zweitgrößte Stadt Westfalens. Seine Entwicklung setzte mit dem ersten Schacht 1856 in der ersten Gründerzeit ein, gefördert durch einen weiteren „Pionier“, *Grillo.* Mit vielen Zechengründungen im Sinne von schon modernen Tiefbauzechen (mit rund 500–600 Beschäftigten untertage) war Grillo gewissermaßen die „Leitfigur“ der „kleinen“ Gründerzeit von 1853 bis 1857. Mit seinen Zechen in Schalke, Herne, Rauxel stieß der Kohlenbergbau auf breiter Front in die Emscherzone vor, verdichteten sich bald die Stadtteile mit Zechen auf 6000 Einw./km² (Schalke, Bismarck).

Grillo, der einer Essener Kaufmannsfamilie entstammte, hatte offenbar einen guten Blick für Lagegunst und Entwicklungsmöglichkeiten. Er erkannte, daß es wirtschaftlich günstig sei, in der Nähe der Zechen auch kohleverbrauchende Industrie anzusiedeln. So entstanden zwischen 1863 und 1873 Walz-, Draht-, Hütten-, Kessel- und Glaswerke, die bis heute die industrielle Struktur von Gelsenkirchen prägen. Auf ihn geht auch die Gründung eines Gas- und Wasserwerkes zurück, aus dem sich „Gelsenwasser“, das größte Wasserunternehmen im Ruhrgebiet entwickelte. Die zusammengeschlossenen Zechen bildeten als „Gelsenberg“ das größte Bergbauunternehmen seiner Zeit. Im Zusammenhang mit den von Grillo gegründeten chemischen Werken entstand daraus später die Gelsenberg-Benzin (Aral), heute zur Veba gehörig.

Die *Glasindustrie* ist heute ein Schwerpunkt für Flachglas in Europa (einschließlich Sicherheits- und Isolierglas). Jede 2. Fensterscheibe der BRD, jede 4. Europas stammt von hier. 7900 Arbeitnehmer werden beschäftigt. Dieses Werk gehört seit 1925 der Delog (Deutsche Libby-Owens, Sitz Brüssel, zu 80 % französisches Kapital).

Wichtige Erfindungen für die Glasindustrie wurden in Gelsenkirchen gemacht bzw. zuerst eingeführt: die Gasfeuerung durch Siemens 1890, das Float-Verfahren um 1955.

Die *chemische Industrie* entwickelte sich in der zweiten Gründerzeit, gefördert wiederum durch Grillo (1872). Es entstanden die Scholven-Chemie und die Gelsenberg-Benzin. Ursprünglich wurden Kohlenwertstoffe ausgenutzt; nach dem Krieg erfolgte sehr rasch die Substitution der Kohle durch das Erdöl, obwohl Gelsenberg seinen Schwerpunkt im Zechenbereich hatte. Gelsenkirchen wurde auf diese Weise nach und nach zu dem Schwerpunkt auch der Erdölraffinierien im Ruhrgebiet und über Ölleitungen bald mit Wilhelmshaven und Rotterdam verbunden. (Heute Sitz der Veba-Öl mit eigenen Feldern in der Nordsee und in Libyen.)
Nach dem Krieg wurde durch Breslauer Bürger auch noch die *Bekleidungsindustrie* in Gelsenkirchen eröffnet, wodurch besonders für weibliche Beschäftigte Arbeitsplätze geschaffen wurden.
Aus einer Marktsiedlung entwickelte sich **Dortmund** am Schnittpunkt des Hellweges mit nord-südlichen Verkehrslinien als eine Kaufmannssiedlung, die 1140 das Stadtrecht erhielt und die zum Vorort der Westfälischen Hanse wurde. Diese Lagesituation ist bis heute erhalten geblieben (West-Ostlinien: Bundesstraße 1 = Hellweg, Ruhrschnellweg, Autobahn; Süd-Nord bzw. SW-NO: B 51, Autobahn, Straßen und Autobahn aus dem und zum Siegerland; ähnlich bei den Eisenbahnen), so daß Dortmund eine regelrechte *Verkehrsdrehscheibe* auf der Ostseite des Ruhrgebietes wurde, die mit dem zunehmenden Wachstum des Ruhrgebietes an Bedeutung gewann. Diese Stellung wurde unterstrichen nach dem Ausbau von Dortmund-Ems- und Rhein-Herne-Kanal, wodurch Dortmund eine zentrale Bedeutung für den westfälischen Getreidehandel (Getreidebörse) erlangte; 60% des westfälischen Lebensmittelhandels gehen über Dortmund. Die im Vergleich der anderen Hellwegstädte relativ große Altstadt entwickelte sich nach der Kriegszerstörung zu einer *City* mit vielfältigen Funktionen für Einzelhandel, Versicherungen, Banken, die zwar noch nicht den Rang von Essen erreicht hat, aber in der Tendenz diesem nahe kommt. Auch wichtige Großhandelsfunktionen für das ganze östliche Westfalen und das östliche Ruhrgebiet sind auf Dortmund konzentriert: Eisen, Mineralöl, Holz, Möbel, Zucker, Blumengroßmarkt (5. Stelle in der Bundesrepublik nach Hamburg, München, Frankfurt, Köln). An Umsatz

entfielen darauf 1977 11 Mrd. DM (bei 23000 Besch.), während die Industrie einen Umsatz von 14 Mrd. DM (bei 153000 Besch.) erzielte. Die Wirtschaftsstruktur ist also recht ausgeglichen. Bei Versicherungen ist Dortmund mit 350 Unternehmen der drittgrößte Platz in Nordrhein-Westfalen, der 10. in der Bundesrepublik.

Dortmund wurde ebenfalls zu einer Universitätsstadt und zu einem Zentrum der beruflichen Weiterbildung (Beschäftigte im tertiären Sektor 1981 ca. 50%).

Das traditionelle Gewerbe Dortmunds, das in seiner großen Entfaltung ebenfalls zu einer *ausgewogenen Wirtschaftsstruktur* beiträgt, ist die *Brauindustrie* mit sieben Großunternehmen (statt 39 um 1850). Das Braurecht ist seit 1293 urkundlich verbürgt. 50% der Bundesbürger verbinden mit dem Namen Dortmund zuerst das Bier. Auf die Biere nach Pilsener Art entfallen inzwischen über 50% des Ausstoßes; der Anteil des „Dortmunder Exports", der die Brauereien groß gemacht hatte, ist drastisch gesunken. Zum Aufstieg der Dortmunder Brauereien trugen die Bevölkerungsexpansion im Ruhrgebiet, die untergärige Brauart und die Erfindung der Kältemaschinen bei. Letztere ermöglichten eine gleichmäßige Erzeugung über das ganze Jahr hinweg. Auf Dortmund entfielen (1978) mit 6,3 Mill. hl 10% des Ausstoßes der BRD und 39% des rheinisch-westfälischen Ballungsraumes, wenn man nur die Brauereien berücksichtigt, die einen Ausstoß über 300000 hl pro Jahr aufweisen. (Zum Vergleich: Hamburg 6,6%, München 6,5%, der rheinisch-westfälische Ballungsraum 27% der bundesdeutschen Erzeugung.)

Die *montane Entwicklung* ging vom Bergbau über die Kohleveredlung ebenfalls zur stahlschaffenden und –verarbeitenden Industrie. Die Verhüttung von Erzen geschah ursprünglich mit eigenen Karbonerzen, wurde nach deren Erschöpfung auf die reicheren Siegerländer Erze umgestellt, die seit Eröffnung der Eisenbahnlinie (wie Hagen) günstig nach Dortmund transportiert werden konnten, und seit Eröffnung des Dortmund-Ems-Kanals (1899) auf schwedische und andere Überseeerze. Dem Dortmund-Ems-Kanal verdankt Dortmund, daß hier die einzigen Hochöfen im „alten" Ruhrgebiet der Hellweg-Städte erhalten geblieben sind.

Grundlage der Entstehung der Montanindustrie in Dortmund war die Gründung der Hermannshütte durch *Piepenstock,* die schon 1843 in Betrieb ging. Piepenstock errichtete sie in Hörde wegen der dort billigeren Brennstoffe. Er baute die Hütte als Großbetrieb (für die damalige Zeit) mit Puddel- und Walzwerk mit Hilfe Kölner Kapitals 1847 aus, um den Bedarf der Eisenbahnen zu decken. 1852 entstand daraus die erste Aktiengesellschaft im Ruhrgebiet, nämlich der Hörder Hütten-Verein. Mit den 1847 entdeckten Kohleneisenerzen wurde ein Hochofen betrieben und damit erstmals die Kombination von Hochofen und Walzwerk an der Ruhr erprobt. Piepenstock, der ja erste Erfahrungen im Märkischen gesammelt hatte (siehe dort), war auch einer der ersten, der Werkswohnungen und ein Krankenhaus für seine Belegschaft baute. 1847 kam als Ingenieur R. Daelen zur Hermannshütte; dieser richtete 1848 ein Universalwalzwerk ein, eine technische Neuerung, die sich für die weitere Ausdehnung als sehr wichtig erwies. (Auf Daelen geht auch die Gründung des VDE – Vereins Deutscher Eisenhüttenleute – 1860 zurück.)
Der Hörder Hütten-Verein fusionierte später mit Hoesch. *Hoesch* aber war erst 1871 nach Dortmund gekommen, nachdem er die Firma Eisen- und Walzwerke in Lendersdorf bei Düren seit 1824 betrieben hatte. Hoesch hatte eine Spürnase für technische Neuerungen und für die Veränderung von Standortbedingungen. Daher verlegte er seinen Hauptsitz in das ihm günstiger erscheinende Ruhrgebiet.
Die Dortmunder Stahlindustrie konnte auch deswegen erhalten bleiben, weil der Vorbesitzer, der niederländische Stahlkonzern Hoogovens in Ijmuiden bei Amsterdam (50 % des Kapitals) bereits in den sechziger Jahren eine straffe Arbeitsteilung zwischen Ijmuiden (Hochöfen) und Dortmund (Stahl, Walzwerke) einführte. Durch die Fusion von Hoesch und Hoogovens entstand innerhalb des Estel-Konzerns (Sitz Nijmwegen) der zweitgrößte private europäische Stahlkonzern. In Dortmund blieb für Jahre wegen des teuren Erztransports das Siemens-Martin-Verfahren (40 % des Stahls) auf Schrottbasis typisch. Wegen Unrentabilität wurden die SM-Öfen 1979 stillgelegt. Dadurch gingen 5000 Arbeitsplätze verloren. Weitere 7000 Arbeitsplätze sollen in den nächsten Jahren

noch aufgegeben werden. Die Stahlproduktion wird auf Oxygen-Stahl umgestellt und gedrosselt (nur noch 4 Mill. t für den Eigenbedarf) und die bisherigen drei Standorte (Hoesch, Hörde, Phoenix) werden auf einen Standort zusammengelegt (den der Westfalenhütte). Eine weitere Rationalisierung verspricht man sich davon, daß die Verbindung mit Estel gelöst wurde und stattdessen eine Konzentration bestimmter Produktionen auf Dortmund vorgenommen wird, um damit eine bessere Grundauslastung der Anlagen an den Standorten zu erreichen. Doch werden die Kostenvorteile der Standorte am Rhein, erst recht jener an der Küste, nicht aufzuholen sein – es sei denn durch Einführung des KS-Verfahrens (s. V, 5, c) und den Umbau der Schleuse Henrichenburg für Schubverbände.

Wie groß die Bedeutung von Hoesch insgesamt für Dortmund ist, geht daraus hervor, daß auf die Firma allein 27% aller Arbeitsplätze in Dortmund entfallen (1978 noch 31%, nach weiterem Personalabbau immerhin noch 25%).

Der produzierte Stahl wird zu Schweranlagen verschiedenster Art (z.B. Brücken, Eisenbahn-, Bergbau- und Hüttenausrüstungen) weiterverarbeitet.

Die Firmen Holstein und Kappert (Klöckner-Konzern) und Orenstein und Koppel (Estel) gehören zu den führenden deutschen Herstellern von Großmaschinen und Großbaggern.

Dortmund ist auch Sitz der Vereinigten Elektrizitätswerke Westfalen (VEW). In den Kraftwerken wird besonders auch holländisches Erdgas verfeuert. Auf Steinkohle soll – auch aus Kostenvorteilen – verstärkt wieder umgestellt werden.

Um Dortmund liegt ein Halbkranz *industrieller „Vororte"*. Insbesondere sind zu nennen: Lünen und Unna wie auch Kamen bzw. Bergkamen. Hier ist es über die traditionelle Bergbauwirtschaft in der Fortsetzung der Emscher-Reihe nach Osten in den letzten Jahrzehnten zu Neuansiedlungen von Industrien (Chemie) gekommen, die zusammen mit der Stadt-Rand-Wanderung aus dem Dortmunder Bereich zu einem Zuwanderungsüberschuß geführt hat.

Die Tradition **Lünens** im Montanbereich hat eine relativ alte Wurzel; sie geht zurück auf die 1826/27 gegründete und in Betrieb genommene Hütte, in der das Raseneisenerz der Lippeniederung mit Holzkohle verhüttet wurde. Das Stadtrecht besaß die Stadt, die auch Mitglied der Hanse war, seit dem 13. Jahrhundert. Heute befinden sich in dem Gebiet die Zechen mit den ertragsreichsten Anlagen. Die sog. Kohleverstromung steht im Vordergrund. Für den Landkreis Unna besteht seit 1961 eine Gesellschaft für die Förderung der Wirtschaft. Auf deren Bemühungen sind die oben erwähnten Ansiedlungen zurückzuführen.

Durch die VEW wird im Nordosten und Norden (Lünen, Hamm) ein massiver *Ausbau der Energie* betrieben. In Uentrop-Schmehausen sind Druckwasser- bzw. Hochtemperatur-Reaktoren im Bau bzw. in Erprobung (zusammen 1530 MW). In Anlehnung an ein bestehendes Kraftwerk mit 670 MW ist ein weiterer „Kohleblock" mit 750 MW fertiggestellt worden (Kosten ca. 1 Mrd. DM), so daß hier insgesamt knapp 3000 MW installiert sind (ca. 12 Mrd. KWh/J, was dem Energiebedarf von 2 Mill. Einwohnern entspricht). (Hauptabnehmer: Buntmetallverhüttung.)

Wenn Dortmund auch wichtige Sammel- und Verteilerfunktionen für den Verkehr erfüllt, so befindet sich der größte *Verschiebebahnhof* des Ruhrgebiets in **Hamm.** Hamms Entwicklung geht auf eine alte Verkehrsfunktion zurück (Hansestadt; Stadtrecht schon 1226). Nach 1900 setzte zunächst der Kohleabbau ein (vgl. Recklinghausen, Marl), gleichzeitig mit der Schiffbarmachung der Lippe auch die Entwicklung der Draht-, Schweißelektroden- und Maschinenindustrie. Innerhalb der betrieblichen Arbeitsteilung des Thyssen-Konzerns wurden die Werke weiter entwickelt. Hamm wurde damit zum Zentrum der deutschen Drahtindustrie (4000 Beschäftigte). Mit diesen Anlagen ist Thyssen der größte Walzdrahthersteller der Welt.

Mit Hamm entwickelte sich die *Wachstumsspitze des Ruhrgebiets* von der traditionellen Hellweg-Richtung fort nach Nordosten entlang der heute wichtigeren Eisenbahnlinie und Autobahn (Bielefeld – Hannover – Nordseehäfen).

In diese Wachstumsspitze und damit ins Ruhrgebiet ist auch **Bekkum** zu integrieren. Mit der enormen Entwicklung seiner Kalk- und Zementbetriebe an der Köln-Mindener Bahn ist es auch funktional mit der baulichen Entwicklung und Ausdehnung des Ruhrgebiets verbunden, wie sich am Versand zeigen läßt (1848: 675 t; 1861: 12100 t; 1875: 74000 t; 1912: 312000 t; 1955: fast 2 Mill. t – wobei fast alle Empfangsorte im heutigen Ruhrgebiet liegen). Der Neuaufbau nach 1945 führte zu einer kräftigen Ausweitung. Die früheren bäuerlichen Betriebe sind inzwischen auf 15 Großbetriebe mit insgesamt rund 2000 Beschäftigten zusammengeschrumpft, wobei eine durchschnittliche Beschäftigtenzahl von rund 130 je Betrieb als sehr groß im Rahmen der Branche Steine und Erden bezeichnet werden muß.

Zusammenfassend lassen sich nach dem Durchgang 2 folgende Schwerpunkte herausschälen:

a) Die Hellwegstädte allein (zusammen mit Mülheim und Gelsenkirchen als „Ausweitungen" des Hellwegstreifens) sind durch die traditionelle *Schwerindustrie* geprägt.

b) Traditionell innerhalb der Schwerindustrie ist auch die so häufig festgestellte Ausrichtung auf die *Ausrüstungen* für Bergbau, Stahlwerke, Schwermaschinen, im Gegensatz zur Veredlungsindustrie im Bergischen und Märkischen.

c) Die daraus resultierende *Monostrukturiertheit* hat zur Stagnation der Bevölkerung beigetragen (vgl. Strukturdatei).

d) Für den Industrieausbau wie auch für den Weiterbestand waren die beiden *Wasserstraßen* Rhein-Herne- und Dortmund-Ems-Kanal (wie auch der Wesel-Datteln-Kanal an der Lippe entlang) wesentlich.

e) Ein Ergebnis der Genese von Wohnkolonien, Zechen- und Hüttenwerkskomplexen größerer und größter Art ist auch das, was man als die typische *„Agglomerat"-struktur* des Ruhrgebiets bezeichnen könnte, mit allen Problemen für eine moderne Raum-, Siedlungs- und Verkehrs- sowie Fabrikstandortplanung.

f) Auch heute noch paust sich die in der Zeit der Hanse bzw. vorindustriell entstandene *zentralörtliche Struktur* des Ruhrgebiets durch.

Diese Tatsache ergibt sich nicht nur aus unseren beiden Durchgängen, sondern auch aus einer sehr minutiösen Untersuchung Blotevogels zum selben Problem (1975). Eine solche Persistenz ist trotz des riesigen Urbanisierungs- und Industrialisierungsschubs erstaunlich. Offenbar sind die alten Infrastrukturen (wozu ja auch das zentralörtliche System gerechnet werden muß) eher selbstverstärkt als verändert und umgewertet worden. Es sind insbesondere jene Gebiete, in denen alte städtische Kerne fehlen, die bis heute schwachstrukturiert geblieben sind.

4. Zu den geologischen Bedingungen des Ruhrgebiets

Nachdem erst bei der genetischen Betrachtung die tatsächliche Bedeutung der geologischen Bedingungen für die Entwicklung des Ruhrgebiets aufgefallen ist, werden sie hier nachgestellt (und nicht, wie oft üblich, vorangestellt).

Die *Mergeldecke*, von der so häufig die Rede war, gehört der Kreidezeit an. Sie (wie überhaupt die Ablagerungen der Kreidezeit) überdeckt eine *Rumpffläche*, durch die bereits in der Vorkreidezeit – prä-kretazisch – das Gebirge der Karbonzeit mit seinen Faltenstrukturen abgeschnitten worden ist (Abb. 22).

Offenbar mit der kreidezeitlichen Überdeckung (Transgression) wurde die Rumpffläche nach Norden hin schief gestellt, so daß nach Norden hin die Kreideschichten immer mächtiger werden. Nach Süden hin keilen die Kreideschichten zur Ruhr hin aus, weswegen dort das kohlenführende Gebirge frei zu Tage streicht und hier der Bergbau ansetzen konnte.

Die Flöze wurden in der *Karbonzeit* abgelagert, genauer im Oberkarbon, das man nach den Steinkohlen in Schlesien auch als Silesium bezeichnet. Im Ruhrgebiet enthält es mehr als 60 Flöze von einer Mächtigkeit über 1 m. Bärlapp und Schachtelhalme wie auch die Sigillarien (Pflanzen mit einer siegelartigen Rinde) waren als Bäume ausgebildet, die im meeresnahen Bereich nicht verwesten, sondern immer wieder von Sedimenten überdeckt wurden; durch den Gesteinsdruck „inkohlten" diese pflanzlichen Überreste (d.h. wurden in Kohlen umgewandelt). Der Grad der *Inkohlung* ist verantwortlich für die verschiedenen Kohlearten (siehe unten).

Die Inkohlung wurde nicht nur durch den Gesteinsdruck erzeugt, sondern auch dadurch, daß die Schichten noch im Oberkarbon zu einem *Faltengebirge* zusammengestaucht und -gepreßt wurden (Abb. 22).

Abb. 22 N-S-Querschnitt des Karbons

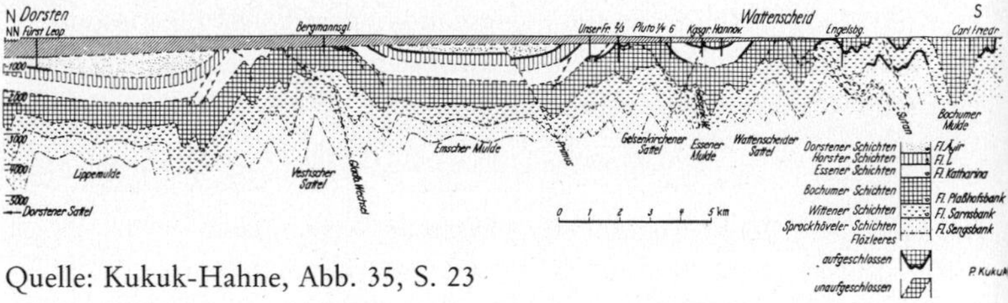

Quelle: Kukuk-Hahne, Abb. 35, S. 23

Für den Bergbau auf Kohle hatte das sehr nachteilige Folgen, besonders mit steigenden Personalkosten und unter der Konkurrenz des Erdöls. Denn der Abbau wird durch die Überschiebungen, Versetzungen mit Auseinanderreißungen der Flöze auf ganzen Fronten (sog. „Wechsel"), allein auch schon durch die Faltung erheblich erschwert, und dies ist eine Ursache dafür, daß die Kohle seit Mitte der fünfziger Jahre immer weniger konkurrenzfähig zum leichter gewinnbaren Erdöl blieb (Abb. 23).
Die Mulden und Sättel des Faltengebirges bildeten sich im Erdaltertum (Oberkarbon). Sie wurden später so abgetragen, daß nur ein gekappter Gebirgsrumpf übrigblieb. Dieser Rumpf wurde bis in die Kreidezeit hinein noch weiter eingeebnet. Eine sog. Rumpffläche entstand. Auf ihr lagerten sich dann die Kreideschichten des Deckgebirges ab. Die Rumpffläche (mit ihr die Kreideschichten)

Abb. 23 Der Gelsenkirchener Wechsel in der Schachtanlage Consolidation (Abt. 5 Westen) bei Gelsenkirchen (nach G. Seidel).

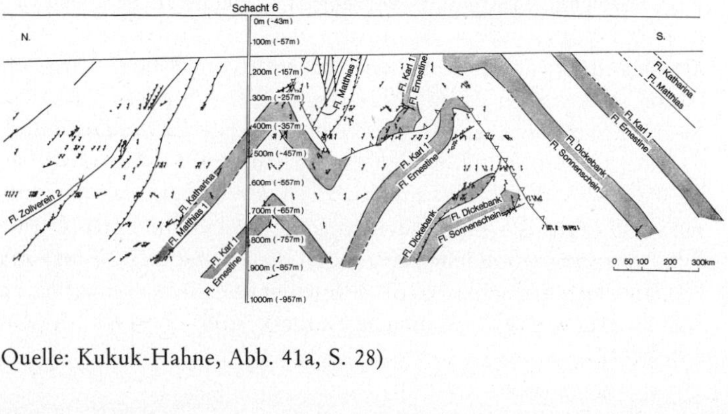

Quelle: Kukuk-Hahne, Abb. 41a, S. 28)

schneidet als Kappungsebene die alten Gebirgsstrukturen ab. Da nun in den angeschnittenen Sätteln die Flöze mit den begehrten Kohlearten näher an die Oberfläche kommen und daher leichter erreich- und abbaubar sind, „sprang“ der Bergbau gewissermaßen nach und nach von Sattel zu Sattel nordwärts.
Auch das uns vertraute Bild einer Zeche mit den verschiedenen Sohlen, Schächten und Strebs ist nichts anderes als eine Folge der Anpassung des Bergbaus an die Schichtlagerungsverhältnisse der Kohle.
(Der englische Kohlenbergbau, der polnische und insbesondere der Bergbau in den Appalachen der USA bzw. an deren Westseite arbeiten demgegenüber unter wesentlich günstigeren Verhältnissen: geringere oder gar keine Verstellungen und Verwerfungen, größere Mächtigkeit der Flöze, geringere Teufe.)
Abb. 24 zeigt, daß es zusätzlich noch Störungen gibt, die senkrecht zum varistischen Streichen von NW nach SO verlaufen. Diese Verwerfungen, die den Abbau noch weiter komplizieren, entstanden erst im Tertiär, im Zusammenhang mit der sog. saxonischen Gebirgsbildung.
Auch das Verhältnis von Gestein zu Kohle ist im Ruhrgebiet mit 0,75 % Kohle recht ungünstig.
Davon entfallen auf die verschiedenen *Kohlearten* folgende Anteile:

Magerkohle:	unter 1 %	Gaskohle:	2,9 %
Eßkohle:	unter 1 %	Flammkohle:	2,1 %
Fettkohle:	unter 3,7 %	Gasflammkohle:	1,9 %

Für die Bestimmung der Kohlearten sind entscheidend die *flüchtigen Bestandteile.* Von ihrem %-Satz hängt die Verkokbarkeit der Kohle ab.
Von Süden nach Norden nehmen die flüchtigen Bestandteile und damit die entsprechenden Kohlearten zu. Im Süden waren ursprünglich nur die Mager-, Eß- und Fettkohlen zugänglich. Diese Bezeichnungen gehen daher auch auf die im Bergbau verwendeten Lokalnamen für diese Kohlearten zurück; die anderen Kohlearten tragen dagegen künstliche Bezeichnungen.
Die Kohlearten nach flüchtigen Bestandteilen (in %) und Eigenschaften:

Abb. 24 Schematisiertes tektonisch-stratigraphisches Übersichtsbild des Ruhrbezirkes.

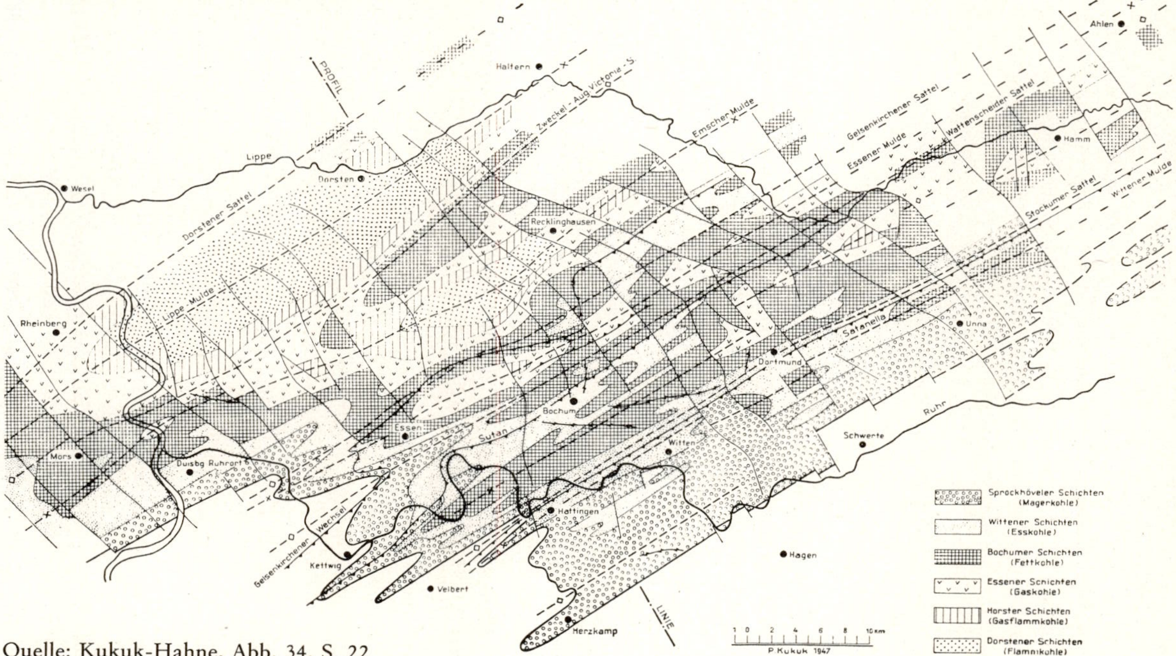

Quelle: Kukuk-Hahne, Abb. 34, S. 22

Magerkohlen	5–14 %	hohe Härte, hohe Inkohlung, geeignet für Brikett
Eßkohlen	14–19 %	Schmiedekohlen (Eß = von Esse)
Fettkohlen	19–28 %	gute Backfähigkeit, beste Kokskohle, 14–20 bauwürdige Flöze in nahem Abstand
Gaskohlen	28–35 %	relativ gute Kokskohle
Gasflamm- und Flammkohlen	über 35 %	

In 200 Jahren Bergbau an der Ruhr sind ca. 8,4 Mrd. t Kohle gefördert worden. Davon entfallen auf die Magerkohlen 9 %, auf die Fettkohlen 60–70 % und auf die Gaskohlen 20 %.

Die *Vorräte* an diesen Kohlearten betragen in den aufgeschlossenen Gruben bis zu einer Teufe von 1500 m 33 Mrd. t, während man die wahrscheinlichen Gesamtvorräte bis 2000 m auf 175 Mrd., bis 5000 m auf 500 Mrd. t schätzt. Unter den heutigen Konkurrenzbedingungen erscheinen als abbauwürdig jedoch nur rd. 11 Mrd. t – d.h. in den jetzigen Zechen, bis 1200 m Tiefe –, wovon 60 % auf verkokbare Kohlen entfallen. (Die Fördertiefen lagen 1956 im Schnitt bei 620 m, 1974 bei 820, 1980 850 m.)

Wegen der gesunkenen Abbauwürdigkeit setzte, wie schon angedeutet, das sog. *Zechensterben* an der Ruhr ein. Wurden 1960 von 39 Gesellschaften noch 111 Schachtanlagen mit einer Förderung von 115 Mill. t betrieben, so waren es 1980 nur noch 29 Anlagen von 2 bzw. 3 Gesellschaften mit einer Förderung von 69 Mill. t.

Betrug die Belegschaft 1962 noch 364 000, so war sie nach den „dramatischen" Jahren der Schließungen 1972 auf 183 000 und 1980 auf 143 000 gesunken; an der geringeren Abnahmerate zwischen 1972 und 1980 kann eine gewisse Konsolidierung abgelesen werden.

5. Technologische Entwicklungen während der Genese des Ruhrgebiets

a) Kokerei und Kohlechemie, Ruhrgas

In der Kokerei wird die Fettkohle in die hintereinander angeschlossenen *Brennkammern* gefüllt und dort so erhitzt, daß die

Gase wie auch die Teerbestandteile abgeschieden werden und der reine Kohlenstoff in der Form des Kokses nach dem Brennen aus den Kammern ausgestoßen werden kann. In Destilliertürmen bzw. Fraktionierungsanlagen, die über Zuleitungen direkt angeschlossen sind, werden die *Abfallprodukte* zu den einzelnen Kohlenwertstoffen stufenweise verdampft. Allein der Teer enthält 286 chemische Verbindungen, wovon 163 verwertbar sind.

Fraktionierungstufen und *Derivate* sind die folgenden:

a) Paraffine und Olefine
b) Nephtalin, Phenol
c) a + b
d) Phenanthren.

Diese 4 Stufen machen etwa 40% der Teermenge aus. An Pechrückständen bleiben 55%, woraus Asphalte, Ruß (für Gummi), konservierende Anstrichmassen und durch eine zusätzliche Verkokung besonders reiner Koks und Graphit gewonnen werden.

Vor dem Einsatz des Erdöls machte diese Fülle von *Kohlenwertstoffen* die Kokereien äußerst rentabel. Dies macht es verständlich, daß z.B. die GHH sich an der Entwicklung der Ruhrchemie führend beteiligte, daß die I.G.-Farben (Bayer Leverkusen) wesentlich an der Gründung der Chemischen Werke Hüls beteiligt waren.

Nachdem in den zwanziger Jahren bereits durch Fischer und Tropsch das nach ihnen benannte Verfahren zur künstlichen *Hydrierung* von Benzin aus Kohle erfunden war, wurden 1945 bereits 5 Mill. t künstliches Benzin erzeugt (vgl. Abb. 28b). Dieses bildete zugleich auch die Grundlage für die Acetylen-Herstellung, eines weiteren wichtigen chemischen Grundstoffes für die Kunststoffindustrie. Heute wird es auf der Basis von Erdöl bzw. Erdgas hergestellt.

Der in den Kokereigasen enthaltene Stickstoff wurde zu *Kunstdünger* verarbeitet, das übrige Gas als sog. *Ferngas* in die Haushaltungen und Industriewerke geleitet. Als zentrales Unternehmen für alle Kokereien entstand die Ruhrgas-AG.

Das Schwergewicht des Absatzes und des Leitungsnetzes der Ruhrgas liegt zwar nach wie vor im westlichen Deutschland, „Fühler“ gehen jedoch nach Norddeutschland, Ober- und Mittelfranken und in die Schweiz.

Die europäische Bedeutung der Ruhrgas wird daran deutlich, daß von ihr auch das europäische Kernstück des *internationalen Leitungsverbundes*, das sog. Megalgastransportsystem, betrieben wird und Nord und Süd, West und Ost miteinander verbindet (Abb. 25). Ab 1983 wird für 20 Jahre Flüssiggas aus Algerien geliefert, mit einer Menge, die – nach einer Anlaufzeit – 65 Mrd. kWh entspricht (Sowjetunion: 27 Mrd.).

Abb. 25a Überregionale Gasleitungssysteme im Verbund der „Ruhrgas" (nach Pressemitteilungen der Ruhrgas-AG)

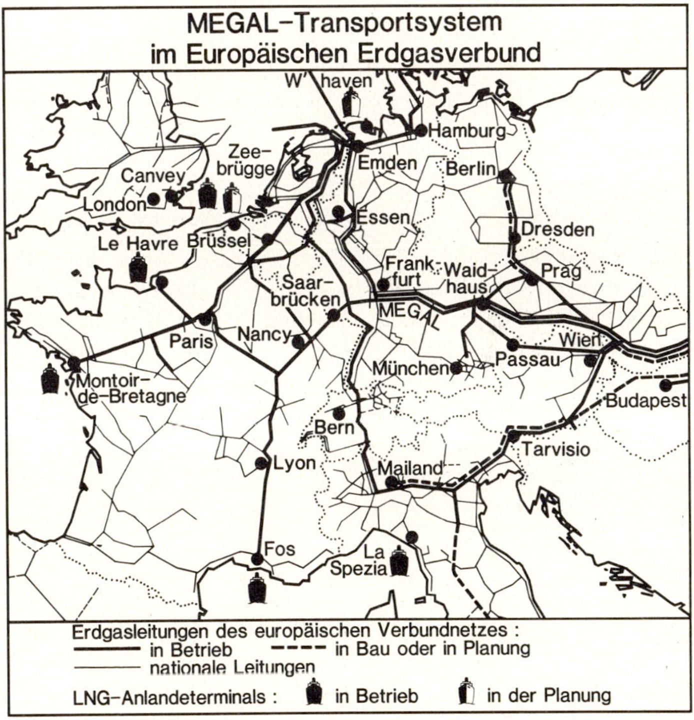

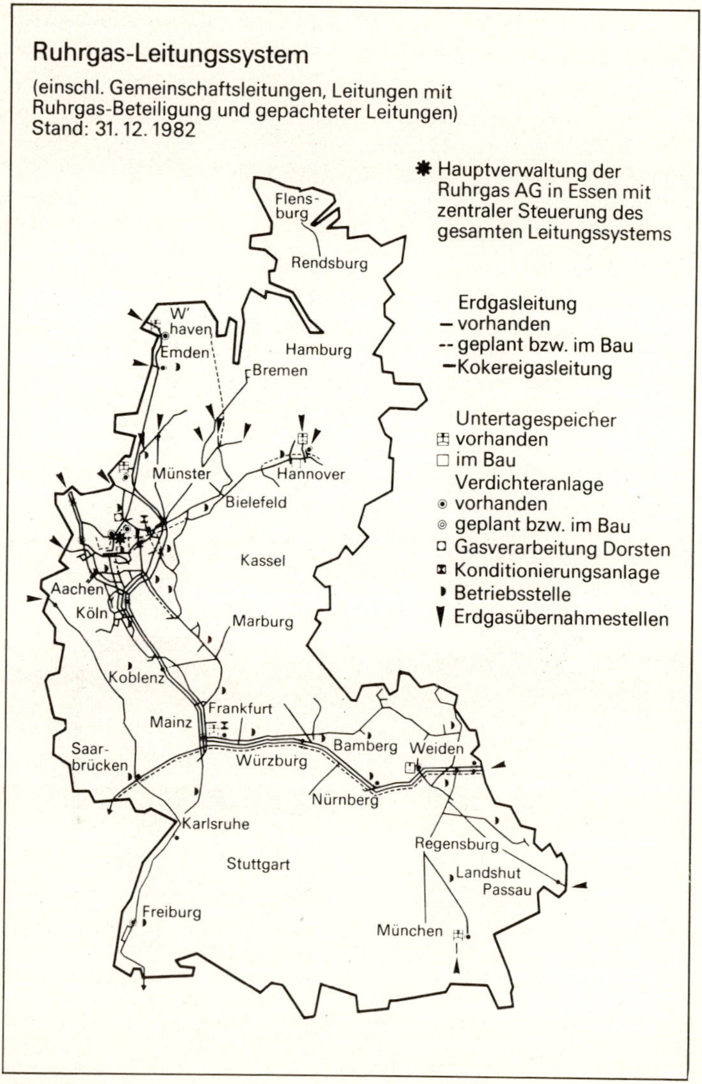
Ruhrgas-Leitungssystem
(einschl. Gemeinschaftsleitungen, Leitungen mit Ruhrgas-Beteiligung und gepachteter Leitungen)
Stand: 31. 12. 1982
Hauptverwaltung der Ruhrgas AG in Essen mit zentraler Steuerung des gesamten Leitungssystems
Erdgasleitung
vorhanden
geplant bzw. im Bau
Kokereigasleitung
Untertagespeicher
vorhanden
im Bau
Verdichteranlage
vorhanden
geplant bzw. im Bau
Gasverarbeitung Dorsten
Konditionierungsanlage
Betriebsstelle
Erdgasübernahmestellen
Flensburg
Rendsburg
W'haven
Emden
Hamburg
Bremen
Münster
Hannover
Bielefeld
Kassel
Aachen
Köln
Marburg
Koblenz
Frankfurt
Mainz
Bamberg
Weiden
Saarbrücken
Würzburg
Nürnberg
Karlsruhe
Regensburg
Stuttgart
Landshut
Passau
Freiburg
München

Abb. 25b

b) Die Kohleenergieverbundwirtschaft und die Konkurrenz des Erdöls

Diese Verbundwirtschaft, die erstmals im Gebiet von Wanne-Eikkel noch vor 1900 praktiziert wurde (Abb. 26a), ist eine wesentliche Voraussetzung für das Verständnis des räumlichen Gefüges im Ruhrgebiet und seiner Entwicklung, insbesondere für die „Agglomeratstruktur", die man als die typische Kernstruktur des Ruhrgebiets ansehen kann.

In dieser Verbundwirtschaft sind unter dem Gesichtspunkt des Energiesparens Kokerei, Kohlechemie, Gaszentrale für den Hochofen und Glaserzeugung zu einem industriellen „Agglomerat" integriert (entsprechend die Wohnsiedlungen agglomerathaft angelagert), ein Anstoß also für die Bildung von geschlossenen Konzernen.

Diese Verbundwirtschaft wurde durch die Konkurrenz von Erdgas und Erdöl abgewertet. Man kann sagen, daß die Krise im Bergbau an der Ruhr durch diese Abwertung – zusammen mit der Abwer-

Abb. 26a Das System des Kohleenergieverbundes

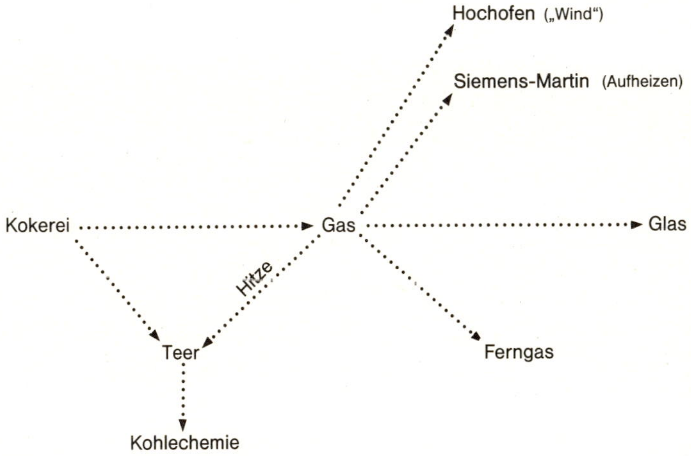

Abb. 26b Verwendung des Rohöls („Produktenstammbaum“)

(Quelle: MWV/Verband der Chemischen Industrie, Frankfurt a. M.)

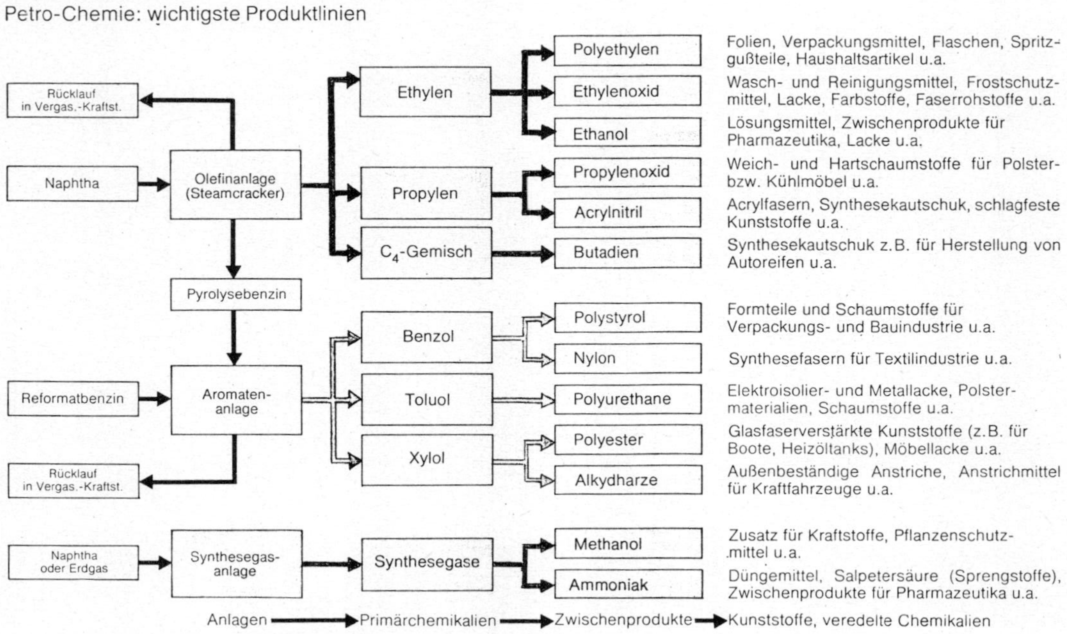

tung der Kohle in der Kohlechemie – entstanden ist. Abb. 26 b zeigt die Verwendbarkeit des Rohöls bei der Herstellung vielseitiger Derivate.

Die Rentabilität der Kokereien sank rapide ab; viele mußten stillgelegt werden; dadurch drosselte sich die Nachfrage nach Steinkohle erheblich. Heute wird in den insgesamt noch 26 Kokereien nur noch der *Koks* hergestellt, der für den Hochofenprozeß notwendig ist (1980: 17,5 Mill. Zechenkoks und 8 Mill. t von Hüttenkokereien, in letzteren auch auf der Grundlage von Importkohle.) Für Spitzenqualitäten an Koks muß auf den Ruhrkoks trotz seiner teuren Kosten wegen der Abbaubedingungen nach wie vor zurückgegriffen werden. Die Ausfuhr betrug 1980 5 Mill. t Koks.

Am Weltmarkt betrug der Preis für 1 t Koks während der Hauptkrisenzeit etwa 60,– DM, während für Ruhrkoks 98,– DM gezahlt werden mußte, dieser also mehr als 50% teurer als der Weltmarktpreis war. (Der billigere Weltmarktpreis erklärt sich aus der Konkurrenz der amerikanischen Kohle, die, wie schon ausgeführt, unter erheblich billigeren Kosten gefördert wurde und wird: Tagebau, Stollenabbau, große Mächtigkeit der Flöze, flache Lagerung, wenig Faltung und Störung.)

Inzwischen ist aber auch die amerikanische Kohle wegen der Lohnkosten erheblich teurer geworden. 1983 mußten für 1 t US-Kohle 160,– DM gezahlt werden. Bei einem weiter gestiegenen Preis von 270,– DM je t jedoch für die deutsche Kohle – 1983 – ist keinerlei Konkurrenzmöglichkeit in Sicht.

Diese Kostenentwicklung ist besonders für die deutschen Stahlwerke bedeutsam. Diese waren gezwungen, die einheimische Kohle einzusetzen, aber den Stahl zu Kosten zu produzieren, als ob Weltmarktpreise vorlägen. Die Differenz wurde über staatliche Subventionen aufgefangen. Diese betrugen 1980 noch 1,8 Mrd. DM, sollen aber 1982 nur noch 350 Mill. DM betragen.

Immerhin blieb auch bei der *Substitution der Kohle durch Erdöl und Erdgas* die Tendenz zur Agglomeratbildung vorhanden; mit dem Wandern der Anlagen in die freien Räume an der Emscher und nördlich davon entwickelte sich auch hier die Agglomeratstruktur bzw. verdichtete sich noch in den älteren Gebieten (Beispiel: Gelsenkirchen/Topographische Karte).

c) *Hochofenprozeß und integrierte Hüttenwerke*

Im Hochofen wird das Eisenerz reduziert, d. h. das Eisen wird vom Sauerstoff getrennt, um reines, schmiedbares Eisen zu erhalten. Für die *Reduktion* des Sauerstoffes ist Koks nach wie vor notwendig, da er beim Erhitzen des Erzes den Sauerstoff an den Kohlenstoff bindet.

Dieser Reduktionsprozeß wird beschleunigt und verbessert dadurch, daß man das Erz, das von oben her zugeschlagen wird und allmählich im Hochofen in immer heißere Schichten absinkt, möglichst rasch erwärmt und dadurch den Verbrennungsvorgang fördert. Dies geschieht im sogenannten *„Gegenstromprinzip"* von unten her, also entgegen der Absinkrichtung des Erzes. Dabei wird sog. „Wind" (Heißluft) aus den „Winderhitzern" (neben der Hochofenbühne aufgestellt und meist einziges deutliches, charakteristisches Kennzeichen für einen Hochofen, besonders wenn sie in Gruppen am zugehörigen Hochofen stehen) mit einer Temperatur von 500°–700° in den Hochofen eingeblasen.

Um die Luft zu erhitzen, wird sie in den Winderhitzern über heiße Platten geleitet. Diese Platten werden ihrerseits erhitzt dadurch, daß einerseits das sog. Gichtgas (das oben, an der „Gicht", des Ofens entweicht), andererseits ursprünglich auch das Kokereigas hier weiterverwendet wurden (während beide Gase zuvor abgefakkelt wurden).

Gerade am Beispiel des Hochofens wird deutlich, was „Kohleenergieverbundwirtschaft" bedeutet, wieso dadurch die Konzernbildung gefördert wurde, wie aber auch die Agglomeratstruktur sich ausweitete.

Außer Koks und Erz wird als sog. Zuschlag auch *Kalk* benötigt. Der Kalk nimmt beim Schmelzprozeß die Verunreinigungen des Erzes auf und ist daher ein notwendiger Rohstoff. Daher lagen auch die ersten Standorte für die Hochofentechnik und damit für die Entwicklung der Hüttentechnik dort, wo man Erz, Kohle, Kalk ursprünglich relativ nahe beieinander fand. Das war sowohl im Bergischen Land wie auch im Ruhrgebiet gegeben (Steinkohle oder Holzkohle, Raseneisenerze oder sedimentäre Erze aus dem Karbon oder Devon, Kalke aus dem Gebiet des devonischen Massenkalkes zwischen Wuppertal und Mettmann – Neandertal! –, wo heute noch für die Hochofenindustrie an der Ruhr große Kalksteinbrüche betrieben werden.).

Während einer Schicht arbeiten am *Hochofen* selbst maximal bis zu 8 *Beschäftigte*, während jedoch von einem einzigen Hochofen rd. weitere 1500 Beschäftigte abhängig sind (Agglomeratstruktur mit entsprechenden Wohnsiedlungen daher auch um den Hochofen!). Berücksichtigt man, daß die zugehörigen Familien ihre Grundbedürfnisse befriedigen müssen (Einkauf, tertiäre Einrichtungen aller Art), so kommt man zu einer *„Mantelbevölkerung“* von rd. 50000 Menschen, die direkt oder indirekt mit der Gründung eines neuen Hochofens zusammenhängen. Von daher versteht man auch die große allgemeine Bedeutung der Schließung der Hochofen- und Stahlwerke in Dortmund.

Insofern nun als mehrere Hochöfen in einer Kolonne hintereinanderstehen, insofern auch noch andere Betriebsbereiche (Stahl- und Walzwerk, Energieverbund) dazugehören, versteht man, warum gerade die *Hellwegstädte*, insbesondere in der *zweiten Gründerzeit* (d.h. nach Entwicklung der notwendigen Technologien), so besonders stark gewachsen sind und diesen Vorsprung – auch bei den tertiären Leistungen – haben entwickeln und beibehalten können. (Anblasen des ersten Hochofens im heutigen Sinne: 1873 in Bochum.) Diese zusätzliche Steigerung fiel in den Emscherstädten, die nur auf der Kohle basierten, somit weg.

Wegen des großen technologischen Aufwandes und entsprechender Investitionen wird auch verständlich, warum die Stahlindustrie nicht mehr von den Hellwegstädten nach N gewandert ist, sondern dort blieb, wo die notwendige industrielle Infrastruktur nun einmal geschaffen war, abgesehen von der Initiative Grillos in Gelsenkirchen. Eine weitere Konsequenz ist darin zu sehen, daß dort, wo Großanlagen stehen (die für den anfänglichen Erzeugungsprozeß aufgrund der ursprünglichen Standortbedingungen – Fettkohle – nur sekundär waren), diese ihr eigenes Gewicht erhalten und bei veränderten Standortbedingungen dann auch primär dazu führen, daß dieser Standort nicht aufgegeben wird – bzw. nur sehr schwer. Auch daraus erklärt sich die starke *industrielle und strukturelle Persistenz* der Hellweg-Städte, wie ferner auch die Persistenz als Mittelpunkte zentraler Funktionen (Einzelhandel, Großhandel, Banken, Versicherungen) mit entsprechender Selbstverstärkung – was alles ja in den Emscherstädten nicht der Fall ist und nicht der Fall sein konnte.

Eine positive Rolle für die Konsolidierung der Montanindustrie in den Hellwegstädten hat auch die sog. Gründerkrise (1873) gespielt. In dieser Krise gingen eine Reihe von Firmen ein, die kein hinreichendes finanzielles und technisches Niveau hatten. Mit den Firmen, die bestehen blieben, wurde das Ruhrgebiet zum ersten Mal im breiten Sinne auch international konkurrenzfähig.

Im Hochofenprozeß ist die Entwicklung jedoch nicht bei 1873 stehengeblieben – wenn sich auch im Prinzip nicht viel geändert hat. Für die Winderhitzung wird heute zunehmend Erdgas verwendet, für die bloße Feuerung Erdöl, das in kürzerer Zeit höhere Temperaturen erbringt und auch wesentlich besser (durch Düsen von unten her) gesteuert – heute mit Computer – werden kann, als der Kokszuschlag von oben. (1980 z.B. 0,8 Mill. t Heizöl, das 1 Mill. t Koks ersetzte). Koks wird für die Anbindung des Sauerstoffs an den Kohlenstoff benötigt.

Schon 1972 waren auf diese Weise die *Hochofenleistungen* um 1 Zehnerpotenz besser als 1938 – bei einer Senkung des Kokseinsatzes um rd. 40%. Um die Jahrhundertwende dagegen brauchte man rund 2–3 t Koks, um 1 t Roheisen zu erschmelzen, 1972 nur noch 0,5–0,7 t Koks, 1978 nur noch 0,4–0,5 t. (Pioniere waren hier die Japaner, wegen der dort fehlenden Kokskohlen.) Damit haben sich die *Standortbedingungen* drastisch *verändert*: War es um die Jahrhundertwende noch sinnvoll, das Erz zu den Kohlen zu bringen, wäre es von den Transportkosten her heute sinnvoller, die Kohlen zum Erz zu transportieren. (Damit wird deutlich, was oben mit den veränderten Standortbedingungen gemeint war. Damit wird aber auch deutlich, wie sehr die Ströme der Weltwirtschaft bis heute von persistenten Strukturen gelenkt werden, die sich unter völlig anderen Standortbedingungen herausgebildet haben.)

An einer solchen zeitlichen Gegenüberstellung wird augenfällig, was die Substitution von Koks durch Erdöl und Erdgas für den *Standort Kohle* bedeutet. Wie wichtig die Koksversorgung der

Hochhöfen für die Zechen ist, erhellt daraus, daß die Produktion allein wegen der geringeren Nachfrage nach Koks bis 1988 auf 55 Mill. t gedrosselt werden soll.

Technologische Veränderungen verursachen somit *Umwertungsprozesse* bei Standortfaktoren – was dazu führt, daß die traditionellen Standorte entweder aufgegeben (Verschwinden der Roheisenerzeugung aus den Hellwegstädten mit Ausnahme Dortmunds) oder Anstrengungen unternommen werden müssen, die negative Entwicklung durch andere Vorteile auszugleichen. (Dazu später mehr.) So ist auch Dortmund als Hochofenstandort entwertet, trotz des Dortmund-Ems-Kanals. Umso verständlicher wird, daß das Siemens-Martin-Verfahren in Dortmund noch lange beibehalten wurde, weil die Basis nicht allein das erschmolzene Roheisen, sondern vorrangig der Schrott war und ist. (Hinzu tritt der günstige Energieverbund mit den Gicht- und Kokereigasen für das Aufheizen der Siemens-Martin-Schmelzen.)

So muß in den Hellweg-Städten aufgrund der historisch vorgegebenen Infrastruktur dennoch unter den heutigen Bedingungen versucht werden, das zu machen, was relativ noch am besten geht. Wie man am BIP ablesen kann, ist dieser Prozeß im ganzen geglückt.

Die Hochofentechnik konnte im Hinblick auf die Verbesserung der Eisenqualität und der Energieeinsparung, durch die Einführung der Computersimulation und entsprechender Rückkopplungen an den Hochofen noch weiter verbessert werden.

Bereits 1888 wurde durch die GHH die sog. „*Verarbeitung in einer Hitze*“ eingeführt; dabei werden Hochofen, Stahlwerk und Walzwerk so miteinander und hintereinander im Fertigungsablauf verbunden, daß die jeweiligen Vorprodukte nicht ständig neu erwärmt werden müssen. Die hierbei im erheblichen Umfang reduzierte Energie führt zu entsprechenden Kosteneinsparungen. Damit war der *Hüttenkonzern* auf der betrieblichen Grundlage des integrierten Hüttenwerkes, wie es heute in aller Welt praktiziert wird, geboren, wurde im Ruhrgebiet selbst die *Agglomeratentwicklung* potenziert, zumal auch die Kokerei einbezogen wurde (vgl. Schema Abb. 27).

Bei der Verbesserung der Stahlerzeugung wurden folgende Etappen durchlaufen: Bessemer (in England) verbesserte 1860 den

Abb. 27 Schema der Verarbeitung in einer Hitze

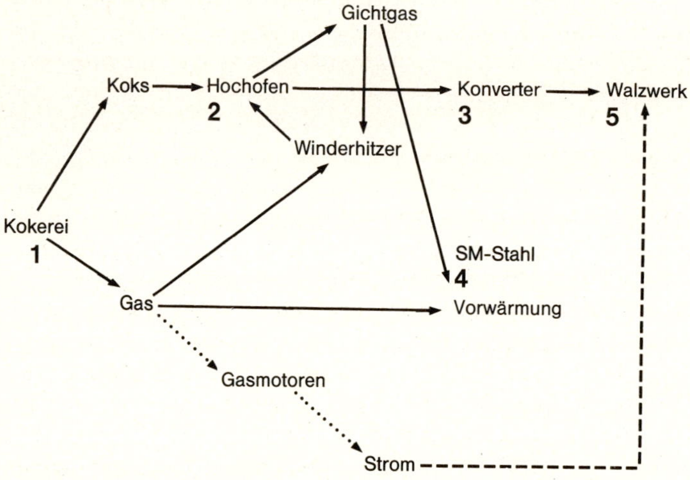

1–5 = integriertes Hüttenwerk als Ergebnis

Konverter (sog. Bessemer-Birne); 1878 konnte auf dieser Basis das Thomas-Verfahren für phosphorreiche Erze eingeführt werden; damit wurde erst die Verarbeitung der lothringischen Minette-Erze und des nordschwedischen Erzes möglich, setzte damit dort erst der Abbau ein. Bei dem Siemens-Martin-Verfahren (seit 1864) wird der Stahl mit Gicht- und Kokereigas vorgewärmt. Schließlich wurde in Österreich in den dreißiger Jahren die entscheidende neue Erfindung gemacht, die sich seit den sechziger Jahren weltweit durchgesetzt hat: das sog. *LD-Verfahren* (nach den beiden Städten Linz und Donawitz); nach dem eingesetzten Sauerstoff wird es auch Sauerstoff-Blas-Verfahren oder Oxygen-Stahl-Verfahren genannt.

Das erklärt auch z. T. die Probleme der „Stahlbasis" Dortmund. Eine Lösung könnte das von Klöckner vorgestellte *KS-Verfahren* bieten (KS = Klöckner-Stahlerzeugung). Dieses Verfahren wurde im Werk Hagen-Haspe (nach Vorarbeiten seit 1972) erprobt und in der Max-Hütte weiter entwickelt. Gegenüber Siemens-Martin-

und Elektroöfen werden 40% der Kosten eingespart. Voraussetzung ist ein genügender Anfall von Schrott in der Umgebung des Standorts und Preise für den Schrott von unter 200,– DM (1981). Unter diesen Umständen ist der so gewonnene Stahl mit dem vom Niederrhein konkurrenzfähig. Hinzu kommt, daß ein einziger KS-Ofen drei SM-Öfen ersetzt.

Die Thomas-Konverter und das SM-Verfahren wurden durch das LD-Verfahren weitgehend abgelöst. Das bedeutete, daß z.B. die Einfuhr des schwedischen Roheisens bei uns weitgehend zurückgegangen ist, weil es für das LD-Verfahren zu phosphorreich ist. Das SM-Verfahren wurde insbesondere deswegen abgelöst, weil ein LD-Konverter rund 5–6 SM-Schmelzöfen ersetzt, also wesentlich leistungsfähiger ist.

Das LD-Verfahren machte es ferner möglich, für die Erhitzung Erdöl zu verwenden; damit entfiel der Einsatz der verschiedenen Gase und damit auch wieder die Notwendigkeit zum Energieverbund bzw. zur Arbeit in einer Hitze. Dadurch entstanden, z.T. mit einer Neuentwicklung beim Stahlgießen (s.u.), auch andersartige Betriebsformen.

Insgesamt führte die Entwicklung im Ruhrgebiet zu *immer größeren Betriebseinheiten* und zu verstärkter Konzentration der einzelnen Fertigungen bei immer größer werdenden Konzernen (z.B. Hoesch und Hoogovens bzw. Krupp; Thyssen mit der Integration der früher selbständigen Rheinstahl-Werke; Krupp und der traditionsreiche Bochumer Verein). Diese Entwicklung erklärt noch einmal mehr die Struktur im Ruhrgebiet, die fehlende Ausdehnung der Stahlindustrie in den Norden an die Emscherzone, die entsprechenden *Planungsprobleme* allgemein (Verkehr, Siedlungen, Naherholung) wie auch im besonderen (Planung einer leistungsfähigen Industrieachse entlang des Rhein-Herne-Kanals).

Ähnlich wie beim Hochofen, wurden auch in den *Ablauf des Walzwerks Computer*programme eingeführt. In den Computer wird das Programm mit den gesamten notwendigen Angaben (Walzmaterial, Wünsche der Verbraucher, Abmessungen, Qualitäten und dgl.) eingegeben. Das Sortieren von Hand, der langwierige Umstellungsprozeß von einem Walzprogramm auf das nächste wird nunmehr in Sekundenschnelle geregelt, so daß das gesamte Walzprogramm vollautomatisch abläuft. Bei Hoesch in Dortmund wird dadurch z. B. monatlich ein Betrag von rund 350 000,– DM eingespart. Hinzu kommt, daß auch die Erzeugung von Ausschuß wesentlich geringer ist als das früher der Fall war.

An der Kontaktstelle von Stahlwerk zu Walzwerk ist in den vergangenen Jahrzehnten ein weiteres Verfahren entwickelt worden, das sich seit den siebziger Jahren allenthalben durchgesetzt hat, und das zu einer weiteren Verbesserung des automatisierbaren Ablaufs im integrierten Hüttenwerk geführt hat, nämlich das *Stranggußverfahren.* Das Verfahren wurde durch die Concast-Gruppe seit 1954 in den USA entwickelt. Die Gruppe ist zu 46 % in Besitz der Firma Schloemann-Siemag (Düsseldorf), die ihrerseits zur GHH gehört.

Der Strang bleibt so geschmeidig, daß er über Rollen „aufgespult" und kontinuierlich auf die Walzstraßen geleitet werden kann.

Der Aufwand für die Stranggußanlagen ist um rund 20 % niedriger als bei den herkömmlichen Verfahren; das liegt, abgesehen vom einfacheren Transport, auch daran, daß früher notwendige Zwischenstationen (z. B. Gießgruben, Tieföfen zum Wiederaufheizen) entfallen und damit auch die hiermit verbundenen Zeit-, Arbeits-, Material- und Energieverluste.

Der Gesichtspunkt, der mit der Verarbeitung in einer Hitze eingeführt war (Einsparen von Energie und Transportwegen), wurde damit konsequent weiterentwickelt. Über Computer konnte ferner ein hoher Automatisierungsgrad erreicht werden.

Beim *Stranggießen* kann der Stahl aufgrund der unten befindlichen Öffnungen gebogener Kokillen endlos gegossen werden. Gegenüber dem früher üblichen Blockguß erstarrt der Strang wegen seines geringeren Querschnitts schneller völlig durch, unterstützt durch Spritzwasserkühlung. Daher ist Stranggußmaterial seigerungsärmer und hat einen höheren Reinheitsgrad. Kombiniert mit der verbesserten *Pfannenmetallurgie* können sehr enge Temperatur- und Analysegrenzen eingestellt werden.

Die Entwicklung zu modernen Hochleistungsanlagen ist von der Demag (Duisburg) entscheidend mitgeprägt worden.

60 % der gesamten deutschen Rohstahlerzeugung wurden 1983 schon auf Stranggußanlagen hergestellt (1974: erst 19 %; Japan 1981: 60 %).

Weitere Einsparungen an arbeits- und energieintensiven Produktionsschritten (Einsparung bei Energie ca. 80 %) werden sich durch die zunehmende Einführung von „*Glasmetall*“ ergeben. Solche Metalle entstehen bei sehr schneller Abkühlung, und zwar so, daß sie nicht zu dem üblichen Kristallgemenge erstarren, sondern zu einer Art „fester Schmelze“ ohne Kristallstruktur. Dieses „Glasmetall“ ist sowohl hart und zäh, als aber auch gleichzeitig biegsam und streckbar. Es ist korrosionsfest. Diese Eigenschaften eröffnen ein weites Anwendungsfeld. Da das „Glasmetall“ sofort als Draht oder Band herstellbar ist, werden zudem auch noch folgende Arbeitsschritte eingespart: Gießen, Schmieden, Heißwalzen, Ziehen, Nachglühen.

Mit der Fortentwicklung dieser Technologien ist der *Kapitalaufwand* für ein einziges integriertes Hüttenwerk, der schon am Beginn der Entwicklung nicht gering war, sehr groß geworden. Wollte man heute ein integriertes Hüttenwerk auf der „grünen Wiese“ errichten, d.h. fern jeder Infrastruktur, wie sie sich im Ruhrgebiet allmählich entwickelt hat, so wären rund 20–25 Mrd. DM notwendig. Schon ursprünglich waren die für ein Hüttenwerk benötigten Aufwendungen so groß, daß sie nicht mehr von Familienbetrieben aufgebracht werden konnten. Das ist der Grund dafür, warum sich an der Ruhr gegenüber dem Bergischen und Märkischen die *Aktiengesellschaft* durchgesetzt hat, wie wir das schon am Beispiel von Bochum erwähnt haben. Die hier geschilderten Entwicklungen erbringen nun den Hintergrund dafür. Im Gegensatz zum Bergischen und Märkischen hat dies zur *Bildung der Konzerne* geführt – deren Bedeutung, ebenfalls aufgrund der geschilderten Entwicklungen, nur noch zugenommen hat. Das Merkmal der Konzerne, das gerade für das Ruhrgebiet und seine Entwicklung so kennzeichnend ist, wird auf diesem Hintergrund verständlich.

Ein hervorragendes Beispiel für die Entwicklung der Technologie, der betrieblichen Struktur und der Konzernweiterentwicklung stellen die *Röhrenwerke* dar. Die Pionierleistungen auf diesem Gebiet sind mit dem Namen *Mannesmann* verbunden, heute einer der größten Stahlkonzerne der Bundesrepublik.

Daß das Ruhrgebiet mit seinen Röhrenwalzwerken bis heute nach

Angebot und Leistung in der Welt führend bleiben konnte, liegt an den Erfindungen dieser Pionierfamilie, die, aus dem Bergischen Land stammend, relativ früh erkannte, daß die Relief- und Siedlungsstrukturbedingungen dort für eine breitere Ausdehnung nicht mehr günstig waren. Deswegen verlegten die Gebrüder Mannesmann ihre Fertigung von Remscheid nach Düsseldorf, bauten aber auch an anderen Stellen, so z.B. in Mülheim, Betriebe auf und aus. Einer der Anlässe für die Herstellung von Röhren auch größeren Durchmessers war die Verbesserung der Fertigung von Zylindern und Kesseln für Dampfmaschinen und dgl. Dazu hatte man zunächst nur die Möglichkeit gekannt, glattgewalztes Blech kreisförmig umzubiegen und zu verschweißen. Die Gebrüder Mannesmann entwickelten das noch heute im Prinzip angewandte Verfahren, nach dem man Röhren nahtlos und eleganter herstellen kann, auch Röhren mit sehr großem Durchmesser.
Da die Nachfrage nach Röhren der verschiedensten Durchmesser, Wandstärken, Qualitäten (Legierungen) und dgl. diskontinuierlich ist und damit unterschiedliche Auftragsposten abzuwickeln sind, entstand zwischen den einzelnen Posten Leerlauf, Zeit- und Energieverlust. Daher wurde in Mülheim eine hochleistungsfähige sogenannte *Konti-Röhrenwalzstraße* entwickelt, d.h. eine Walzstraße, bei der der Übergang von Posten zu Posten kontinuierlich umschwingt. Dies war nur durch die Einführung entsprechend leistungsfähiger Computeranlagen mit entsprechender Organisation (ebenfalls computergesteuert) der notwendigen Zulieferungen möglich. In Mülheim entstand bei Mannesmann die erste Anlage dieser Art in der Welt überhaupt, zugleich die leistungsfähigste. In

Abb. 28a Schema des Ablaufs in einem Röhrenwalzwerk

Drehherdofen	Schrägwalzwerk	Konti-Walzwerk	Nachwärmeofen	Streckreduzierwalzwerk	Kühlbett, Adjustage
Erwärmung auf 1280°; 165 t/h	Lochen der Blöcke zu Hohlblöcken (9 m)	Auswalzen zu einer Luppe (30 m)	(700°→1000°)	Luppe→ fertige Röhre bis 160 m 18 m/sec.	Zuschneiden

einem Durchgang wird hier vom ursprünglichen Block bis zum fertigen Rohr gearbeitet, wobei in Sekunden vom zentralen Steuerungsstand aus, das Programm je neu eingespeist und die Geschwindigkeit der einzelnen Teile aufeinander abgestimmt werden kann. Ein Netz von Prüfstellen sorgt für die notwendige Rückkopplung. Die Fertigung konnte dadurch um 70% erhöht werden; 11 Röhrenwerke herkömmlicher Art können durch dieses Röhrenwerk ersetzt werden (Schema des Ablaufs: s. Abb. 28a).

d) Verbesserungen bei Kohleverwendung und Bergbautechnik

Nachdem die früheren Verwendungsmöglichkeiten aufgrund der Konkurrenz von Erdöl und -gas entfallen sind, hat man sich der Frage zugewendet, ob nicht die sog. *Verstromung* (Einsatz der Kohle als Feuerungskohle in Wärmekraftwerken) eine mögliche Ersatzverwendung sein könnte. Dazu kann auch Kohle mit hohem Ballastanteil (an Beimengungen, Nebengestein) verwendet werden, ja solche Kohle muß sogar verwendet werden, weil sonst die Kesselanlagen sich mit Teer zusetzen würden. Der Ballastanteil dieser minderwertigen Kohle hält mit Sandkörnchen und dgl. die Anlagen sauber und macht einen durchgehenden Kesselbetrieb erst möglich. (Von der Ruhrkohle wurden 1980 z.B. 24 Mill. t in die Kraftwerke geliefert = 38% der Förderung.)
Man darf sich allerdings die Kesselanlagen der heutigen Dampfkraftwerke nicht mehr nach dem landläufigen Kesselprinzip vorstellen. Vielmehr ist in der heutigen *Brennkammer*, in die die gemahlene Kohle als Kohlenstaub eingeblasen wird, der alte Kessel in eine Reihe von schmalen, sich von unten nach oben durchziehenden Röhren aufgelöst worden; durch diese Röhren strömt das aufzuheizende bzw. zu verdampfende Wasser. Der Verdampfungsprozeß erfolgt sehr viel rascher und kontinuierlicher, zumal durch den eingeblasenen Kohlenstaub, der sich in der Brennkammer entzündet, von unten bis oben eine gleichbleibende Hitze entwickelt wird, die genau gesteuert werden kann.
In Erprobung ist bereits ein verbessertes Verfahren, das sog. *Wirbelschichtverfahren*, das ab 1985 aus dem jetzigen Versuchsstadium in die volle Nutzbarkeit überführt werden soll. Hierbei wird der Kohlestaub verwirbelt und die Röhren in einer engen Anordnung

genau durch die Wirbelschicht durchgeführt (in der Brennkammer). Das erlaubt eine noch bessere Ausnutzung der Kohleenergie; d.h. der Wirkungsgrad der Anlage wird erhöht.
Vorteile sind folgende: 1. Kohlen mit hohem Anteil an Ballaststoffen, kohlehaltige Abfälle und Rückstände aller Art können eingesetzt werden. 2. Der sehr feinkörnige Staub ist gut verwertbar. 3. Der Kohlenstoff wird maximal ausgebrannt (99%). 4. Die wichtige Entschwefelung ist leicht möglich und hochgradig wirksam (über 80%), wie bei keinem anderen Verfahren. 5. Auch die Stickoxidwerte bleiben sehr niedrig; denn 6. können die Verbrennungstemperaturen niedrig gehalten werden (850°C). 7. Der Wirkungsgrad ist spürbar höher als bei allen bisherigen Verfahren. 8. Verwendung der Rauchgase in Gasturbinen; 9. geringe Korrosion und Verschmutzung; 10. Verminderung der Investitionskosten je kWh; 11. Anwendung auch unter Überdruck in kombinierten Kreisprozessen. 12. Senkung der Energiekosten um 12%.
Kleinere Versuchsanlagen arbeiten in Bottrop und in Düsseldorf. Das Verfahren wurde von der Lurgi, Frankfurt, entwickelt. Die erste Groß-Anlage ist für das Aluminiumwerk Lünen im Betrieb, wie ebenfalls, in Zusammenarbeit mit Babcock, ein Heizkraftwerk in Duisburg.
Die *Rentabilitätsentwicklung* in den Kraftwerken war auch von der Verbesserung der Generatoren und Turbinen abhängig. Je größer diese Agggregate wurden, um so größer war auch hier der erzielte Wirkungsgrad, umso größer wurden die einzelnen „Blöcke“ der Wärmekraftwerke (300 MW, 600 MW, 700–750 MW, 1200 MW bei Kernkraftwerken), auch dies eine Folge verbesserter Technologien. (Steinkohlenverbrauch in Gramm je kWh bei den alten Werken: 430; bei den neuen: 320).
Von der Steag (siehe Essen, S. 98) werden folgende neue Steinkohlenkraftwerke finanziert: Voerde (2 × 700 NW), Dorsten (2 × 700 MW), Bergkamen (2 × 750 MW). 1979 betrieb die Steag insgesamt 15 Kraftwerke auf Steinkohlebasis (Herne, Lünen, Siersdorf, Walsum, Hiddingsil, Alpen z.B.), in denen 6,3 Mill. t Kohle verfeuert werden. Die Steag ist der größte Stromversorger der Bundesrepublik auf Steinkohlebasis. Von der Veba wurde das Scholven-Kraftwerk in Gelsenkirchen (2 × 740 MW) in Betrieb

genommen, ein weiteres Kraftwerk in Dortmund (740 MW) ist im Bau. Insgesamt ist zwischen dem Bergbau und der Elektrizitätswirtschaft ein Stufenplan vereinbart worden, nach dem die zu verstromende Menge an Steinkohlen bis 1995 bis auf 45 Mill. t/J. steigen soll. Ob der Plan jedoch realistisch ist, kann aufgrund folgender Berechnungen bezweifelt werden: Um einen Kernkraftwerksblock wie Biblis zu ersetzen, müßte man jährlich 2,9 Mill. t Kohle verfeuern. Umgerechnet auf die in geplanten oder im Bau befindlichen Kernkraftwerke von rd. 10000 MW würde dies ein Äquivalent von 20 Mill. t zusätzlichen Kohlebedarfs ergeben. Zusammen mit dem Ersatz bestehender Kernkraftwerke läge die Menge bei jährlich 35 Mill. t Steinkohle. Selbst wenn trotz der hohen Erschließungskosten neue Förderschächte abgeteuft würden, lägen dann die Kosten je KWh im Kernkraftwerk bei 11 Pf., im Steinkohlenkraftwerk bei 16 Pf. (jeweils fixe Kosten + variable Kosten; Preise 1979). D.h. Strom aus Kohlenkraftwerken wäre um nahezu 50% teurer. Ob angesichts einer solchen Belastung die vermehrte Förderung von Kohlen volkswirtschaftlich vertretbar ist, ist damit sehr offen (Braunkohle: 3).

Auch in den mit Kohle betriebenen Kraftwerken wurde die Kohle zunehmend durch *Erdöl* ersetzt. 1972 machte diese Substitution den Gegenwert von rd. 12 Mill. t Steinkohle aus. Um die Verstromung mit Kohle gegenüber dem – damals – noch billigeren Erdöl „rentabel" zu gestalten, ist der *„Kohlepfennig"* eingeführt worden, der nicht über Subventionen, sondern direkt vom Verbraucher aufgebracht wird und heute bei 5–7 Pf. je kWh liegt. Bei steigenden Erdölpreisen könnte sich für die Kohle die Wettbewerbssituation eventuell verbessern. 1983 machte der „Kohlepfennig" die Summe von 2 Mrd. DM aus.

Auch im *Bergbau* selbst sind viele Anstrengungen unternommen worden, die Wettbewerbssituation der Kohle zu verbessern, damit den Standort „Ruhr", wie er sich seit rund 120 Jahren herausgebildet hat, und damit die Arbeitsplätze für die rund 5 Mill. Einwohner, die hier als „Kern" – und „Mantel"-Bevölkerung leben, zu erhalten.

Als ein erster Weg dazu wurde seit Beginn der Kohlekrise die *Mechanisierung des Kohleabbaus* und der Beförderung unter Tage konsequent beschritten. Waren 1952 erst 10% der Zechen mechanisiert, so waren es 1962 bereits 65% der Gesamtförderung (1980: 99%). Diese Förderung wurde zunehmend auf immer weniger Schachtanlagen konzentriert.

Die herkömmliche „Knochenarbeit" des Bergmanns vor Ort gibt es nicht mehr. Auch das Abstützen der Decke im Abbaubereich wird durch relativ leicht versetzbare hydraulische Stempel übernommen. Insgesamt stehen hinter jedem Bergmann untertage gewissermaßen 7–10 PS, was 42mal mehr als die Arbeitskraftleistung eines Menschen ausmacht. An der Abbaufront selbst werden die Kohlen geschnitten, geschrämt (gehobelt), geschält. Über Förderbänder wird die gewonnene Kohle direkt weitertransportiert.

Die Leistungen je Mann und Schicht sehen folgendermaßen aus:

Jahr	Bundesrepublik Deutschland	Frankreich	Großbritannien	
1962	2,4	2,7	3,5	in Tonnen (bis 1977)
1972	4,0			
1977	3,8	2,9	3,3	
1977	521	325	363	in kg/Stunde
1981	533	376	390	(ab 1977)

Das Umsetzen einer voll mechanisierten Abbaufront mit allen zugehörigen Infrastrukturen an eine andere Stelle kostet allein zwischen 1 und 4 Mill. DM (1981). Auch auf dem Hintergrund dieser Information versteht man, warum vor Eröffnung neuer Schachtanlagen die geologischen Verhältnisse durch Sondierbohrungen erst sorgfältig erkundet werden müssen und warum bisher noch nicht ein einziger neuer Förderschacht niedergebracht worden ist (1956 der letzte: Hüls). Daher hält sich die Nordgrenze des Abbaus seit Jahren etwa auf der Linie Kamp-Lintfort – Hamm – Beckum, wird sich im nächsten Jahrzehnt die Abbaufront höchstens bis auf die Höhe von Haltern nach N verschieben. Hinzu kommen die enormen Anlagekosten. Allein die Anlage eines Schachtes für die Bewetterung bis in 1300 m Tiefe erforderte 1980 einen Aufwand von 100 Mill. DM. (Auch bei dem „neuen" Bergwerk in Bergkamen,

das nach Investitionen von 625 Mill. DM 1981 in Betrieb ging, wurden die bereits vorhandenen Schächte von 1970 stillgelegten Zechen genutzt.)
Seit Jahren wird versucht, besonders für die steilen Flözstrecken, in denen Maschinenabbau nicht möglich ist und daher jede Förderung trotz der vorhandenen Aufschlußarbeiten unterbleiben muß, ein noch eleganteres Verfahren zu entwickeln, nämlich die *Wasserlösung* der Kohlen. Hierbei wird durch Wasserstrahlen von 80–90 atü die Kohle aus dem Flöz herausgewaschen. In Versuchsanlagen sind 7 t je Mann und Schicht erreicht worden. In einem größeren Probebetrieb der Zeche Hansa in Dortmund konnten so 2000 Arbeitsplätze untertage erhalten werden. Insgesamt könnte ein Viertel der spezifischen Kosten eingespart werden, ist der Aufwand an Wartung geringer, der Anteil an Steinen niedriger, der Abbau insgesamt staubfrei. Außerdem kann das Kohlen-Wassergemisch problemlos über Rohrleitungen abgepumpt und zu den Wärmekraftwerken befördert werden (so schon beim Kraftwerk Lünen). Allerdings steht die Rentabilität bei Großanlagen noch nicht sicher fest.
GHH und MAN haben ein Gerät entwickelt und erprobt, das auf der Kombination von Schneiden und Brechen beruht. Geschnitten wird die Kohle mit dünnen Wasserstrahlen (1,8 mm) und hohem Druck (700 atü). Entlang der Schnittfugen wird dann die Kohle mit geringen Aufwand abgedrückt. Wie beim Gleithobel wird dieser „Jet-miner" ferngesteuert mit einer Kette am Kohlenstoß entlang gezogen. Seine Vorteile sind: 1. der niedrige Wasserverbrauch, 2. der geringe Wassergehalt der Kohle (geringer als beim Schrämverfahren), 3. die Verbesserung der Qualität (wegen des grobstückigen Anfalls) und 4., was ganz entscheidend ist, die Einsetzbarkeit in niedrigen Flözen. (Nach Norden nimmt die Mächtigkeit der Flöze ständig ab.)
Mit einem anderen Verkokungsverfahren, der sog. *kontinuierlichen Verkokung*, kann der Verbrauch an Kokskohle auf 30% gedrosselt werden. Die zusätzlich notwendige übrige Kohle kann beliebiger Art sein. Weitere Vorteile sind: 1. Füllen, Garen und Entleeren laufen kontinuierlich ab. 2. Es entstehen Kohlebriketts von einheitlicher Größe, deren Größe zudem auch beliebig ge-

steuert werden kann. 3. Die Erzeugung ist umweltfreundlich. 4. Die Briketts eignen sich sehr gut für den Hochofenprozeß, der damit gleichmäßiger und energiesparender gesteuert werden kann (siehe dort).

Als weitere Wege, die Rentabilität der Kohle zu verbessern, sind Kohlehydrierung und Kohlevergasung beschritten worden.

Die *Kohlehydrierung* ist im Prinzip seit den schon geschilderten Arbeiten von Fischer und Tropsch möglich. (Anlagerung von Wasserstoff an Kohlenstoff, um Benzin zu erzeugen. – Heute nach dem Bergius-Verfahren.) Die Frage war bisher jedoch, ob die Anlagen so leistungsfähig gestaltet werden können, daß sie mit dem Benzinpreis auf Erdöl konkurrieren können. Die Kostenrelationen sehen folgendermaßen aus: 1973 ist Kohlebenzin noch 12 mal teurer, 1983 dagegen nur noch 2 mal. Im Vergleich zu USA und Japan besteht ein erheblicher Technologievorsprung. (Vgl. Abb. 28b.)

Als Verfahren würde eine Hydrierung infragekommen, wie sie von den Schering-Werken in Bergkamen entwickelt worden ist, die für das heutige Autobenzin eine höhere Oktanzahl erreicht (bei 90) als nach dem alten Fischer-Tropsch-Verfahren. Erste Versuchsanlagen durch Veba und Ruhrgas mit einer Jahreserzeugung von 70 000 t sind in Bottrop nach einem Aufwand von 300 Mill. DM in Betrieb genommen worden. Wollte man das gesamte Autobenzin durch Kohle ersetzen, wäre eine jährliche Mehrförderung von rund 25 Mill. t Kohle notwendig, mit einem Aufwand von rund 7–10 Mrd. DM, da Zechen erst erschlossen und Anlagen noch gebaut werden müßten. Das zeigt, daß eine kurzfristige Steigerung zur Versorgung mit Benzin nicht möglich ist. Außerdem könnte unter den gegenwärtigen Umständen der Bergbau die notwendigen Aufwendungen nicht selbst erbringen. Auch hier wären Subventionen notwendig – auch im Hinblick darauf, daß die deutsche Kohle wesentlich teurer gefördert werden muß als z. B. die US-Kohle.

Die *Kohlevergasung* könnte wie der Abbau mit Wasser ebenfalls untertage vor sich gehen. Dazu sind verschiedene Verfahren in Erprobung (Zusammenarbeit von Wissenschaftlern der Technischen Hochschule Aachen mit deutschen und belgischen Zechen, erste

Abb. 28b Hydrierung und Vergasung der Kohle

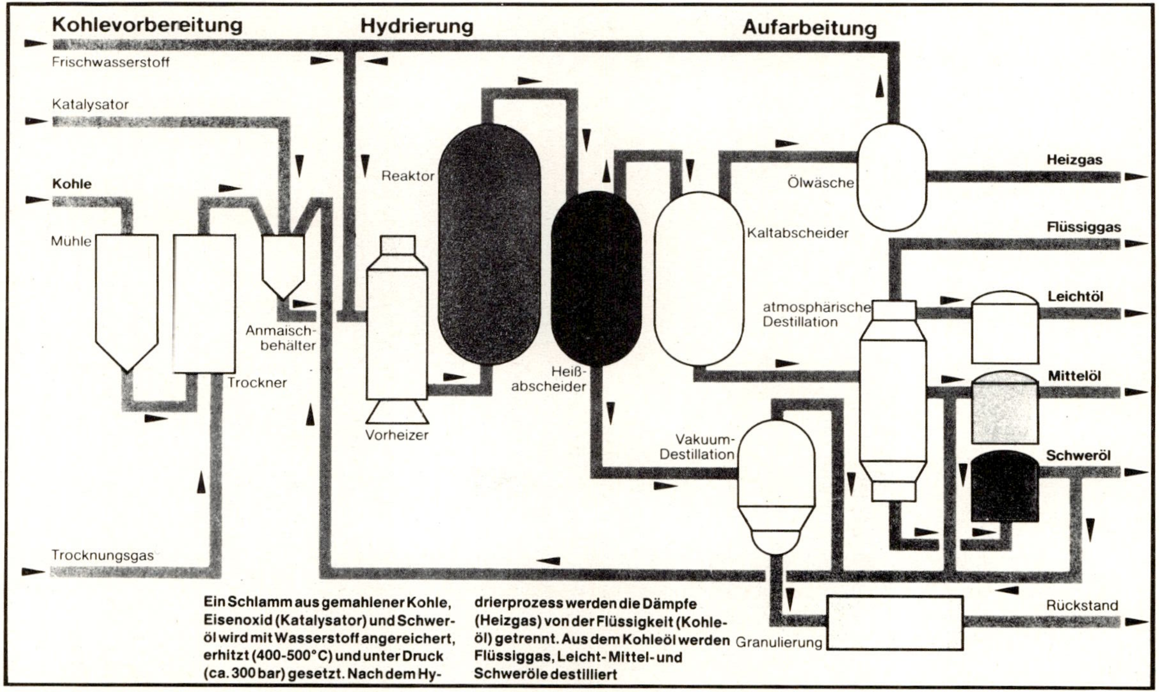

Quelle: Ruhrkohle AG

Versuchsanlage auf einer belgischen Zeche bei Lüttich in 1000 m Tiefe).

Bei dem in Aachen entwickelten Verfahren wird Wasserstoff in das Flöz eingepreßt. Dabei ist nicht nur genügender Druck, sondern auch Prozeßwärme von rund 800° C erforderlich, um die Kohle durch ein Reagieren des Wasserstoffs mit der Kohle zu Methan zu vergasen. Dadurch entsteht ein äußerst hochwertiges Gas, dem Erdgas ähnlich, von rund 9500 kcal je m^3; dieses könnte als Grundlage für Ferngasversorgung, Benzinherstellung und für die chemischen Werke dienen: bei rentierlichem Betrieb könnte also auch die Petrochemie wieder durch die Kohlechemie ersetzt werden.

Der rentierliche Betrieb ist von zwei Bedingungen abhängig: einmal von der Bereitstellung einer billigen Prozeßwärme (darüber an späterer Stelle mehr), ein andermal von der Bohrtechnik. Beides ist unter den augenblicklichen technologischen Verhältnissen noch zu teuer. Besonders die anfallenden Bohrkosten sind sehr hoch; es muß an zwei Stellen gebohrt werden: an der einen Stelle, um den Wasserstoff herabzudrücken, an einer weiteren, um das sich entwickelnde Methan nach oben treten zu lassen. Auch müssen die Flöze untertage so aufgelockert werden (daher der erhöhte Druck), daß sie für den Wasserstoff bzw. das Methan durchlässig werden. Sind zwar die Aufschlußarbeiten sehr kostenintensiv, so entfällt untertage das gesamte Transportsystem für Kohle, Materialien, Beschäftigte. Kohlen bis in eine Teufe von 2000 m hinunter könnten verwendet werden, was einer dann nutzbaren Menge von rund 300 Mrd. t Kohle entspricht.

Technisch ausgereifte und erprobte Großanlagen können von den beiden deutschen Firmen Krupp und Lurgi (Frankfurt) in Zusammenarbeit mit Ruhrgas, Ruhrkohle und Steag angeboten werden. Die Anlagen von Krupp in Südafrika arbeiten einwandfrei. Methanol kann hier zum Preis von 25 Pf./l erzeugt werden. Im Rhein-Ruhr-Gebiet arbeiten Versuchsanlagen in Dorsten, Oberhausen, Stockum, Essen, Frechen-Hückelhoven, Wesseling. Eine Großanlage für die Erzeugung von 500 000 t/J. würde rund 450 Mill. DM kosten (1980). Ein Gesamtinvestitionsvolumen für 14 Großanlagen mit rund 13 Mrd. DM Aufwand soll staatlich gefördert werden. Mit einem Durchsatz von 18–19 Mill. t Steinkohle könnten aus dieser Menge gewonnen werden:

- bei Vergasung entweder 10,0 Mrd. m^3 Gas, oder 16 Mill. t Methanol als Treibstoffzusatz oder 4 Mrd. m^3 Gas und 3 Mill. t Methanol;
- bei Hydrierung 10 Mill. t Treibstoff.

An der Ruhr sind als weitere „flankierende" Maßnahme alle Zechen, die nicht anderweitig gebunden waren, in der *Ruhrkohle AG* zusammengefaßt worden, dem größten privatwirtschaftlichen Kohleunternehmen der Welt, mit Sitz in Essen. Die Absicht dabei war, den Bergbau durch die Zusammenfassung aller bergbaulichen Aktivitäten zu sanieren. Nach einer Übergangszeit von rund 10 Jahren, in denen große Verluste hingenommen werden mußten, ist seit 1976 das Ziel erreicht worden (allerdings unter Einberechnung der Subventionen, während der englische Kohlebergbau Subventionen in diesem Umfang bei weitem nicht erhält). Rund 80% der deutschen Kohleförderung sind in der Ruhrkohle vereinigt.
Insbesondere sollte ein zusammenhängender Besitz an Kohlefeldern erreicht werden, der erst den konzentrierten und damit verbilligten Abbau in Großschachtanlagen ermöglicht (vgl. Abb. 28c).
Das Betriebsbild sieht für 1980/81 folgendermaßen aus:
In 6 Bergwerken (1970 noch 52) und 14 Kokereien (vorher 29) wurde mit 129000 Beschäftigten (vorher 186000), davon 66000 unter Tage, ein Gesamtumsatz von 16,4 Mrd. DM (vorher 7,5) erreicht mit 63 Mill. t Kohle und 16,2 Mill. t Koks. Von den Kohlen gingen 27 Mill. t in die Verstromung, 17 Mill. t an die Eisenindustrie (bzw. 12 Mill. t Koks). Mit der Ruhrkohle-AG sind über die Steag 13 Wärmekraftwerke als feste Abnehmer verbunden.
Um die Entwicklung der neuen Abbaumethoden zu fördern, hat der Bund bis 1980 250 Mill. DM bereitgestellt, die Investitionshilfen 1978–1981 betragen zusätzlich jährlich 580 Mill. DM, die Kokskohlensubventionen betragen 1,2 Mrd. DM und auf den „Kohlepfennig" entfallen 1,6 Mrd. DM.
Die Investitionshilfen sind auch für die Neuerschließung im Norden gedacht. Diese führt zu hohen Kosten bei einer Dauer der Erschließung von rund 15–20 Jahren. Ein Forschungsprogramm soll

Abb. 28c: Betriebsgesellschaften der Ruhrkohle AG (Quelle: Ruhrkohle AG)

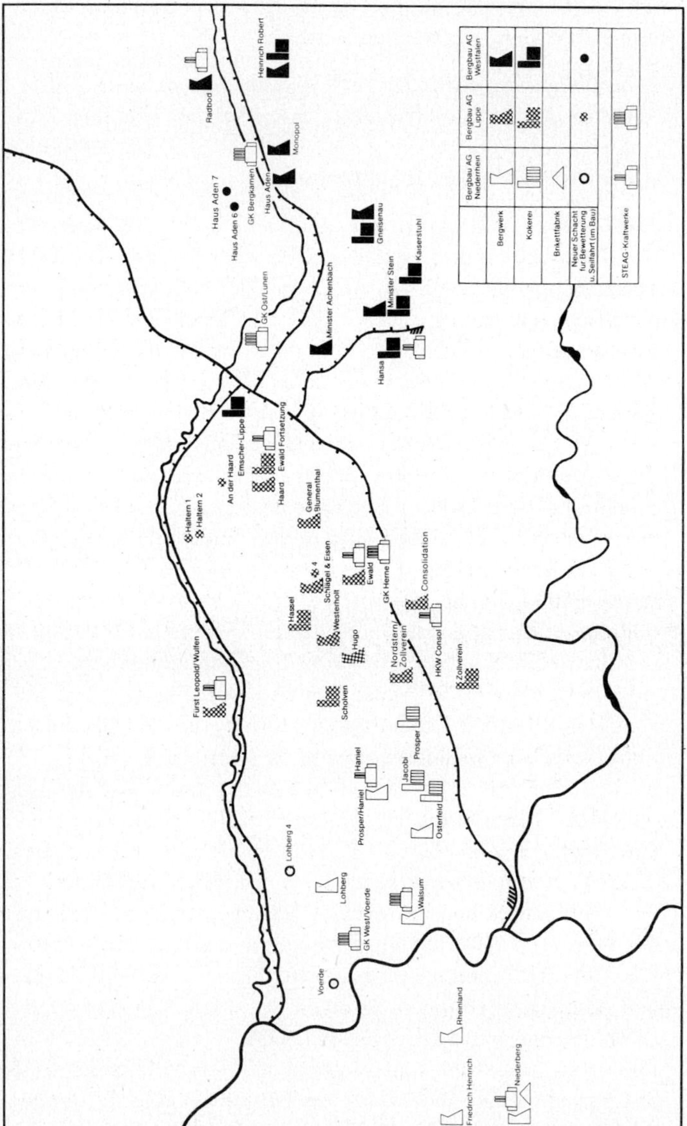

hier in 17 Tiefbohrungen die Lagerung und Qualität der Kohle feststellen.

Hatte man sich bei Gründung der Ruhrkohle-AG an sozusagen mythischen Förderrichtzahlen orientiert, die durch die Bundesregierung als gültig beschlossen werden sollten, so orientierte man sich in den letzten Jahren an dem, was über den Markt abgesetzt werden kann. Seitdem hat sich die Situation des Unternehmens verbessert.

Mit der *Kerntechnik* wird eng zusammengearbeitet; denn heute hat ein Kernkraftwerk selbst in Kohlennähe einen Kostenvorsprung von 5,4 Pf. je kWh. Sollte Nordrhein-Westfalen insgesamt nur mit Kohlekraftwerken versorgt werden, so bedeutete dies z. B. für 1978 einen Kostennachteil von 8–10 Mrd. DM. Die Ruhrkohle versucht daher einen Ersatz von Erdöl und Erdgas durch den *Verbund von Kohle und Kernkraft*, insbesondere bei Hydrierung und Kohlevergasung. Hierfür soll die Kernkraft die benötigte billige Prozeßwärme liefern (siehe oben). Daher betreibt die Ruhrkohle zusammen mit den beiden großen Stammproduzenten RWE und VWE (Dortmund) das Versuchskraftwerk Schmehausen, in dem nach Vollausbau auf der Kernkraftgrundlage 4800 MW Strom erzeugt werden sollen, zusammen mit entsprechenden Anlagen für die Kohleverwendung (Feinmahlen, Gaserzeugung, Entschwefelung, Koks- und Schwefelgranulat, Einsatz im Kohlekraftwerk).

Wie der Produktionsverlauf in einer Kohlevergasungsanlage aussieht, die mit einem Reaktor für Prozeßwärme ausgestattet ist, zeigt Abb. 28b.

Wie die Berechnungen zur größeren Rentabilität der Kernkraftwerke gezeigt haben (vgl. S. 131), dürften auch in Nordrhein-Westfalen Kernkraftwerke für die Stromerzeugung auf Dauer nicht zu umgehen sein. Berechnungen der Landesregierung kamen 1980 zu einem ähnlichen Ergebnis.

e) Gegenwärtiger Entwicklungsstand und Zusammenfassung

Aufgrund der geschilderten Entwicklungen der vergangenen Jahrzehnte sind im Montanbereich an der Ruhr (d. h. Bergbau und Stahl zusammen) zwischen 1960 und 1970 rd. 205 000 Arbeitsplätze entfallen; dafür konnten in anderen Bereichen (z. B. Opel Bochum) nur 42000 Arbeitsplätze geschaffen werden (davon Bochum allein fast 50%), so daß an der Ruhr auf Dauer 163000 Arbeitsplätze völlig verlorengegangen sind. Die Arbeitsplatzdichte an der Ruhr sank auf den Durchschnitt der Bundesrepublik ab. 1957 lag das BIP noch 24% über dem Durchschnitt der Bundesrepublik, 1970 bereits unter diesem Durchschnitt. Die Umstrukturierung ist trotz aller Maßnahmen bisher noch nicht richtig in Gang gekommen. Ansiedlungsflächen für Industrien stehen zur Verfügung in Mülheim, Essen, Bochum, Dortmund, Wattenscheid, Bottrop, Gladbeck, Herne, Castrop-Rauxel, Werne. Besonders in den zuletzt genannten Städten liegt die Arbeitslosigkeit bei jeder Rezession in der Bundesrepublik mit am höchsten. Zwischen 1957 und 1971 sank der Anteil der Steinkohle an der Primärenergie von 70% auf 24% (1980: 19,8%).

Aufgrund der geschilderten Maßnahmen wird die Bedeutung der Steinkohle jedoch wieder steigen. Die Förderung hat sich in den letzten Jahren leicht erhöht.

Eine Übersicht geben die folgenden Zahlen:

	Förderung (in Mill. t.)	Schacht-anlagen	Beleg-schaft (in 1000)	Koke-reien	Koks (in Mill. t.)	Kraftwerke im Verbund mit Bergbau
1973	80	41	167	26	23	24
1978	67	31	152	16[1]	15	15
1980	69	29	141	16[1]	17	13
1968[2]	91				28	

[1] Hinzu treten 10 Hüttenkokereien; (Gesamtzahl mit 26 also geblieben)
[2] Zum Vergleich

Diese Entwicklung wird in den nächsten Jahren durchaus anhalten; denn Substitutionen von endgültigem Charakter wie Nutzung der Solarzellen und der Fusionsreaktoren werden technisch teilweise noch längst nicht beherrscht bzw. die notwendigen Investitionskosten und -flächen sind gigantisch. (Um z. B. den gegenwärtigen Ölverbrauch der Bundesrepublik Deutschland durch sog. solare „Wasserstoff-Plantagen“ zu ersetzen, müßte eine Summe von 1 Billion DM aufgewendet werden. Preise von 1979).

Die Darstellung der technologischen Entwicklung im Ruhrgebiet ist nicht allein für das Verständnis der Technologie als solcher wichtig, sondern über die davon abhängige *Entwicklung neuer bzw. der Erhaltung alter Standorte* für die Entwicklung des gesamten räumlichen Gefüges. Beispiele sind: die Verstärkung aller Funktionen in den Hellweg-Städten, die Ausbildung der Agglomerat-Struktur, der im Norden des „Reviers“ geringere Umfang von höher investiven Technologien und damit die Monostrukturiertheit dieses Revierteils mit allen Folgen (z. B. im tertiären Bereich).

VI. Die nördliche „Rheinschiene“

1. Allgemeine Kennzeichnung, Großknoten und Großkonzerne

Die „nördliche Rheinschiene“ umfaßt das Gebiet zwischen Wesel im Norden und Düsseldorf bzw. Neuß im Süden. Weite Teile dieses Gebietes sind herkömmlich dem Ruhrgebiet zuzurechnen. Wie indessen am BIP gezeigt werden konnte, bildet die nördliche Rheinschiene einen eigenen funktionalen und sozio-ökonomischen Unterraum des Rheinisch-Westfälischen Industriegebiets, nicht nur des Ruhrgebiets. Das BIP liegt ja mit Ausnahme von Moers in den Klassen A und B. Der Ausdruck „Rheinschiene“ entstammt ursprünglich der Landesplanung von Nordrhein-Westfalen.

Die spätere Analyse soll ergeben, wie es zu dieser *Sonderstellung* gekommen ist. Zuvor erlaubt die „Strukturdatei“ eine Analyse auf eine allgemeinere Kennzeichnung hin (vgl. Abb. 29).

Die großen Städte, die den Kern des Gebiets ausmachen, liegen ohne Ausnahme am Rhein. Sie weisen eine sehr hohe Dichte auf, mit hoher Steuerkraft und hohem BIP. Wenn trotzdem eine Bevölkerungsabnahme festzustellen ist, so kann es nicht, wie im Ruhrgebiet im engeren Sinne, an einer Strukturschwäche liegen. In der Tat ist hier keine echte Abwanderung wie im Ruhrgebiet festzustellen, sondern nur eine Verlagerung der Bevölkerung aus den Kernstädten in die Randgemeinden mit ihren größeren ökologischen Annehmlichkeiten. Hier sind die Wohn- und Villenviertel entstanden, wie die Zunahme der Bevölkerung in den Kreisen Dinslaken und Grevenbroich zeigt. Dem entsprechen die hohen

Abb. 29: Strukturdatei „nördliche Rheinschiene“

	BIP[1]		Lohn- und Gehaltssummen[3]								Pendler[12]	
	1968	1978[2]	Gesamt	Bergbau	Steine/ Erden, Glas	Eisen/ Stahl	Maschinen, Kfz	„Fein“-Ind.[4]	Chemie/ Textil	Dichte[14] 1960/1970	Ein-	Aus-
Wesel[8]	(12)[7]	18	1700 [33][5] (51)[6]	768 (23)	72 (2)	–	292 (8)	–	–	(540)[7] / (640)		
Krefeld	9,5	27,5	2187 [36] (62)	–	– (1)		1542 (48)		Ch: 486 (12) T: 141 (5)	1840 / 1910	+ +	
Duisburg[9]	10	23	3367 [33] (101)	224 (6)	54 (1)	2251 (68)	603 (16)	62 (2)	Ch: 166 (4)	3500 / 3170	+	
Düsseldorf	12	48[11]	3402 [38] (90)	–	78 (2)	426 (11)	1134 (20)	224 (6)	Ch: 734 (18)	4440 / 4200	+ +	
Neuß[10]	(9)[13] (12)	19	1926 [35] (54)	–	42 (1)	–	417 (12)	41 (1)	Ch: 525 (12)	(1750/350)[7] / (2160/460)[13]		

1–6) Vgl. Abb. 11 (S. 55)
7) Wegen Gebietsreform sind die sich auf verschiedene Erhebungseinheiten beziehende Daten in Klammern gesetzt worden.
8) mit Moers
9) mit Rheinhausen und Homberg
10) mit Grevenbroich
11) Zum Vgl.: Frankfurt 50
12) Vgl. Anm. 11, Abb. 16 (S. 70)
13) Erste Zahl = Neuß; zweite Zahl = Grevenbroich
14) Einw./km²

Einpendlerzahlen in die Kernstädte. Deren *Wirtschaftskraft* (hoher Überschuß des BIP je Kopf der Wirtschaftsbevölkerung im Vergleich zur Wohnbevölkerung) beruht offenbar – von Düsseldorf abgesehen – vorzugsweise auf dem sekundären Sektor. Der große Anteil des tertiären Sektors in Düsseldorf unterstreicht dessen Stellung als ein sehr hohes Zentrum innerhalb der Hierarchie der zentralen Orte. (Im BIP an zweiter Stelle nach Frankfurt.) Das zeigen auch die großen Beträge, die auf den Großhandel, die Kreditunternehmen und Versicherungen entfallen.

Insgesamt liegen im Gebiet auch die Lohnsummen erheblich über dem Durchschnitt (35 000 DM je Beschäftigten). Dies ist als Indikator für eine entsprechend leistungsfähige Industrie zu werten.

Das *industrielle Spektrum* ist im allgemeinen vielfältig und im einzelnen diversifiziert. Dabei gibt es Schwerpunkte in der chemischen Industrie (Krefeld, Neuß, Düsseldorf), in der Maschinenherstellung (Krefeld, Neuß, Düsseldorf) und in der „Feinindustrie" (Krefeld, Düsseldorf). Hierbei fällt auf, daß Krefeld und Düsseldorf in allen Branchen Anteil haben, die während der letzten Jahrzehnte wegen ihres stetigen und überdurchschnittlichen Wachstums als „*Wachstumsindustrien*" bezeichnet worden sind. Im Falle von Krefeld ist dies besonders die chemische Industrie, die mit dem Schnitt von 40 500 DM je Beschäftigten das unterdurchschnittliche Absacken der Textilindustrie (28 000) mehr als ausgleicht. Im Falle Düsseldorfs weisen alle Branchen eine sehr hohe durchschnittliche Lohnsumme auf: 39 000 in der Glasindustrie, sowie in Eisen- und Stahlherstellung bzw. -verformung, 57 000 sogar in der Maschinen- und Kfz-Industrie, 41 000 in der Chemie.

Die genannten Tatsachen dürften die Stellung dieser beiden Städte mit dem hohen BIP unterstreichen. Duisburg dagegen ist offensichtlich innerhalb der Rheinschiene ein Sonderfall (Bergbau, Eisen und Stahl). Daß es jedoch weniger dem Ruhrgebiet zuzuordnen ist, zeigen die Zahlen: höheres BIP als Dortmund, relativ großer Anteil der Maschinen- und Kfz-Industrie mit erstaunlich hoher durchschnittlicher Lohnsumme (38 000 gegenüber 34 000 bei Dortmund).

Das Spektrum der Industrie in der nördlichen Rheinschiene wird bereichert durch die Glasindustrie (Düsseldorf), Buntmetallverhüttung (Duisburg, Neuß), Nahrungsmittelindustrie (Neuß), Textilindustrie (Krefeld).

Die Industriebranchen sind somit im Gebiet weit gefächert; es handelt sich nicht, wie im Bergischen Land, um eine Binnendiversifizierung allein. Hinsichtlich der *Pendler* wird die räumliche Struktur bestimmt von einigen wenigen Großzentren, für die das Ruhrgebiet und das niederrheinische Land das Hinterland sind. Diese *Großzentren* sind: Krefeld, Duisburg, Düsseldorf. Das Bild ist hier völlig anders als etwa im Ruhrgebiet oder gar im Märkischen.

Das gilt auch für die *Siedlungsstruktur.* Der Agglomeratcharakter ist nicht vorhanden (im Süden des Gebiets) oder tritt doch stärker zurück (im Norden), abgesehen von den Zentren der Schwerindustrie Duisburg und Rheinhausen. Stattdessen herrschen mehrere *selbständige Knoten* vor. Die Werksanlagen und Industrien reihen sich am Rhein; allein dadurch wird bereits der Standortfaktor Verkehr betont. Es sind besonders die Hochufer über den Prallhängen der Rheinmäander, die jeweils für die Anlagen (wie ursprünglich auch für die Siedlungen und Städte) wegen des hochwassersicheren Geländes und der günstigen Möglichkeiten für Kaianlagen den optimalen Standort boten. So ist, besonders in Duisburg, eine regelrechte *„Rheinfront“* von Werksanlagen entstanden – das Rückgrat gewissermaßen der „Rheinschiene“. In diesem zur Gebietsbezeichnung gewordenen Namen drückt sich der Standortfaktor Verkehr ebenfalls sehr gut aus.

Von Rheinfront und Rheinschiene aus sind zunächst die Verstädterung, dann die Industrialisierung in die *Randzonen* nach beiden Seiten vom Rhein aus hineingegangen. Diese Randzonen nehmen an Standortgunst und der sehr guten infrastrukturellen Ausstattung der Rheinschiene teil: Zulieferer und Abnehmer, Großstädte und Verkehrsbänder einschließlich der parallel gestaffelten Autobahnen sind Kernmerkmale dieser Ausstattung.

Bei der allgemeinen Kennzeichnung des Gebiets ging es darum, die für es repräsentativen Gemeinsamkeiten hervorzuheben. Im einzelnen zeigt die Analyse jedoch, daß das heute so einheitlich erscheinende Gebiet doch eine Reihe von *vielschichtigen Entwicklungskernen* enthält, wobei diese spezifischen Entwicklungskerne zugleich auch die Ursache für die aufgefallenen Spezialisierungen an einzelnen Standorten ist. Dies wird die genetische Analyse der einzelnen Kerne noch zeigen. Ihr allgemeines Ergebnis vorwegnehmend kann schon gesagt werden, daß in der Tat die *Verkehrsorientierung* an Rhein und Eisenbahn für die Entwicklung der alten Kerne wesentlich gewesen sind. Bei der Entwicklung der alten Kerne fällt außerdem zweierlei auf: 1. ihre Bedeutung für Versorgung und Vermarktung (einerseits Produktion für das expandierende Ruhrgebiet, andererseits Organisation des Absatzes aus dem expandierenden Ruhrgebiet für den nationalen Markt: Z. B. Neuß mit seiner Nahrungsmittelindustrie, die Handelsunternehmen Klöckner und Haniel in Duisburg bzw. Ruhrort) und 2. ein in sich verbundener „Industriestammbaum“: d.h. die ursprüngliche Textilindustrie führt, ähnlich wie in Wuppertal-Elberfeld, zur Entstehung und Weiterentwicklung von chemischer Industrie und von einer durch beide vorhergehenden Industriebranchen gewissermaßen „gespeisten“ Maschinenbauindustrie.

Die genetische Analyse zeigt auch, wie in rascher Folge in der zweiten Hälfte des vorigen Jahrhunderts das Substrat der alten Kerne (Phase 1) durch die auch hier feststellbaren ersten und zweiten Gründerzeiten (Phasen 2 und 3) entwickelt, überprägt, überlagert und ausgedehnt werden. Im Gegensatz zum Ruhrgebiet ist hier aber gewissermaßen auch eine *„dritte Gründerzeit“* (Phase 4) um 1890 bis 1900 deutlich erkennbar, insofern als in dieser Phase Thyssen, Krupp, Mannesmann (z. B.) ihre Hüttenwerke am Rhein zu errichten beginnen, d. h. also die Expansion des Ruhrgebiets zum Rhein hin verdeutlichen.

(Vgl. zur zeitlichen Schichtung der industriellen Entwicklung Abb. 30 mit den Jahreszahlen für die Gründung der einzelnen Unternehmen bzw. Zweigwerke.) Die Aufreihung am Rhein und die Entstehung der „Rheinfront“ zwischen dem Norden Düsseldorfs und Walsum wird erfaßbar. Hier beginnen sich auch die Hochöfen zu konzentrieren; schon bald stehen drei Fünftel aller Hochöfen des Ruhrgebiets am Rhein.

Mit der Entstehung der „Rheinfront“ verbunden ist gleichzeitig auch die *Entwicklung der Großkonzerne* Krupp, Thyssen, Mannesmann im Stahlbereich (früher 14 selbständige Unternehmen), von

Abb. 30 Die industrielle Genese der nördlichen Rheinschiene

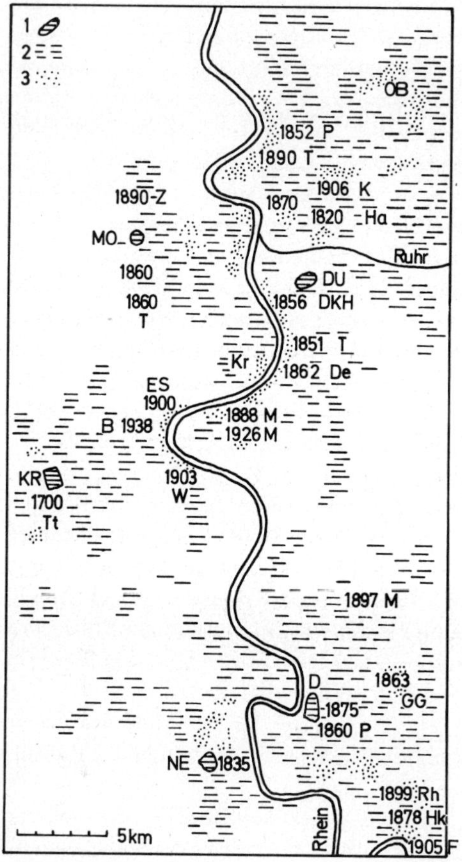

Abkürzungen:

P	Phoenix
M	Mannesmann
T	Thyssen
ES	Edelstahl
B	Bayer
Z	Zeche
Tt	Textil
Kr	Krupp
K	Klöckner
W	Waggonbau
De	Demag
GG	Glas Gerresheim
F	Feldmühle
Rh	Stahl Reißholz
Hk	Henkel
DKH	Duisburger Kupferhütte
Ha	Haniel

1 alte Stadtkerne
2 überbaute Fläche
3 Industrieflächen

(Die Jahreszahlen bezeichnen das Jahr der Gründung)

DU = Duisburg
MO = Moers
KR = Krefeld
D = Düsseldorf
NE = Neuß
OB = Oberhausen

Bayer im Chemiebereich, von Veba (im Energie- und Chemiebereich), von Flick (Papier, Chemie, Stahlweiterverarbeitung), Henkel und Degussa.

Trotz der sog. Entflechtung der Großkonzerne durch die Alliierten nach dem 2. Weltkrieg kam es in den fünfziger Jahren schon, dann bis heute anhaltend, zu einer fortschreitenden Angliederung vorher selbständiger oder nur lose verbundener Unternehmen an die Kerne der alten Großkonzerne, wodurch im Endeffekt noch größere Konzerne entstanden, als sie vor dem Kriege vorhanden waren. Die Abb. 31, 32a + b greifen Thyssen, Veba und GHH beispielhaft heraus.

Zwischen den einzelnen Konzernen wurde die *Produktion „bereinigt“*; so sind heute bei Mannesmann alle „Röhreninteressen“ vereinigt, wird bei Thyssen kein Rohr mehr erzeugt, sind bei Thyssen alle „Stahlinteressen“ vereinigt, so daß Thyssen zum größten privaten Stahlkonzern Europas geworden ist, auf den allein ein Drittel der deutschen Stahlproduktion entfällt.

Die z.T. außerordentlich schnelle Konzernbildung zwischen 1965 und 1975 (bei der Veba weitergehend bis 1978: Übernahme der Chemischen Werke Hüls vom Bayer Konzern) wird im – ursprünglich gutmütig gemeinten – Spottvers nach dem Muster der Abzählreime deutlich: „Ri ra roesch, beinah wärste Hoesch, aber wer könnt’s wissen, heute biste Thyssen; morgen biste Mannesmann – und du bist dran“. Inzwischen hat sich Mannesmann auch im EDV-Bereich engagiert (Kienzle, AEG-Telefunken).

Man könnte nun meinen, daß gegen diese Ballung von Interessen und Fertigung in Großkonzernen an Rhein und Ruhr von politischer oder gewerkschaftlicher Seite Sturm gelaufen worden wäre. Dies ist jedoch nicht der Fall gewesen, da durch die Umstrukturierung in den Konzernen die *Erhaltung der Arbeitsplätze* nicht nur am

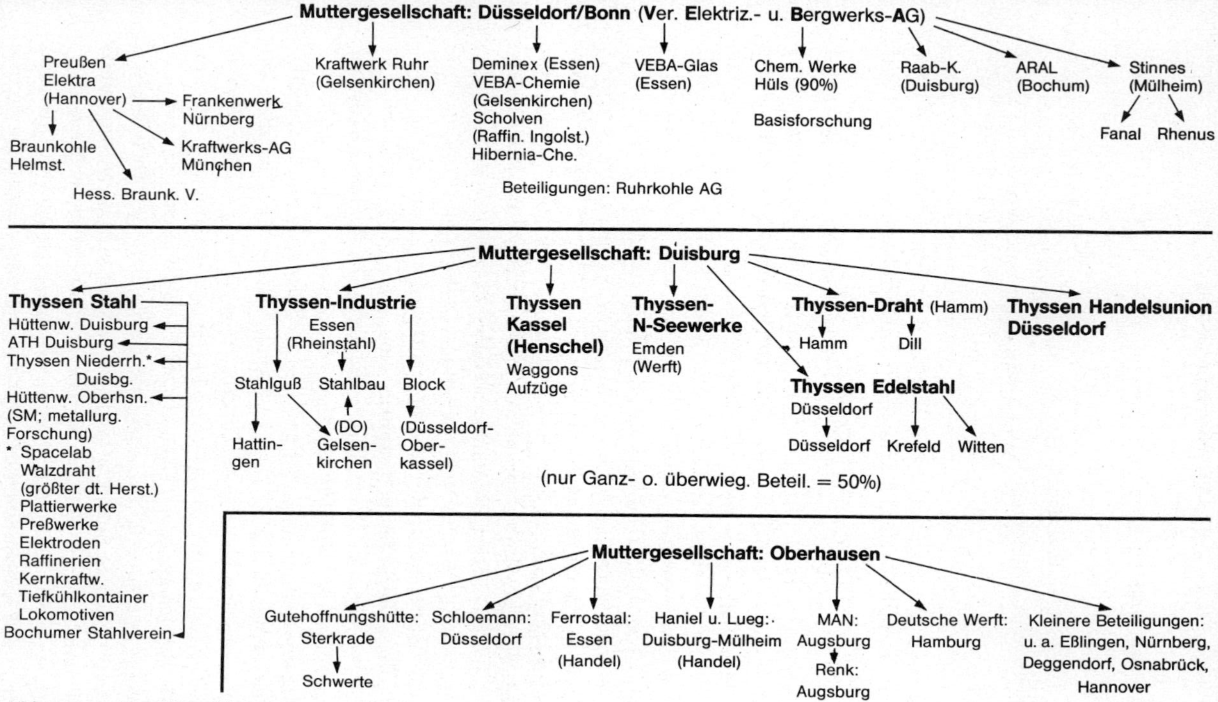

Abb. 31a: Der Veba-Konzern
Abb. 31b: Der Thyssen-Konzern
Abb. 31c: Der GHH-Konzern

Rhein, sondern auch an der „Ruhr" (insbesondere: Hellwegstädte und Gelsenkirchen, also den entscheidenden städtischen Großzentren hier) garantiert blieb. Dies war möglich durch eine sehr *starke Arbeitsteilung* innerhalb der Werke in den Großkonzernen. Ein gutes Beispiel dafür ist Krupp. Spezialzüge bringen nach genauem Fahrplan z. B. den flüssigen Stahl vom Rhein nach Bochum. Ähnlich verfährt Thyssen: der Rohstahl wird von Oberhausen nach Hamborn (Duisburg) in sog. Torpedopfannen mit 1350–1400° C gebracht. Von dort aus erfolgt dann die weitere Verarbeitung z. B. in Hamm.

2. Die Gründe für die Entstehung und Expansion der nördlichen Rheinschiene

Für die traditionellen Standorte im Ruhrgebiet (selbst denen am Rhein-Herne-Kanal) macht sich bereits um 1890 die Belastung durch *hohe Frachtkosten* bemerkbar. Diese wurde durch den technologischen Fortschritt in Hochofen- und Hüttentechnik noch verschärft, insbesondere seit 1945. (Vgl. Kap. V, 5c.) Daher wurde die *Roheisenerzeugung* mit den Hochöfen in Essen, Bochum und Hagen-Haspe nach und nach aufgegeben und an den Rhein verlagert und dort noch weiter massiert – oder gar, im Falle von Klöckner, mit der Wahl des Standortes der neuen Hütte an der Unterweser, also an der Küste, der traditionelle Standort ganz und gar verlassen. Oder im Falle von Dortmund kam es aus ähnlichen Gründen der höheren Rentabilität des Küstenstandorts zur Fusion mit dem niederländischen Stahlkonzern Hoogovens und seiner Hütte in Ijmuiden westlich Amsterdam.
Gegenüber diesen Küstenstandorten ist im Grunde auch der Standort in der Rheinfront ins Hintertreffen geraten. Man kann nur noch von einer *relativen Standortgunst* sprechen. Mehrere Maßnahmen und Gesichtspunkte führen dazu, daß der Standort der Stahlindustrie in der Rheinfront bisher beibehalten worden ist und daß die Stahlkonzerne am Rhein (nicht mehr an der Ruhr!) auf längere Sicht noch keine Verlagerung an die Küste vorgesehen haben: 1. die hohen bisher getätigten Investitionen mit der hier

vorhandenen gewaltigen Infrastruktur (ein neues Werk für 5 Mill. t Stahl/J. „auf der grünen Wiese“ würde 1980 z. B. 13 Mrd. DM gekostet haben); 2. die Nähe zum Absatzmarkt; 3. technologische Entwicklungen in Schiffahrt und Eisenerzverarbeitung.

Was den zweiten Punkt angeht, so wird dieser z. B. dadurch belegt, daß Thyssen 90 % seines Inlandsabsatzes in einem Umkreis von rd. 100 km von Düsseldorf aus umsetzt, d. h. in einem Gebiet, das als Kern den gesamten Rheinisch-Westfälischen Ballungsraum in unserem Sinne umfaßt; dazu kommen seine unmittelbaren Randzonen. In diesem Bereich ist ein *integrierter Verbrauchermarkt* vorhanden, wie er in Europa in dieser Dichte für Stahlwaren nicht ein zweites Mal mehr anzutreffen ist. Es ist gerade dieser Gesichtspunkt zum Hauptstandortfaktor der Stahlindustrie geworden. Diese hat sich also völlig von ihrem alten Standortfaktor Energie (Kohle) gelöst; die reinen Marktbeziehungen sind vielmehr ausschlaggebend geworden für die Rentabilität der Anlagen! Dieser „neue“ *Hauptstandortfaktor* wiegt den Standortfaktor „Küste“ (also Transportkosten) insofern auf, als er den Transport von Fertigwaren, aber auch von Halbwaren von der Küste oder gar von den Erzstandorten in Übersee in die Nähe der Verbrauchszentren und der dort verbraucherorientierten Industrie sehr wenig sinnvoll erscheinen läßt. Hierzu passen auch die Maßnahmen der Großkonzerne zur Spezialisierung und regionalen Arbeitsteilung. Im Grunde versteht man die Entstehung, die Billigung von Fusionen und die regionale Arbeitsteilung erst voll auf diesem Hintergrund.

Beschäftigen wir uns nunmehr mit den technologischen Verbesserungen, zunächst in der Schiffahrt, weil gerade diese die relative Standortgunst mit ermöglichen helfen.

Wenn 1973 z. B. die *Frachtkostenbelastung* für 1 t erzeugtes Roheisen am Rhein nur 7,50 DM betrug, im Ruhrgebiet aber 27,– DM, so läßt dies nicht nur den Frachtkostenvorteil am Rhein erkennen, sondern zeigt auch, wie effizient gerade die Entwicklung der *Schubschiffahrt* von Rotterdam aus mit großen Einheiten für den Massenguttransport gewesen ist. Diese entwickelte sich seit Ende der fünfziger Jahre und hatte sich im Verkehr der nördlichen Rheinschiene bei allen Massengütern bis etwa 1965 bereits voll durchgesetzt. Ein Schubschiffverband besteht aus einem Antriebsaggregat mit enormer Motorenleistung, dem die bauchigen Leichter zu zweit, viert, sechst oder acht vorgekoppelt werden. Da die Leichter also von hinten geschoben werden (im Gegensatz zur früheren Zugschiffahrt mit Schleppern und Kähnen), erklärt sich der Name. Die Schubformationen können bis zu 11000 t Erz befördern (1977 insgesamt 39 Mill. t), kommen mit geringer Besatzung aus (7 statt 17 bei gleicher Transportleistung der herkömmlichen Schlepperverbände), bewältigen wegen größerer Schnelligkeit mehr Reisen jährlich (wodurch die spezifischen Baukosten gesenkt werden), was insbesondere auf die raschere (da leichtere) Entladung zurückzuführen ist. Die Löschzeiten sind um 50% zurückgegangen. Wegen der raschen Loskoppelung der Leichter vom Schubaggregat kann dieses während des Löschens der Leichter bereits wieder an anderer Stelle verwendet werden.

Entsprechend sind dann auch die Hafenanlagen in *Rotterdam-Europoort* zu leistungsfähigen Erzumschlaghäfen ausgebaut worden, und zwar von Thyssen (50%), Mannesmann und Krupp (je 30 bzw. 20% der Kosten) gemeinsam. Schon 1973 betrug die Entladungsleistung je Tag 80000 t.[1]

Verbunden mit dem Erzumschlag ist eine Großpelletisierungsanlage. Damit berühren wir den technischen Fortschritt in der Erz- und Eisenverarbeitung. Bevor auf diesen eingegangen wird, muß noch die regionale Bedeutung dieser Entwicklung betrachtet werden.

Haben wir innerhalb der Großkonzerne bereits eine exakt gestaffelte Arbeitsteilung kennengelernt, so lernen wir als Ergebnis der geschilderten Entwicklung auch eine *räumliche Arbeitsteilung im großen* kennen:

a) Europoort gewissermaßen als das „Vorwerk“ der deutschen Stahlindustrie mit zusätzlichen Einrichtungen (s. u.);

---

[1] 1978 wurden in Rotterdam 47 Mill. t Erz umgeschlagen. Lieferländer waren u. a.: Brasilien (25%), Liberia (16%), Schweden (15%), Australien (15%), Kanada (13%), Südafrika (10%). In den genannten Ländern – außer Schweden – sind die deutschen Stahlkonzerne z. T. erheblich an den Erzabbaugesellschaften beteiligt. Frachtpreis 1983: 4,30 $ je t.

b) die Rheinfront mit der Erzeugung von Halb- und Massenwaren sowie Schwerstausrüstungen;
c) das Hinterland an Ruhr, in der Mark und im Bergischen als Gebiet der Veredlung und Spezialisierung.

Diese großräumliche Arbeitsteilung scheint so effizient zu sein, daß am Rhein z.B. von Thyssen die größten Hochöfen der Welt (außerhalb der Sowjetunion) 1973 gebaut wurden. (14 m Durchmesser, 110 m Höhe; Verbrauch an Erz und Koks: 20 Güterzüge täglich.) Während je Schicht und Arbeiter früher (1963) 15 t erzeugt wurden, sind es seit 1973 mehr als 110 t; während für dieselbe Menge 1963 noch 5 Hochöfen notwendig waren, ist es jetzt nur noch einer. Die Einsparungen betragen rd. 8,– bis 10,– DM je t Roheisen – 1973 –.

Diese Steigerung in der Größe ist, wie die Zahlen zeigen, zugleich der Versuch, die gestiegenen Kosten durch eine *Rationalisierung* über die Menge zu verringern. Dies hat sich auch bei den Arbeitsplätzen bemerkbar gemacht. An Rhein und Ruhr verminderten sich zwischen 1960 und 1970 die Arbeitsplätze in der Stahlindustrie um 20%, zwischen 1970 und 1977 noch einmal um 22%. 1974 waren bereits 55 Mill. t Rohstahlkapazität in neuen Anlagen vorhanden.

Auch durch das LD-Verfahren wurde ein Rationalisierungserfolg erzielt: 1. Es entfällt der Stickstoffballast. 2. Dies ermöglicht es, den Kühlschrott bzw. den Erzanteil auf 30% zu steigern. 3. Die Größe der Konverter kann wegen des Entfallens der Lochböden gesteigert werden (Thyssen: 350 t Inhalt). 4. Statt einer Stunde Blaszeit benötigt man für die gleiche Menge nur noch 18 Min. 5. Der Stahl ist dem SM-Stahl gleichwertig. (Erstes LD-Werk: Witten 1957)

Auf dem Hintergrund dieser großen Anstrengungen bei Transport und Betrieb versteht man die Befürchtung der rheinischen Stahlindustrie, daß „die Gesunden beerdigt werden und die Kranken überleben“, wie man sich ausgedrückt hat. Während nämlich die rheinische Stahlindustrie ohne staatliche Subventionen auskommen mußte (also durchaus gesund war) (mit Ausnahme der Kokssubventionen), erhalten die verstaatlichten Stahlbetriebe in Italien, Frankreich und Großbritannien trotz hoher Unwirtschaftlichkeit

(= die „Kranken“, scherzhaft auch „Vereinigte Staatskassen Europas“ genannt) hohe Zuschüsse (insgesamt bisher, bis 1983, 100 Mrd. DM). Nach Auffassung der rheinischen Stahlindustrie sollten die in diesen Ländern vorhandenen gewaltigen *Überkapazitäten* abgebaut und die Produktion auf die rentabelsten (d.h. eben die an der Rheinfront: Kostenvorteile 1981 bis 80,– DM je t Walzstahl) beschränkt werden – eine allerdings bisher rhetorisch gebliebene Forderung. (Stahlkapazität der EG 1977: 200 Mill. t, Erzeugung: 136 Mill. t, Auslastung =63%.)
Für die *technologische Entwicklung* sind die beiden Stichworte Pelletisierung (vgl. oben) und ferner Direktreduktion wesentlich geworden. Bei der *Pelletisierung* wird das gemahlene Erz zu Kugeln (engl. pellets) von 2–3 cm gerollt. Vor dem Rollen wird aus dem zermahlenen Erz der Nichterzanteil mechanisch abgetrennt. Nach dem Rollen der Kugeln aus dem durchfeuchteten Material werden die Kugeln bei 1300° gesintert und können dann transportiert werden. Der Pelletisierungsprozeß ist in den USA entwickelt worden, ursprünglich, um mindere Erze anzureichern und daher die spezifischen Transportkosten zu senken. Als außerordentlich vorteilhaft haben sich nicht nur die gesunkenen Transportkosten erwiesen (daher der Bau der Großpellitisierungsanlage in Europoort), sondern auch die gleichmäßige Qualität des Ausgangsmaterials für den Hochofenprozeß. Dadurch konnte der Durchsatz im Hochofen verbessert und auch die Computersteuerung (von der beim Ruhrgebiet schon die Rede gewesen ist) im Grunde erst ermöglicht werden. Auch wird die Durchlüftung im Hochofen für den „Wind“ verbessert, wie auch der Anfall von taubem Material (Schlacke) verringert wird. Abgesehen von der besseren Ausnutzung der Kapazität sind die Energiekosten (Wind, weniger Koks) geringer. Insgesamt werden durch die Pelletisierung auch die Umschlagseigenschaften verbessert, sowohl in Europoort, als auch bei den Schubschiffverbänden, wie auch am Hochofen selbst.
Insgesamt erfüllt also die Großpelletisierungsanlage in Rotterdam in der Tat die Eigenschaft eines „Vorwerks“.
Unter *Direktreduktion* (USA: 1959) versteht man ein Verfahren, bei dem der Hochofen überflüssig wird, das Erz somit „direkt“ zu reinem Eisen wird. Es sind dafür mehrere Verfahren entwickelt wor-

den; diese führen insgesamt dazu, daß voraussichtlich um das Jahr 2000 die herkömmliche Hochofentechnik ihren Höhepunkt überschritten haben wird. Zwei deutsche Firmen sind in dieser Technik führend. Zunächst einmal hat Thyssen das sog. Thyssen-Purofer-Verfahren bereits in den sechziger Jahren entwickelt und betreibt heute auf dem Standort der brasilianischen Eisenerze die größte Anlage dieser Art in der Welt (1977). Zum anderen wurde durch *Korf*, dem badischen Unternehmer, dem die „Mini-Stahlwerke“ weltweit zu verdanken sind, das in Mexiko und USA entwickelte Midrex-Verfahren aufgekauft und heute ebenfalls weltweit angewendet (weltweite Erzeugung – 1978 – insgesamt 17 Mill. t).
Um das Erz direkt reduzieren zu können, wird es zunächst gemahlen und mit Wasser zu Eisenschlamm versetzt. Dieser Eisenschlamm wird erhitzt (mit möglichst billigen Energiequellen, z.B. Erdgas) unter gleichzeitiger Zuführung von Kohlenstoff. Das Ergebnis ist ein reduzierter Eisenschwamm, der unmittelbar anschließend im Stahlkonverter oder im Lichtbogenofen eingesetzt werden kann. Am günstigsten als Gas ist Methan geeignet, das aus der Reaktion des Wasserdampfes mit Kohle gewonnen werden kann.
Für die Direktreduktion sind nicht alle Erze geeignet; vielmehr können es nur sehr reine Erze sein (ohne Schwefel, Phosphor und Silizium). Für andere Erze wird es beim herkömmlichen Verfahren mit dem anschließenden Ausblasen des Schwefels und des Siliziums im Sauerstoff-Konverter bleiben müssen, zumal auf die Dauer reine Erze knapper werden. Allerdings führt der Einsatz reiner Erze zu einem Rückgang der Luftverschmutzung um 50%, bei der Lärmbelästigung um 75%.
Die *Standortkonsequenzen* des Verfahrens liegen auf der Hand: es kann praktisch überall angewendet werden, zumindest völlig unabhängig von der Kohle; Standorte auf Erz oder Erdgas – also mit völliger Umkehrung der bisherigen Standortvoraussetzungen – sind jedoch am günstigsten (vgl. Thyssen-Purofer). Die Möglichkeit zur Standortunabhängigkeit war im übrigen für Korf ein gewichtiger Gesichtspunkt, das Midrex-Verfahren zu erwerben.
Das von Korf ursprünglich in Kehl gegenüber von Straßburg entwickelte *Mini-Stahlwerk* (ein anderes arbeitete inzwischen in Hamburg, weitere in Frankreich, USA, Mexiko, Sowjetunion) machte

sich den hohen Schrottanfall der modernen „Wegwerfgesellschaft“ zunutze. Der Schrott wird im Elektro-Lichtbogenofen geschmolzen, d.h. unter Ausnutzung der Hitze, die entsteht, wenn zwischen zwei Kathoden ein lichtförmiger Bogen aufgrund der energiereichen Stromzufuhr ausgebildet wird. (Erster Dauerbetrieb von Elektroöfen in Deutschland: 1906 bei R. Lindenberg in Remscheid und Röchling/Saar.)

Korf machte sich ferner die Technik des Stranggusses zunutze und konnte dadurch auf das herkömmliche Stahlwerk verzichten. In dem angeschlossenen Walzwerk werden billige Baustähle bzw. billige Massenstähle anderer Art erzeugt, wodurch die Stromkosten mehr als aufgefangen werden.

Bei Kosten je t Walzstahl von 1250,– DM arbeitet ein solches Mini-Stahlwerk bei einer Erzeugung von rd. 0,6 Mill. t p. a. bereits rentabel, während die Erzeugung in einem integrierten Hüttenwerk herkömmlicher Art mindestens 3,5 Mill. t betragen muß, um sich zu rentieren, heute indessen schon Größenordnungen von 8–10 Mill. t anvisiert bzw. erstellt werden (1979). Der weltweite Erfolg der Mini-Stahlwerke (da erheblich geringerer Investitionsaufwand) führte zu einem Engpaß bei Schrott als dem Ausgangsmaterial. Daher war Korf an der Direktreduktion sehr interessiert, weil sie ein ähnlich billiges Ausgangsmaterial von zugleich ähnlichen Eigenschaften wie Schrott liefert (bereits reines Eisen).

Besonders in den Entwicklungsländern werden für diese kleinen Stahlwerke Chancen gesehen. Dies bedeutet für die rheinische Stahlindustrie z. B., daß zwar bei weltweit wachsender Stahlerzeugung für sie kaum noch zusätzliche Wachstumschancen bestehen.

Wie so viele andere Unternehmer, die während der industriellen Revolution in Deutschland den Sprung an die Ruhr machten (z. B. Hoesch und Poensgen), tat ihnen dies auch Korf nach und errichtete in Düsseldorf – unter Ausnutzung derselben Standortvoraussetzungen, wie sie oben ausführlich beschrieben wurden – die Korf-Engineering, in der Anlagen für Direktreduktion, Walzwerke, Elektrostahlwerke, Stranggußanlagen gebaut werden.

Da für die Direktreduktion Methan als Energie und chemisches Agens zugleich notwendig ist, hat man sich seit Jahren auch an der „Ruhr“ – bzw. bei den nunmehr rheinischen Großunternehmen –

überlegt, wie man in Großverfahren Methan gewinnen könnte. Von der *Kohlevergasung* war in diesem Zusammenhang schon die Rede. In Zusammenarbeit mit dem RWE und der Ruhrkohle-AG. versucht man, die geförderte Steinkohle vollständig zu „veredeln“, d. h. in „elegantere“, weniger schmutzige Energien zu überführen. Bei Walsum ist deswegen ein *Großverbund von Bergbau, Kokerei und Kraftwerk* geplant bzw. in Bau, mit einem hohen Zuschuß von Bundesseite.

Am günstigsten erscheint jedoch auch hier ein Verbund mit Kernkraftwerken (darüber mehr im Kapitel VII). Da die mit Erdgas arbeitenden Verfahren wegen der drastisch gestiegenen Energiepreise inzwischen auf die Länder mit eigenen Erdgasvorkommen begrenzt ist, sind die Verfahren zur *Direktreduktion auf Kohlebasis* interessant geworden. Ein solches Verfahren wurde von der Lurgi, dem Ingenieurunternehmen in Frankfurt, entwickelt. Es kann auch mit minderwertiger Kohle betrieben werden. Es werden Drehrohröfen verwendet, wie sie seit langem in der Kalk- und Zementindustrie gebräuchlich sind. Erz und Kohle werden gleichzeitig in den Drehofen gegeben, bei Temperaturen um 1000°; das entstehende CO-Gas reduziert das Erz zu Eisenschwamm. Die Temperatur kann konstant eingehalten werden dadurch, daß Luft zur Verbrennung des überschüssigen CO eingeblasen wird. Diese kontrollierte Verbrennung ist der Grundzug dieses Verfahrens.

3. Einzelbetrachtung

a) Duisburg

Die *zwei* städtischen alten *Kerne* Duisburgs, nämlich Duisburg und Ruhrort, sind über die sich entwickelnde Rheinfront mit den nördlich gelegenen Weilern Hamborn, Meiderich usw. allmählich zu einem einheitlichen Stadtgebiet zusammengewachsen, für das nach wie vor die Orientierung zur Rheinfront entscheidend geblieben ist und auch bis heute die räumliche Organisation des städtischen Siedlungsgebildes weitgehend prägt. Siedlungskerne und Wohnviertel konnten sich nur vom Rhein weg entwickeln.

Duisburg selbst entstand aus einem fränkischen Stapelplatz am rheinwärtigen Ende des Hellweges in den Auseinandersetzungen der Franken mit den Sachsen. Insofern gehört es – nachdem es 1279 Stadtrecht erlangt hatte – traditionell in die Reihe der Hellweg-Städte. Wir haben gesehen, daß dies heute unter sozio-ökonomisch-funktionalen Rücksichten nicht mehr angängig ist. 1615–1818 beherbergte es die einzige Universität am Niederrhein (die dann durch den preußischen Staat als rheinische Landesuniversität nach Bonn übertragen wurde).

Im Bereich Altstadt entwickelte sich die Duisburger *City* als Einkaufszentrum, insbesondere die Königstraße, die die Altstadt mit dem Hauptbahnhof verbindet, in der sog. „Neustadt". Hier sind heute die höchsten Bodenpreise vorhanden. Insgesamt haben jedoch der Einzelhandel sowie auch die Geschäfte mit hochwertigen Anteilen (unter 20% aller Geschäfte) nur geringe Bedeutung. Die Nähe anderer großer Städte hat für Duisburg kein echtes Hinterland entstehen lassen; nur ein relativ schmaler Teil des „linken Niederrheins" (Moers und Rheinhausen) sind auf die Duisburger City bezogen. Insgesamt stammen weniger als ein Viertel der Kunden aus auswärtigen Gemeinden (Untersuchung 1969).

Aufgrund des Zusammenwachsens entlang der Rheinfront führen auch die einzelnen Stadtteile ein *Eigenleben.* Traditionell wohnt man dort (und kauft ein), wo man arbeitet. So hat es bis in die siebziger Jahre hinein kein einheitliches Stadtbewußtsein gegeben. Nur von den südlichen Gebieten (d. h. südlich der Ruhr) wird die Altstadt zugleich auch als eigentliche Stadtmitte anerkannt; 60% der Kunden stammen hierher.

Auf der Nordseite war *Ruhrort* traditioneller – wenn auch kleiner – Mittelpunkt. Seit 1371 hatte es Zollfunktion. Getrennt von Duisburg entwickelte es sich ab 1820. Besondere Bedeutung hatte hierbei die 1756 gegründete und noch heute bestehende Handels- und Transportfirma von Franz Haniel. Die Firma ist das älteste Handelshaus im Ruhrgebiet. Sie wurde durch den Sohn (geboren 1779) zu einer großen Blüte in Handel, Schiffahrt und Schiffsbau geführt. Er wurde mit seinen maßgeblichen Initiativen bei der GHH und der Durchteufung des Deckgebirges zu einem der wichtigsten Pioniere an der Ruhr (vgl. S. 101). Er begründete die Werft der GHH in Ruhrort.

Wie schon erwähnt, begann die eigentliche Entwicklung Duisburgs im heutigen Sinn als *Stadt der Stahlindustrie* erst ab 1890 bis 1900, wenn auch die August Thyssen-Hütte als Urzelle des heutigen Konzerns hier schon in der ersten Gründerzeit (1851) südlich der Ruhr wie auch die Phoenix-Werke (nördlich der Ruhr, 1852) gegründet wurden. Erst 1890 jedoch begann die Weiterentwicklung in Hamborn mit der Niederrheinischen Hütte, die zum größten und leistungsfähigsten Stahlwerk Europas ausgebaut wurde, mit dem größten Hochofen außerhalb der Sowjetunion. 1870 wurde die Hütte Ruhrort gegründet. Diese sowie die Phönix-Werke gehören heute sämtlich zum Thyssen-Konzern – mit den modernsten und leistungsfähigsten Anlagen im Ruhrgebiet überhaupt, was auch mit der fast hundertprozentigen Umstellung auf Oxygenstahl zusammenhängt.

Mit dem Namen *Thyssen* verbindet sich die Erinnerung an eine weitere Pionierfamilie des Ruhrgebiets. Insbesondere legte August Thyssen den Grund für die heutige Weltgeltung des Konzerns. Er lernte den Umgang mit Eisen im väterlichen Drahtwalzwerk in Eschweiler bei Aachen kennen, besuchte das Polytechnikum in Karlsruhe und ging mit dieser Ingenieurausbildung an die Ruhr, wo er im Duisburger Gebiet 1867 und 1871 Bandeisenwalzwerke gründete, 1878 folgte ein Röhrenwerk, in dem Röhren überlappt geschweißt werden konnten, was ein wesentlicher Fortschritt war, und 1882 ein SM-Werk. Bei der Errichtung dieses Werkes ließ er sich vom Vorbild der amerikanischen Trusts leiten, um für seine Walzwerke auch eine eigene Stahlbasis zu begründen. Folgerichtig schloß sich die Erweiterung um die Kohlebasis an. Für den ersten Schacht (1902) setzte er erstmals das Gefrierverfahren ein. Mit dem Erwerb der Erzgruben auf der lothringischen Minette war dann der erste große *Vertikalkonzern* im Ruhrgebiet fertig, konnte die nun einsetzende Massenproduktion auf rationelle Weise organisiert werden.

1888 kam dann mit der Firma *Mannesmann* ein weiteres späteres Großunternehmen an den Rhein (Duisburg-Huckingen; neue Betriebe: 1926).

1906 entschloß sich auch *Klöckner* zur Niederlassung in Duisburg, und zwar als Handelsfirma für Eisen (ursprünglich Handelsfirma in Koblenz), um die bessere Verkehrssituation auszunutzen und den bereits eingegangenen Engagements im Zechenbereich (seit 1900) und im Stahlbereich (Sanierung der Hasper Eisenwerke Hagen 1900) nahe zu sein. 1909 schlossen sich die Düsseldorfer Eisenwerke und die Hütte in Troisdorf bei Köln an. Eine Erzbasis auf der lothringischen Minette wurde ebenfalls erworben. Schon 1903 ergab sich eine offizielle Verbindung zu einer Kölner Bank, über die später die Werke Humboldt und Deutz in Köln an das Unternehmen kamen. Nach dem Verlust der lothringischen Erzgruben wurde der gesamte Konzern als Klöckner-Humboldt-Deutz-Konzern neu geordnet. In Duisburg besteht die Firma als Handelsunternehmen fort.

Aufgrund der im vorigen Abschnitt geschilderten technologischen Entwicklung sowie der Frachtorientierung kann man heute Duisburg als die *„Stadt Montan“* im Rhein-Ruhr-Gebiet und weit darüber hinaus bezeichnen. Es ist somit an Essens Stelle getreten (1976: 47% des Roheisens und 40% des Massenstahls in der Bundesrepublik Deutschland).

Außer den genannten Werken reihen sich noch folgende Unternehmen an der „Rheinfront“: 8 Werften (Meiderich, Ruhrort), die Kabelwerke Duisburg, ein elektrotechnisches Werk (Schaltanlagen, Mikroprozessoren)., die Rütgerswerke (Chemie, Teerverarbeitung), die Duisburger Kupferhütte und die Demag.

Die Duisburger Kupferhütte wurde ebenfalls in der ersten Gründerzeit gegründet (1856) und gewann als Buntmetallhütte aus Schwefelkiesabbränden Kupfer, Zink, NE-Metalle (Nickel-Eisen). Diese Produktion entwickelte sich aus der Verarbeitung von Schwefelkies zu Schwefelsäure, die eines der wichtigsten Vorprodukte für die chemische Industrie darstellen, insbesondere für die sich entwickelnden Bayerwerke, die dann auch der größte Anteilseigner wurden. Auch Edelmetalle wurden hier gewonnen. In dieser Art war und ist die Duisburger Kupferhütte weltweit einmalig. (Da die über viele Jahre rentable Anlage nicht mehr gewinnbringend arbeitet, soll sie bis auf die Zinkproduktion (1983: 80000 t) geschlossen werden.

Die *Demag,* die heute zu Mannesmann gehört, geht in ihrer Wurzel auf das Jahr 1862 bzw. sogar 1844 zurück und ist mit ihrer

Produktion an Brücken, Industrieausrüstungen, Hüttenausrüstungen, Großkränen, Stranggußanlagen, Walzwerken, Großpressen für die Kfz-Industrie, Kraftmaschinen, Reaktoren, Metallgewinnungsanlagen, Lichtbogenöfen und Hochöfen, Kunststofftechnik – um nur einige Sparten der Schwerausrüstung zu nennen – eines der führenden Werke dieser Art weltweit überhaupt – mit der Sowjetunion, Brasilien, Indien, Venezuela z. B. als „Dauerkunden“.
Abgesehen von den Hafenanlagen ist auch der *Verschiebebahnhof* Wedau am Westende des Ruhrgebietes für den Zugverkehr mit dem Süden und der EG eine sehr bedeutende Verkehrsanlage.
Die *Häfen* umfassen 44 km Kailänge, 419 km Gleislänge (wobei die Hafenbahnen im Verbund der Stadtwerke mit Thyssen betrieben werden). In den Häfen, die Sitz fast aller Reedereien sind, werden Massengüter aller Art (Kohlen, Mineralöl, Getreide, Holz, Erze, Schrott) sowie sperrige Stückgüter (Stahlprodukte, Maschinen) umgeschlagen. Mit Raffinerien und Mühlenbetrieben wurden Teile der Häfen auch zu Industriehäfen.
Auf die Häfen Duisburgs entfallen insgesamt rund 50 % der Rheinfracht, wovon das Eisenerz wieder die Hälfte einnimmt.
Die Stellung Duisburgs im Vergleich mit den anderen Häfen des Reviers zeigt folgende Übersicht. Sie macht zugleich auch die Entwicklung der Umschläge deutlich. (Umschlag in Mill. t)

Jahr	Duisburg	Rhein-Herne-Kanal (ohne Gelsenk.)	Gelsenkirchen	Dortmund	Lippe-Häfen	Rheinhäfen[1]
1973	54,5	7,0	7,4	5,5	10,0	17,0
1976	51,8	6,0	3,9	6,6	8,5	17,3
1979	56,9	5,8	4,7	6,2	7,9	13,8

([1] = Düsseldorf, Krefeld, Neuß)

Mit diesem Umschlag ist Duisburg der größte Binnenhafen der Welt. Doch auch 3000 Seeschiffe (bis 3500 t) wurden 1980 abgefertigt.

b) Die nördlichen Gemeinden

In Dinslaken, Voerde und Walsum verlief die Entwicklung ähnlich wie in Duisburg, nur daß hier der Anstoß zu einem großen Teil von der GHH in Oberhausen kam, die hier ihren Anschluß an die Wasserstraße des Rheins relativ werksnah finden konnte (mit den bedeutendsten Werften am Rhein). Zugleich kamen aber auch Einflüsse aus Duisburger Gebiet (Thyssen, Phönix, Pintsch-Bamag: Elektrotechnik, Maschinen). Hinzu treten Großkraftwerke. (Entwicklung in Dinslaken ab 1901). In den Großkraftwerken wird insbesondere auch die Kohle der leistungsfähigen Großzechen auf der linken Rheinseite (z.B. Pattberg) verfeuert. Neue Großanlagen, in denen die im vorigen Abschnitt geschilderten neuen Technologien im Großversuch eingesetzt werden sollen, sind im Bau.
Am Standort der Kraftwerke wurde auch ein energieintensives Aluminium-Werk (72000 t/J) durch den amerikanischen Konzern Kaiser ausgebaut. Durch die Fusion mit Sidal (Antwerpen), zum Estel-Konzern gehörig, erweiterte damit dieser Stahlkonzern seinen Interessenbereich.
Zu erwähnen ist schließlich auch die belgische Solvay-AG (Sitz Solingen), die in Borth am Niederrhein das größte *Steinsalzbergwerk* Europas betreibt und damit die Basis für 80 Grundchemikalien bereitstellt. Bei Soda ist das Unternehmen auf dem deutschen Markt führend.
Im Zusammenhang mit dem Bau der Großkraftwerke muß auch die Errichtung des ersten deutschen Atomkraftwerks vom Typ „Schneller Brüter“ in Kalkar (300 MW) erwähnt werden. Das Werk wird als Prototyp gebaut. Es soll zu 70% von der RWE betrieben werden. Die Baukosten sind immens (5 Mrd. DM; 92% der Gesamtinvestitionen entfallen auf die öffentliche Hand).

c) Der „linke Niederrhein“

Diese Bezeichnung umfaßt hier die Städtegruppe Moers-Rheinhausen-Homberg, die, meist von kleinstädtischem Charakter bzw. überhaupt erst auf der „grünen Wiese“ entstanden, wie Rheinhausen, überwiegend von der Stahlindustrie und dem Kohlebergbau geprägt sind und entsprechende Wohnkolonien aufweisen (erste

Zechen, auch mit Hydrierwerken, ab 1890). Auch die nördlich bzw. nordwestlich anschließenden Gemeinden Rheinberg, Orsoy, Kamp-Lintfort sind besonders vom Kohlebergbau geprägt.
In Moers ist – als besonderer Industriezweig – auch die Textilindustrie vertreten, die sich hier – von Krefeld aus – in der ersten Gründerzeit ab 1860 entwickelte. Moers, alter zentraler Ort der Grafschaft (Burgsiedlung seit 13. Jahrhundert) mußte seine Funktionen an Krefeld und Duisburg abtreten.
Rheinhausen entwickelte sich aus einer Reihe von Kleindörfern ohne ursprüngliches eigenes Zentrum nach dem Bau der Eisenbahnbrücke über den Rhein 1873 an der seitdem durchgehenden Eisenbahnlinie Essen-Krefeld. Abgesehen von der Rheinlage, war dies ein weiterer Grund dafür, warum die Firma Krupp hier 1896 die Friedrich Alfred-Hütte gründete. Dem ersten Hochofen (1898) wurde 1900 das SM-Werk angeschlossen, 1904 das Thomas-Stahlwerk und das Walzwerk, 1905 die Kokerei, so daß hier 1918 das größte und rentabelste integrierte Hüttenwerk Europas herangewachsen war. Im Gegensatz zu Essen bestanden günstige Ausdehnungsmöglichkeiten. 1925 folgte eine Versuchsanstalt, 1954 ein Forschungsinstitut für die Verwendung von Hochofenschlacke, 1967 das LD-Blaswerk. Nach und nach wurde hier der gesamte Roheisenzweig des Unternehmens mit der gesamten Eisenerzanlandung sowie der Stahlbau konzentriert. (1983: 5000 Arbeitskräfte). Als getrenntes Unternehmen wurde der Krupp-Maschinenbau geführt (1966: 5000 Beschäftigte), mit einem Produktionsprogramm, das dem der Demag ähnlich ist, als besondere Spezialität aber die Produktion von Riesenbaggern und Großmaschinen der Fördertechnik besitzt. Das Unternehmen soll immer mehr zu einem „Technologie-Zentrum“ entwickelt werden, vergleichbar der bei den Industrieanlagen führenden Demag.

d) Krefeld

Das heutige Stadtgebiet ist auf dem Boden dreier alter städtischer Kerne gewachsen: Krefeld, Linn und Uerdingen, wobei die beiden letzteren die typische Entwicklung an der Rheinfront (nur auf der linken Stromseite) mitgemacht haben und dadurch Krefeld erst an die nördliche Rheinschiene angebunden worden ist.

Krefeld selber ist bis heute durch die *Textilindustrie* bestimmt. Die Stadt weitete sich aus kleinen Anfängen in mehreren Perioden im Bereich der Altstadt (Stadtrecht 1373). 1670 gewährten die Hohenzollern mennonitischen Glaubensflüchtlingen Asyl. Diese vermittelten entscheidende weitere Impulse.

Besonders die Familie v. d. Leyen ist zu nennen, die weitreichende Handelsbeziehungen im Textilabsatz anknüpfte. So trat zur ursprünglichen Leinenindustrie aufgrund einheimischer Rohstoffe ab 1700 die Seiden- und Samtindustrie nach fremden Vorbild hinzu und ist bis heute typisch geblieben. Auf diese Textilsparten entfallen heute rd. 45% der Produktion der Bundesrepublik, an Krawatten 80%.

Der Diversifizierungserfolg war bereits im 18. Jahrhundert so groß, daß die Stadt auf das Fünffache der Fläche anwuchs, zumal die Betriebe als Familienbetriebe innerhalb der Wohnfläche angesiedelt wurden – bis heute ein Merkmal der Stadtkernbebauung von Krefeld.

Nachdem 1815 ein geschlossenes preußisches Staatsterritorium vom Niederrhein bis Ostpreußen entstanden war, dehnten sich die Fernhandelsfunktionen weiter aus. Das führte zu größerem Umsatz und zu einer erneuten Stadterweiterung (das heutige Rechteck mit dem Schachbrettmuster des Straßennetzes). Um 1830 war Krefeld eine der großen Textilstädte Preußens, wenn auch mit einer extrem einseitigen Struktur.

Mit dem Anschluß an die Eisenbahn erlebte Krefeld in der ersten *Gründerzeit* eine weitere Ausdehnung (1843–1850), wobei nun außerhalb des Rechtecks die ersten größeren Betriebe, die Keimzellen der heutigen Großbetriebe außerhalb der Stadt, entstanden. Die zweite Gründerzeit hielt bis 1888 an mit erneuter starker Ausdehnung und Zuwanderung von Webern von außerhalb, da die Nachfrage nach Facharbeitskräften außerordentlich groß war. Das Facharbeitertum ist bis heute dominierend geblieben. Fachschulen und Fachhochschulen der verschiedensten Art für das Textilgewerbe wurden nach und nach eingerichtet. In ihnen spiegelt sich die nach 1900 einsetzende *Diversifizierung* wieder, wobei auch von den Krefelder Großbetrieben Impulse in die kleineren Orte am linken Niederrhein ausgingen, indem hier Zweigbetriebe entstanden.

Es entstanden regelrechte *Textilkonzerne* (mit der Zusammenfassung aller Verarbeitungsstufen: Weberei, Spinnerei, Appreturen, Drucken, Weiterverarbeitung zu Artikeln aller Art). Nach und nach, besonders seit 1950, fanden neue Technologien in die alten Betriebe Eingang: insbesondere die Vollautomatisierung aller Arbeitsgänge. Die Investitionen je Arbeitsplatz waren sehr hoch und betrugen z. B. 1971 in den Spinnereien rd. 300 000 DM, in den Webereien rd. 400 000 DM. Um das Ergebnis von 1971 mit der Produktionstechnik von 1961, also nur 10 Jahre vorher, zu erwirtschaften, hätte man ca. 1 Mill. Beschäftigte benötigt, anstatt der rd. 0,5 Mill., die der Krefelder Wirtschaftsbezirk insgesamt in der Textilsparte aufweist.

Am Rhein entstand besonders die transportorientierte Industrie. 1900 wurden die Edelstahlwerke gegründet, heute zu Thyssen, die zu 40 % für die Kfz-Industrie (Autobleche) und zu 20 % für die Elektroindustrie produzieren.

Uerdingen besaß bereits 1255 Stadtrecht und hatte sich bis 1849 nach Neuß zum wichtigsten niederrheinischen Hafen entwickelt. Der Eisenbahnbau brachte zunächst einen Rückschlag, dann aber über die Waggonfabrik einen ersten wirksamen Aufschwung. Hergestellt werden heute Dieseltriebwagen und Spezialwaggons. Besitzer ist die Waggonfabrik Talbot in Aachen. Weitere Impulse stammen aus den *Hafenindustrien* (Zucker, Mühlen), seitdem von der Stadt Krefeld (1903–05) Hafenbecken geschaffen worden waren. Vorher bestand nur ein reiner Stromhafen am Hochufer. Im Verbund mit der Textilindustrie errichteten die Bayer-Werke Zellstoff- und Kunstseidenfabriken (Kunstseidenherstellung: ab 1939). Auf die Vielfalt der Industrien ist im heutigen Krefeld das hohe BIP zurückzuführen, aber auch darauf, daß sich innerhalb des Rechtecks eine leistungsfähige *Geschäftsstadt* entwickeln konnte, die, anders als Duisburg, ein ringsum geschlossenes Einzugsgebiet besitzt. Die Konzerne, die Größe, der Hafen lieferten die Impulse dafür, daß auch andere zentrale Funktionen von überörtlicher Art sich stark entfalten konnten.

Heute erstreckt sich das überbaute Stadtgebiet geschlossen bis an die Rheinfront.

e) *Neuß und Umgebung*

Die Altstadt lehnt sich im Kern an den Grundriß des Römerlagers an. Die Bedeutung der Stadt war im Mittelalter und in der Neuzeit wesentlich von den *Funktionen des Hafens* bestimmt (als portus 1021 genannt, als Markt 1138, als Stadt 1190, während der Hansezeit Zoll- und Stapelrechte) und wuchs auf dieser Basis zur größten Stadt am Niederrhein zwischen Köln und Utrecht heran. Neuß besitzt den größten *Industriehafen* im eigentlichen Sinn am Niederrhein. Ein solcher Hafen wurde 1835 auf Initiative der Bürgerschaft eigens angelegt. Im Hafengelände haben heute über 100 Firmen ihren Sitz und produzieren dort auf der Grundlage importierter Roh- und Halbwaren. Das Bild ist außerordentlich *diversifiziert.* Mit seinen Mühlen, Kraftfutter-, Speiseöl- und Margarinefabriken ist Neuß nach Hamburg und Bremen der bedeutendste Standort dieser Art in der Bundesrepublik Deutschland. Die *Nahrungs- und Genußmittel*industrie umfaßt 50 Firmen. Außer den genannten Firmen gibt es Fabriken für Senf, Sauerkraut, Essig, Spirituosen. Hinzu kommen weitere Branchen: Linoleum-, Beton-, Stahlbau-, Traktoren- sowie Motorenfabriken. Die Industrie für Landmaschinen wurde 1908 gegründet, in der Nachkriegszeit von International Harvesters übernommen und steht heute in der Bundesrepublik bei der Produktion starker Traktoren an erster Stelle. Drahtstifte- und Schraubenfabriken kamen 1861 hinzu. Büromaterialien und Chemikalien (3M) und Elektrotechnik (Siemens) runden die Branchenstruktur ab, wie auch weitere rund 100 Großhandelsfirmen.

In den südlichen Vororten ist – eigenständig – die Buntmetallproduktion und -verhüttung entstanden (Zinn, Zink, Aluminium; siehe auch das Kapitel : „Südliche Rheinschiene“).

f) *Düsseldorf*

Auch Düsseldorf ist aus ursprünglich selbständigen, kleinen städtischen Kernen zu einem Großzentrum herangewachsen (Kaiserswerth Stadtrechte 1190, Düsseldorf 1288, nach der Schlacht von Worringen, durch die Grafen von Berg, Gerreshein 1390). Es wuchs jedoch nicht in erster Linie aufgrund der Industrie (wie

Krefeld und Duisburg), sondern aufgrund seiner Funktion als *Residenzstadt* heran. Für Berg und die niederrheinischen Grafschaften war es Hauptort seit dem 16. Jahrhundert. Ab 1609 fiel es bis zur napoleonischen Neuordnung der Territorien an die Wittelsbacher. Nach 1815 wurde es Sitz des rheinpreußischen Landtages und schließlich 1945 aufgrund der Festlegung durch die britische Militärregierung Hauptstadt von Nordrhein-Westfalen. 1815 hatte die Stadt eine Bevölkerung von 23000 Einw. Ein erster Aufschwung erfolgte, als 1831 die Stapelrechte am Rhein, von denen bis dahin Köln und Neuß profitiert hatten, beseitigt wurden; ein weiterer, als Düsseldorf aufgrund seiner Residenzfunktionen zugleich die *Verwaltungsfunktionen der Großunternehmen* an der Ruhr übernahm, somit Düsseldorf als „Schreibtisch der Ruhr" im tertiären Sektor noch erheblich dazu gewann. Vorbild für diese Entwicklung war Mulvany. Es folgten Mannesmann und Thyssen (z.B.). Ihren bisherigen Abschluß fand diese Entwicklung darin, daß Düsseldorf auch zum Geschäftssitz der Veba wurde, sowie zum Zentrum der japanischen Aktivitäten für ganz Europa.
Im Zusammenhang mit den Hauptstadt- und Verwaltungsfunktionen entwickelte sich Düsseldorf als *Bankplatz* (20 Banken, ein Drittel des deutschen Devisengeschäftes wird hier abgewickelt), als Ort der Konzentration für den Großhandel, für Fachmessen (insbesondere Mode: „Klein-Paris"), für die Verbände (rund 200) und der für die Forschung (Max Planck-Institut für Eisenforschung). Der *Flughafen*, an zweiter Stelle nach Frankfurt, wie die Königsallee als Standort von Einzelhandelsgeschäften des Luxusbedarfs sind weitere Kennzeichen für die Bedeutung der Stadt.
Die Industrieansiedlung folgte erst dieser Entwicklung nach, fand aber in Düsseldorf auch eine günstige Verkehrslage vor (Rhein, mehrere Haupteisenbahnlinien, Autobahnen). 1897 verlegten die Gebrüder *Mannesmann* ihr erst 1886 gegründetes Werk von Remscheid nach Rath bei Düsseldorf, wurde Düsseldorf in der Folgezeit zum Verkaufszentrum für Röhren (90% des Röhrenverkaufs). 1860 wagte auch Poensgen den Sprung aus der Eifel an den Rhein, wo er das erste Stahlrohrwerk des Kontinents gründete (heute bei Mannesmann). 1863 wurde von Bremen aus auf den tertiären Formsanden von Gerresheim eine *Hohlglasfabrik* gegründet, die

zur führenden und größten europäischen Flaschenfabrik angewachsen ist. Das Unternehmen, heute zu 75% in amerikanischem Besitz, mußte sich auf Dosen, Plastik, Kartonverpackungen nach und nach umstellen. Die ursprünglich standortbildenden Formsande werden heute von Frechen (südwestlich Köln) bezogen (Marktanteil bei Behälterglasen = 33% = 1 Mill. t).

Neben dieser von außen her induzierten Entwicklung kommt es auch zu selbständiger Industrieentwicklung auf dem Düsseldorfer Stadtgebiet, insbesondere nach 1870: 1873 wird die Rheinmetall gegründet (heute Thyssen), 1876 die *Henkelwerke* (mit 9000 Beschäft. heute größtes Unternehmen der Stadt und viertgrößter deutscher Chemiekonzern). Die benötigten Chemikalien werden z. T. nicht im Werk selbst hergestellt, sondern über Rohrleitungen von den CWH in Marl bezogen. Auf die traditionellen Waschmittel entfallen jedoch nur 40% des Umsatzes; das fettchemische Werk ist das größte seiner Art in Europa.

Zum insgesamt wichtigsten Industriezweig wuchs der *Maschinenbau* heran, einschließlich des Waggonbaus (kommunale Nahverkehrszeuge, zu Talbot, Aachen). Düsseldorf wurde zu einem der wenigen Standorte für die Herstellung schwerster Werkzeugmaschinen mit den Standorten Benrath, Büderich, Hauptbahnhof und den Firmen Schloemann-Siemag, Böhler, Rheinmetall (Wehrtechnik), Schieß-AG (schwerste Werkzeugmaschinen). Die Schloemann-Siemag-Werke (Teilgruppe der GHH) ist der führende Hersteller in der Welt für Stahl- und Walzwerke. Die heute vom Flick-Konzern betriebene *Feldmühle* (Standort: Benrath) wurde zur leistungsfähigsten Fabrik für Zeitungspapier ausgebaut (mit Beteiligungen an kanadischen und schwedischen Zellstoff- und Zeitungspapierwerken).

Über die genannten Branchen hinaus gibt es noch eine Vielzahl weiterer und kleinerer Unternehmen.

Im nahen rechtsrheinischen Hinterland liegen die Rheinischen Kalksteinwerke (Wülfrath), die insbesondere den Kalkzuschlag für die Eisenverhüttung liefern (Gesellschafter: Krupp und Thyssen). Auch Zement wird hergestellt (25% Anteil am rheinischen Markt). In der Nachbarschaft betreibt Estel die Rheinisch-Westfälischen Kalkwerke AG (mit Töchtern in Holland und in Frankreich).

Mit den Arbeitersiedlungen und den gehobenen Wohn- und Villenvierteln war das Stadtgebiet um 1939 bereits fast *völlig überbaut.* Daher kam es zur ständigen *Abwanderung* in das Umland. Dort verdoppelte sich zwischen 1939 die Bevölkerung von 150000 auf 300000, nahm dagegen in Düsseldorf von 710000 Einw. beim Höchststand auf rd. 600000 Einw. ab, mußten neue Städte als Entlastungsstädte gebaut werden (Hochdahl; Grafrath auf einer der letzten Freiflächen im Stadtgebiet).

Als eine Folge aller geschilderten Gesamttendenzen entwickelte sich ein Teil der Altstadt sowie die „Neustadt“ (in Richtung Hauptbahnhof) zur *City* mit großen Einkaufsmöglichkeiten, sowohl für die Stadtbevölkerung als auch für das Umland im Bergischen und am linken Niederrhein, einschließlich der Stadt Neuß. Die Anzahl der Geschäfte des Einzelhandels mit einem Sortiment für hohe Ansprüche ist mit 33% sehr hoch und entspricht den Funktionen Düsseldorfs. Auch die angrenzenden Oberzentren im Westen und Osten entsenden mit 25% der Kunden der Düsseldorfer Innenstadt einen großen Anteil. Insgesamt ist die Geschäftsstadt zwischen Lambertuskirche (am Rhein) und Berliner Allee (Nähe Hauptbahnhof) außerordentlich ausgedehnt, mit Arbeitsteilung der Einzelhandelsbranchen auf bestimmte Teile (Königsallee z. B. die gehobenen Fachgeschäfte, Schadowstraße die Warenhäuser; beide Straßen mit den höchsten Bodenpreisen). Düsseldorf ist Sitz des Warenhauskonzerns Horten.

Eng um diese City herum leben innerhalb eines Durchmessers von nur 3 km allein 250000 Einwohner (durchschnittliche Dichte im ganzen Stadtgebiet sehr hoch: 4400 je km²).

(Die Königsallee, die heutige Prachtstraße und Mittelachse der Stadt, ostwärts der winkligen Altstadt, wurde übrigens 1810 auf Geheiß Napoleons mit 800 m Länge und 85 m Breite angelegt.)

VII. Planungsprobleme und Planungsaktivitäten im Ruhrgebiet

1. Die dringenden heutigen Planungsprobleme

Erst nachdem auch die „nördliche Rheinschiene" behandelt worden ist, kann auf die Gesamtprobleme des Ruhrgebietes (im herkömmlichen Sinn!) eingegangen werden, insofern als diese Gesamtprobleme auch Planungsprobleme sind und diese Planungsprobleme für das ganze Ruhrgebiet einschließlich des Gebietes der „nördlichen Rheinschiene", gelöst werden müssen, wenn sie sich auch im Ruhrgebiet im eigentlichen und engeren Sinn zuspitzen und dort die Lösung besonders dringlich ist.

Die wichtigsten Probleme sollen zunächst kurz genannt und erläutert werden.

1. Der auffällige *Unterbesatz im tertiären Sektor*, weniger bei den Hellwegstädten, als besonders bei den Städten der Emscher-Zone. Der Unterbesatz im tertiären Sektor führt dazu, daß auf kulturellem Gebiet und bei der Versorgung der Bevölkerung mit Dienstleistungen überhaupt höhere Ansprüche schlecht erfüllt werden. Das aber führt zu einer Abwanderung der mobileren und aktiveren Bevölkerung, womit der Prozeß der „sozialen Erosion" eingeleitet wird – ein Teufelskreis, der dazu führt, daß die schon schwachen tertiären Funktionen noch geringere Impulse erhalten.

2. Die insgesamt *einseitige Industriestruktur*, bei der der traditionelle Montanbereich (Eisen- und Stahlherstellung sowie -verformung, Schwerstmaschinen und Schwerstausrüstungen aller Art – also die Schwerindustrie – sowie Bergbau und Energieerzeugung)

dominiert. Gerade dieser Montanbereich ist, wie die häufigen Kohlen- und sog. „Stahlkrisen“ zeigen, recht konjunktur-, preis- und damit krisenanfällig. Diese Krisenanfälligkeit führt insofern einen weiteren Teufelskreis herbei (der den vorigen verstärkt), als die Unternehmen kapitalgeschwächt bzw. verschuldet aus den Krisenzeiten herauskommen und damit expansionsgeschwächt oder gar expansionsgehemmt sind. Dies erklärt die Rufe nach den (gewährten) staatlichen Subventionen, aber auch nach Zusammenschluß zu größeren Konzernen, innerhalb deren die Schwierigkeiten durch Rationalisierung und innerbetriebliche sowie regionale Arbeitsteilung erheblich gemindert werden können (z. B. Krupp-Stahl AG und Klöckner).

Die staatlichen Subventionen werden insbesondere aus zwei Gründen gewährt: einmal um die Arbeitsplätze zu erhalten, ein andermal, um eine nationale Energiereserve bereit zu halten.

Indessen sind in einem von der Montanindustrie bestimmten Gebiet die Erwerbsverhältnisse relativ ähnlich und wenig diversifiziert; auch fehlt die Möglichkeit, daß weibliche Beschäftigte Arbeitsplätze finden, stärker als in diversifizierteren Gebieten (z. B. Düsseldorf mit seinem hohen Anteil an Arbeitsplätzen im tertiären Sektor). Weitgehend fehlt die Leichtindustrie, die auf Konsumgüter eingestellt ist, ebenfalls mit einer besseren Möglichkeit für weibliche Beschäftigte. Nur in Gelsenkirchen ist durch die Ansiedlung von Bekleidungsindustrie durch Flüchtlinge nach 1945 in größerem Umfang Leichtindustrie entstanden. Eine so wichtige Branche wie die Elektroindustrie mit vielen Wachstumschancen (vgl. Neckargebiet, Nürnberg, München) fehlt weithin. Eine Ausnahme bildet Mülheim. Die Industrie besitzt hier allerdings mit dem Schwermaschinenbau einen deutlichen Ruhrgebietscharakter. Kleinere Werke der Unterhaltungselektronik werden von Graetz in Bochum und Blaupunkt in Herne betrieben.

Durch die geschilderte Sachlage wird die soziale Erosion (erster Teufelskreis) verstärkt, wie es auch nicht Wunder nimmt, daß in Rezessionszeiten das Ruhrgebiet (von Friesland und vom Bayerischen Wald abgesehen) die höchsten Arbeitslosenzahlen hat. Während der letzten Rezession entfielen auf das Ruhrgebiet 42% aller Arbeitslosen in Nordrhein-Westfalen; während der Landesdurchschnitt mit 5 % nur wenig über dem Bundesdurchschnitt lag, wurde aber sein negatives Abweichen vom Durchschnitt im wesentlichen durch das Ruhrgebiet hervorgerufen, insbesondere durch seinen Kernraum, d. h. durch das Ruhrgebiet im engeren Sinn. In den Städten Essen, Duisburg, Bochum, Dortmund, Gelsenkirchen lag die Arbeitslosigkeit bei 6,8–7,9 %, in den Emscherstädten bei 8 % (1981), 1983 noch höher (Dortmund 15 %).

3. Die *schwindende Standortgunst* auf der Kohle, die insbesondere durch die Substitution der Kohle durch das Erdöl, aber auch durch die schwierigen Förderbedingungen und den technologischen Fortschritt in der Stahlerzeugung hervorgerufen worden ist. So sind aus dem Ruhrgebiet im engeren Sinne die Zechen, Kokereien und Hochöfen verschwunden.[1] Der Wachstumsschwerpunkt verlagerte sich deshalb nach Westen an den Rhein – aus dem eigentlichen Ruhrgebiet hinaus.

4. Die unter 1–3 genannten Faktoren haben nicht nur einen ständigen *Schwund an Arbeitsplätzen* (bis 1980: 500 000, davon im Stahlbereich 125 000) mit sich gebracht, sondern zu einer Abwanderung der Bevölkerung überhaupt, insbesondere auch in der Mantelbevölkerung, geführt. Im östlichen Ruhrgebiet sind ein Drittel aller Arbeitsplätze von 1939 verloren gegangen. Die Bevölkerung ist auf unter 5 Millionen abgesunken, während vor der Kohlen- und Stahlkrise eher ein Wachstum auf 6 Millionen angenommen werden konnte. (Ruhrgebiet im Sinne dieser Angaben ist das Gebiet des Kommunalverbandes, das in etwa identisch ist mit dem Ruhrgebiet im engeren Sinne und der nördlichen Rheinschiene, ausgenommen Düsseldorf und Neuß.)

Nach einer Studie des RWI (Rheinisch-westfälisches Institut für Wirtschaftsforschung, Essen) waren im Ruhrgebiet 1978 vom Montansektor insgesamt rd. 570 000 Arbeitsplätze abhängig, wovon fast die Hälfte auf die Stahlverarbeitung entfällt (250 000). Innerhalb dieses Zweiges konnte der Maschinenbau jedoch zur größten und daher bedeutsamsten Wachstumsbranche werden, wie die Ausführungen zu den einzelnen Standorten immer wieder gezeigt haben (Dortmund, Bochum, Essen, Mülheim, Duisburg,

[1] Sog. *Industriebrachen* bleiben zurück.

Oberhausen). Besonders kräftig waren die Impulse durch den Kraftwerksbau. Allerdings kostet ein jeder Arbeitsplatz in der Metallindustrie durchschnittlich 360000 DM; das sind 200000 mehr als im Durchschnitt aller Industriebranchen (1979).
Auf den Montanbereich entfielen 1976 317000 Arbeitsplätze und 356000 auf die davon abhängigen Arbeitsplätze einschließlich Dienstleistungen aller Art (Prognose bis 1988: weiterer Rückgang um ca. 140000 Arbeitsplätze).

5. Aus den Faktoren 1–4 ergibt sich eine um so stärkere *soziale Erosion* (siehe 1), als unter der Bevölkerung der Anteil der Älteren, Rentner, Ärmeren und der Gastarbeiter (besonders im Bergbau) zunimmt, d.h. aber der Bevölkerung also, deren Einkommen geringer ist. Diese Tatsache ist ein weiterer Grund für die schlechte Finanzstruktur aufgrund eines geringeren Steueraufkommens besonders der Städte der Emscherzone. Dies drückt sich ja auch, wie wir gesehen haben, im BIP aus, wie auch nach wie vor im unterdurchschnittlichen Angebot im Dienstleistungssektor.
Ein weiteres Moment in der „sozialen Erosion" stellt die Abwanderung der Facharbeiter dar (so z.B. von Hoesch in den Raum Stuttgart).
Überhaupt hat der *Bevölkerungsrückgang* angehalten. Er lag in den Städten des Ruhrgebiets allein in den Jahren 1978–1980 bei 10–30%. Durch diese starke Abwanderung ist dann wieder die Mantelbevölkerung betroffen (tertiärer Sektor), wird somit die „Erosion" verstärkt.

6. Für die Verbesserung des räumlichen Gefüges nachteilig ist die von uns zwischen Dortmund und Duisburg als vorherrschend festgestellte *Agglomeratstruktur* zu bezeichnen, mit den Problemen der Naherholung und der Entballung wie auch des Gefüges des Personennahverkehrs. Mit der Entstehung der Konzerne ist die Agglomeratstruktur nur noch verstärkt worden – eine kaum zu nehmende Hürde für eine sinnvolle Raumplanung; denn eine utopische Summe von vielen Milliarden müßte aufgewendet werden, wollte man die gewachsene Raumstruktur mit ihren vielfältigen Investitionen und Anlagen aller Art verändern. Zumindest ist eine Änderung nicht kurzfristig zu erreichen.

7. Will man die Industriestruktur verändern, so sind Neuansied-

lungen anderer Industriebranchen notwendig; für diese aber muß *Industriegelände bereitgestellt* werden. Hier bietet sich an, das Gelände stillgelegter Zechen, Kokereien, Hochofenwerke und dgl. zu verwenden. Täte man dies aber, so wird entweder die bestehende Agglomeratstruktur nur beibehalten oder – auf neu erschlossenen Arealen – die Aggregatstruktur ausgeweitet (vgl. Opelwerke Bochum). In den vergangenen beiden Jahrzehnten zwischen 1960 und 1980 haben besonders die Kommunen im Ruhrgebiet große Anstrengungen gemacht (um über die Gewerbesteuer die eigene steuerliche Situation zu verbessern – was ja, wie wir gesehen haben – dringend notwendig ist), altes Industriegelände aufzukaufen und neues zu erschließen. Wegen der Konkurrenz der Kommunen untereinander um potente Bewerber, waren die Preise beim Verkauf geringer als die Preise der Ablösung (Opel Bochum z. B. 1,50 DM je 1 m^2; Gladbeck dagegen kaufte für insgesamt 26 Mill. DM zwischen 1960 und 1966 Gelände mit einem Durchschnittspreis von 18,50 DM je 1 m^2.). Hatte Bochum mit den Opelwerken den einzigen größeren, bleibenden Erfolg, so stellte er sich bei den anderen Gemeinden nur in relativ bescheidenem Umfang ein – und dieser entfiel noch dazu weitaus überwiegend auf die Städte der Hellwegzone.

Die folgende Übersicht faßt die Neuansiedlungen bis 1973 zusammen.

	Beschäftigte in Betrieben		
	über 100	11–100	unter 10
Metallverarbeitung, Maschinenbau, Kfz	6	6	2
Chemie, Kunststoffe	5	20	–
Bau	5	14	3

Auf die Ruhrzone entfielen 2, auf die Hellwegzone (einschließlich Gelsenkirchen und Oberhausen, aber ohne Unna) 42, auf die Emscherzone (einschließlich Marl) 15 Betriebe auf ehemaligem Zechengelände.

Eine Gesamtübersicht vermitteln die folgenden Zahlen für den Zeitraum von 1967–1980. In diesem Zeitraum siedelten sich 1044 Betriebe auf Zechengelände an. Davon entfielen auf:

Metallindustrie Maschinen, Kfz	Chemie Kunststoffe	Bau	Sonstige
274 = 26,2 %	35 = 3,4 %	162 = 15,5 %	573 = 54,9 %

An Grundstücksfläche stehen 81,3 Mill. m^2 freigewordenen Bergbaugeländes zur Verfügung. Von den seit Jahren verfügbaren Grundstücken wurden erst 14 % für gewerbliche Ansiedlungen und 33 % für die Verbesserung der kommunalen Infrastruktur genutzt. Um weitere Brachflächen anzukaufen, errichtete die Landesregierung einen sog. Grundstücksfonds Ruhr, der mit 500 Mill. DM ausgestattet ist. Nachteilig für die Erschließung ist, daß die Flächen meist erheblich belastet sind durch zahllose Ver- und Entsorgungsleitungen (Verlauf oft unbekannt), durch Schuttmassen, Trümmer, Haldenreste, Fundamente von Gebäuden, Bergschäden. An neu oder erneut zu bebauendes Gelände stellen interessierte Unternehmen hohe Ansprüche, die gewährleistet sein müssen: sofortige Bebaubarkeit, volle Erschließung (Strom, Gas, Wasser, Straße, Schiene, Entsorgung), Verkehrsgunst (sowohl überregional gute Anbindung als auch nahe – aber nicht zu nahe – Zuordnung zu einer Stadt).

8. Angesichts der Gesamtschwierigkeiten, die sich aus 1–7 ergeben, ist von staatlicher Seite bzw. von den Parteien aus immer wieder eine *Wirtschaftsförderung und Strukturhilfe* für das Ruhrgebiet erörtert worden. Abgesehen davon, daß von der öffentlichen Hand Konzernbildungen wie die Ruhrkohle, die Ruhrgas, die Veba, das RWE, die Verbindung von Krupp und Klöckner teils vollständig getragen, teils mit einigem Druck in die Wege geleitet worden sind, geschah lange nichts Entscheidendes. Dies lag daran, daß wegen der sehr hohen Kapitalintensität neuer Anlagen der Aufwand unerschwinglich aussah, aber auch daran, daß – außer der Einführung der Kernenergie – zunächst kein einsichtiges Konzept für eine Strukturverbesserung im ganzen gefunden wurde. Wegen der unter 1–7 genannten Merkmale ist ein schlüssiges Konzept tatsächlich auch sehr schwierig. So schien nur der Weg einiger im ganzen doch wohl mehr „kosmetischer“ Korrekturen zu bleiben. Demgegenüber muß darauf hingewiesen werden, daß von den

Konzernen mit der betrieblichen und regionalen Arbeitsteilung ein konsequenter und wirksamer Weg eingeschlagen worden ist, ein Weg, der wahrscheinlich wirksamer ist als jeder andere (vgl. auch den Abschnitt 2, Ziffer 8).

Man sollte daher nach Wegen suchen, ähnliche Lösungen für noch weitere Bereiche des Ruhrgebiets zu verwirklichen; das würde z. B. bedeuten, das Ruhrgebiet im engeren Sinne an die von der Rheinschiene mit ihrer Wirtschaftskraft ausgehenden Impulse noch stärker anzuschließen.

Erstmals durch die CDU im Ruhrgebiet (herausgefordert durch die sozialdemokratischen Hochburgen „an der Ruhr") ist 1978 ein Konzept für eine Verbesserung der Wirtschaftsstruktur vorgeschlagen worden, mit einem Bündel an Maßnahmen sozialer, technologischer und betrieblicher Art, das insgesamt 700 Mill. DM umfaßt. Im Zusammenwirken von Landesregierung und Bundesregierung sollen ab 1980 bis 1984 insgesamt 7 Mrd. DM für die Probleme des Ruhrgebiets bereitgestellt werden (Beteiligung des Landes: 5,3 Mrd. DM).

Die Hilfen erstrecken sich insbesondere auf folgende Maßnahmen:

1. Einrichtung eines Grundstücksfondes (siehe oben);
2. Einrichtung eines Innovations- und Technologiezentrums (Entwicklung neuer Technologien im Verkehrswesen, Bergbau und Energiewirtschaft, gebildet bei den Industrie- und Handelskammern);
3. Verbesserung von Bildungs- und Ausbildungsmöglichkeiten;
4. Bekämpfung der Arbeitslosigkeit (255 Mill. DM des Landes für Arbeitsplätze außerhalb der Stahlindustrie)
5. Investitionen im Bereich des Umweltschutzes.

Größere Erfolge über den Grundstücksfonds sind jedoch noch nicht zu verzeichnen. (Die Gründe liegen in den hohen Anforderungen der Unternehmen: siehe VII. 7)

9. Die Vorteile, die die *Konzernbildung* für Führungs- und Fühlungsprobleme bringt, sowie für die mehrfach genannte Arbeitsteilung mit einer sog. „Veredlungsverflechtung" (Beispiel Thyssen), sind schon mehrfach angesprochen worden; offenbar überwiegen diese Vorteile auch in den Augen der Gewerkschaften die Nachteile, wie Marktmacht, Wirtschafts- und Herrschaftsmacht.

10. Ein weiteres Problem, das den Teufelskreis der „sozialen Erosion“ noch verstärkt, ist das *schlechte „Image“*. Nur die Nennung des Ausdrucks Ruhrgebiet ruft schon negative Assoziationen hervor von „Kohlenpott“, Umweltverschmutzung, schlechtester Lebensqualität, was sich natürlich auf das Verhalten der Bevölkerung im Ruhrgebiet selbst auswirkt.
Tatsächlich aber sind im Bemühen von Firmen und Kommunen schon entscheidende *Verbesserungen* erreicht worden: Rückgang der Luftverschmutzung, Verbesserung der Naherholungsmöglichkeiten. Hier sind besonders die Revierparks im Emscher-Gebiet (Duisburg, Oberhausen, Gelsenkirchen, Herne, Dortmund) bzw. auf ruhrnahem Gelände (Grugapark Essen, Westfalenpark Dortmund) zu nennen. Was Erholungsflächen und Grünanlagen angeht, schneidet das Ruhrgebiet deutlich besser ab als der Landesdurchschnitt Nordrhein-Westfalen. Von der Gesamtfläche entfielen auf Erholungsflächen im Ruhrgebiet 2% (Land 0,9), auf Grünflächen 1,2% (Land 0,5). Auch die Verkehrsfläche ist nicht so viel größer: 8,4% (Land 5,7%). Der Waldanteil liegt bei 15%. 1980 entfielen bei den kreisfreien Städten allen 46% der Gesamtfläche auf Grünflächen.
Nicht von ungefähr ist es daher möglich geworden, *Grünzonen* auszuweisen, die von N nach S verlaufen und das Ruhrgebiet in Streifen mit „grünen Lungen“ gliedern (Abb. 33a).
Die übergemeindliche Planung dieser Trennräume begann 1966. Diese Grünstreifen machen fast 50% der Stadtfläche im Ruhrgebiet aus (mit Parks, Wäldern, Sportanlagen, Fluß- und Bauernlandschaften).
Diese Planung wäre jedoch nicht möglich gewesen, wenn nicht bereits Planungsaktivitäten und Problemlösungen seit Jahrzehnten betrieben worden wären. Diese gilt es nun als nächste darzustellen.

2. Planungsaktivitäten

1. Der *„Kommunalverband Ruhrgebiet“*, Sitz Essen, (bis 1979: Siedlungsverband Ruhrkohlenbezirk) ist bereits 1910 gegründet worden und war das erste Unternehmen dieser Art überhaupt in der

Abb. 32 Grünzonen im Ruhrgebiet

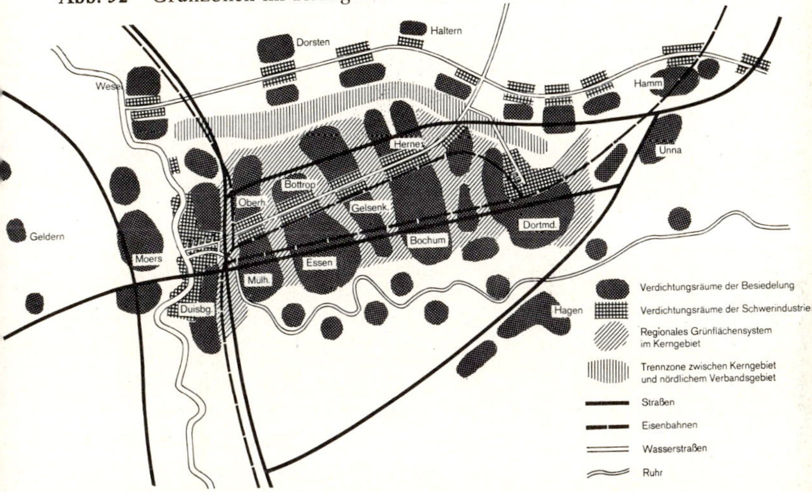

Quelle: Informationen zur Politischen Bildung, Bonn. Heft: Raumordnung in der Bundesrepublik

Welt; es hat in einer Reihe von Industrieländern Aufmerksamkeit gefunden.

Alle Planungsaktivitäten für die Flächennutzung und die Ausweisung von Siedlungsgelände sollten vom Siedlungsverband zentral ausgeführt werden. Trotz der von Preußen 1913 gesetzlich geschaffenen Regelung für das Wirken des Siedlungsverbandes wurden ihm jedoch nur Planungsaufgaben übertragen, erhielt er zu wenig Kompetenz für die Ausführung, fühlten sich die beteiligten Gemeinden und Verbände stets und bis heute zu sehr als Rivalen, wo jeder mehr an sich dachte als an das ganze. So unterblieb über lange Zeit eine wirksame Durchsetzung der Pläne für die Flächennutzung und den Nahverkehr.

Selbst eine sinnvolle Gemeindereform, bei der etwa die schwächeren Gemeinden (z. B. Bottrop zu Essen; Gladbeck zu Gelsenkirchen, Wanne-Eickel und Herne mit Wattenscheid zu Bochum; Castrop-Rauxel zu Dortmund) mit den stärkeren verbunden worden wären, ist im Landtag nicht durchzusetzen gewesen, geschweige erst recht die Schaffung einer einzigen Gemeinde „*Ruhrstadt*". Aufgrund der gewachsenen Strukturen, die, wie unsere genetische Betrachtung gezeigt hat, immer von bestimmten Kernen ausgegangen ist, die bis heute dominierend geblieben sind, wäre diese eine „Ruhrstadt" wohl auch wenig sinnvoll gewesen; doch hätte man dem Ruhrsiedlungsverband für die Flächennutzung im Gebiet dieser „Ruhrstadt" durchaus gesetzlich eine stärkere Ausführungskompetenz übertragen können. Sozio-ökonomisch zumindest scheint aufgrund unserer Strukturanalyse die Zusammenfassung der aus gleichen Gründen strukturschwachen Städte Wanne-Eickel und Herne zu einer noch größeren Stadt Herne wenig den Zielen einer Reform zu entsprechen, die diesen Namen auch inhaltlich verdiente.

2. Die Initiativen für eine gemeinsame Wasserversorgung über den *Talsperrenverband* (Sitz: Essen) gehen weit in das vorige Jahrhundert zurück. Bereits 1897 wurde die erste gemeinsame Umlage erhoben. 1973 betrug der Wasserverbrauch in den dem Talsperrenverband angeschlossenen Kommunen rd. 1 Mrd. m^3 Wasser. Davon stammten 70% von der Ruhr, 20% vom Rhein und 10% von der Lippe.

Dieses Verhältnis ist erstaunlich, ist doch die Wasserführung der Ruhr im ganzen mäßig und bei weitem für ein solches Abnahmegebiet nicht ausreichend. Genau dies war das Problem, das gelöst werden mußte.

Dazu waren aber die geologischen und klimatischen Vorbedingungen ideal. Zunächst liegen im Ruhrtal selbst über dem Grundgebirge mit seinem wenig wasserdurchlässigen Gesteinen rd. 8–10 m Kies- und Sandschichten, die für einen entsprechenden Grundwasserstrom außerordentlich geeignet sind. Diesem Grundwasserspeicher wird nun das Gebrauchswasser entnommen; es muß aber im selben Maße zugeführt werden; dies geschieht über Versickerungsbecken, die von der Ruhr aus gespeist werden. (Was man andernorts für Klärbecken halten würde, sind an der Ruhr Versickerungsbecken.) Dieses Speisewasser muß aber auch bei jeder Abnahme- und Klimasituation zur Verfügung stehen. Dazu ist es notwendig, im Einzugsgebiet der Ruhr so viele Talsperren anzulegen, daß der Stauraum es zuläßt, auch bei lang anhaltender Trockenheit und

entsprechendem Anstieg des Wasserverbrauchs im Ballungsgebiet immer genug Speisewasser der Ruhr zukommen zu lassen. Als letzter großer Stauspeicher wurde ab 1965 die Biggetalsperre mit einem Stauraum von 140 Mill. m^3 in Betrieb genommen. Dadurch sind alle in den Trockenjahren zuvor aufgetretenen Probleme selbst dann behoben, wenn – was ja nicht der Fall ist – das Ruhrgebiet eine Einwohnerzahl von 8 Mill. erreichen würde.
Die Anlage so vieler Talsperren auf relativ kleinem Raum war deswegen möglich, weil das Rheinische Schiefergebirge in dem Schiefergesteinen ein relativ undurchlässiges Gestein besitzt, das für die Anlage von Talsperren geeignet ist, und weil das Hinterland des Ruhrgebiets als Gebirgsstauraum bei vorherrschenden nordwestlichen Winden aufgrund von Steigungsregen höhere Niederschläge erhält. Insgesamt kann ein Wasserdargebot von rd. 2,5 Mrd. m^3 genutzt werden. Es kann sogar Wasser an andere Flußgebiete, besonders an das der Lippe, abgegeben werden. Die 14 Talsperren besitzen einen Stauraum von insgesamt 500 Mill. m^3.
Wie das Verhältnis von Stauraum zu Verbrauch zeigt, muß das Wasser offenbar bei seinem Durchfluß von der Ruhr aus nach Norden z.T. ein- bis zweimal wieder aufbereitet werden.
Auch der Ruhrtalsperrenverband wurde weltweit vorbildlich.
3. Ebenso wurde es die *Emschergenossenschaft* (Sitz: Essen) für die Entsorgung des Ruhrgebiets mit dem Schmutzwasser. Aufgrund der zentralen Lösung wurde die Emscher zwar zur „cloaca maxima" des Ruhrgebiets, zugleich wurden aber schon ab 1965 die meisten Kläranlagen im Emschergebiet biologisch betrieben und damals schon die Detergentien (Waschmittel z.B.) zu 80% entfernt. Ein Problem stellt der bei einer zentralen Entsorgung in sehr großen Mengen anfallende Klärschlamm dar. Da er einen relativ hohen Kohlenstoffanteil enthält, könnte er für die Energiegewinnung in Wärmekraft- und Heizwerken verwendet werden. Davon bestand 1973 jedoch erst eins.
4. Auch die *Entsorgung mit Müll* ist für ein Gebiet mit einer so hohen Bevölkerungsdichte ein Problem. Auch hier würde sich, auch unter dem Gesichtspunkt des „re-cyclings" (der Wiederverwendung von aus den Abfällen wiederzugewinnenden Grundstoffen) eine zentrale Lösung anbieten; sie scheint aber noch nicht zwin-

gend zu sein. Vom anfallenden Schrott wandern immer noch 25% in den Müll. Von einer Einwohnergröße ab 200000 ab lohnt sich bereits die Müllsortierung auf Papier, Glas, Metall mit einem Wert von 27,– DM je t. Der Restmüll könnte wiederum für Heiz- oder Kraftwerke verwendet werden.

Die von Mannesmann, Veba und Rütgerswerken betriebene Firma Umwelttechnik beschäftigt sich mit der Rohstoffrückgewinnung aus kunststoffhaltigen Abfällen, Altreifen, Autowracks, Altkabeln und dgl. Als Verfahren ist hierzu die Pyrolyse (Entgasung) entwikkelt worden. Darunter versteht man die thermische Zersetzung von Stoffen bei Sauerstoffabwesenheit. Dabei werden Gase abgespalten und ein fester koksähnlicher Rückstand gewonnen. Die Gase haben Erdgasqualität. Nach ersten Versuchen wird eine Pilotanlage gebaut mit einer sehr kleinen Leistung, an der die Voraussetzungen für eine größere Prototypanlage erprobt werden sollen.

5. Seitdem das Sauerstoffblasverfahren (anstelle des Thomas-Konverters) eingeführt wurde und die meisten Kokereien stillgelegt worden sind, ist die *Luftverschmutzung* stark zurückgegangen. Abgesehen davon, sind durch die Industrie weitere aktive Maßnahmen ergriffen worden. Z.B. wurde allein zwischen 1969 und 1971 durch die Eisen- und Stahlindustrie 700 Mill. DM aufgewendet. Zwischen 1964 und 1972 nahm so der Staubabfall in die Luft um 122000 t ab. Im übrigen entfällt auf die Industrie nur ein Satz von 11% auf Immissionen, auf den Verkehr dagegen von rd. 50%. Der spezifische Staubauswurf wurde von 9,3 kg je t Roheisen im Jahr 1960 auf 2,4 im Jahr 1977 vermindert. Trotz gestiegener Produktion sank die Emission um 70%. Die sog. Entfallstoffe der Roheisen- und Stahlerzeugung werden zu 80% weiterverwertet. Von 1971 bis 1977 wurden mehr als 2 Mrd. DM an Investitionen für den Umweltschutz aufgewendet.

In den neuen Kohlekraftwerken werden Entschwefelungsanlagen eingebaut mit einem sehr hohen Wirkungsgrad. Die dafür notwendigen Elektrofilter sind jedoch derart voluminös, daß sie die Blockbreite des Kraftwerks bestimmen. Beim Veba-Kraftwerk Scholven (Gelsenkirchen) betragen die Aufwendungen für den Umweltschutz rd. 20% der Baukosten (= 150 Mill. DM). Bei den

Veba Kohlenkraftwerken Ruhr (VKR) sank der Staubauswurf von 130000 t 1955 auf nur noch 6500 t (= 5%) bei einem gleichzeitigen Anstieg der Stromerzeugung um 600%.

Auf die günstigen Folgen der Wirbelschichtfeuerungen wurde schon hingewiesen. Während bei den älteren Kraftwerken 430 g Steinkohle je kWh verbraucht wurden mit einem Anfall von 11 g SO_2 und 2 g Staub (je kWh), wird bei den neuen Kraftwerken nur noch 320 g Kohle je kWh gebraucht, konnten die Emissionen auf 3 g SO_2 und 0,3 g Staub zurückgeschraubt werden.

Als „Stadt Montan" mit einer extremen Ballung an Stahlwerken ist die Luftverschmutzung in Duisburg am stärksten. Doch zeigt das Beispiel der Rheinhauser Hütte, daß trotz gestiegener Produktion der Staubauswurf zurückgegangen ist – ein Erfolg der aktiven Maßnahmen (Produktion 1963: 1,3 Mill. t, 1973 4,8; Staubauswurf in diesen Jahren: 37000 bzw. 2300 t).

Auch bei den Kohlekraftwerken ist der Staubanfall mit den Filterungsmethoden modernster Technologien außerordentlich reduziert worden. Vergleicht man den Immissionsanfall bezogen auf je 10000 MW installierter Leistung bei alten und bei neuen Anlagen, so ergeben sich bei den alten Anlagen 300000 t Schwefel und 60000 t Staub, bei den neuen dagegen nur noch 80000 t Schwefel und 7000 t Staub.[1] (Vgl. Anmerkung S. 186.)

Aufgrund dieser Maßnahmen und technologischen Veränderungen sind Smogsituationen in dem Jahrzehnt seit 1970 wesentlich seltener geworden, auch wenn der Smogalarm im Januar 1979 bei entsprechender winterlicher Hochdruckwetterlage Schlagzeilen hervorgerufen hat. Bei dem Smogalarm vom Januar 1979 wurde die Stufe I erreicht, d. h. es war eine Anreicherung des Schwefels je m^3 auf 0,8 mg gemessen worden. Die Stillegung von privaten Kraftfahrzeugen wird bei dieser Stufe dringend nahegelegt. Erst wenn Stufe II erreicht ist (bei der die Schwefelkonzentration genau doppelt so hoch sein muß), wird ein generelles Fahrverbot erlassen und müssen die Betriebe, die Schwefelimmissionen erzeugen (Kraftwerke, petrochemische Werke, Kokereien, Stahlwerke), stillgelegt werden. Im Hinblick auf die außerordentlichen Kosten, die ein solcher Eingriff in das gleichmäßige „Fahren" der Anlagen bedeutet, ist eine solche Maßnahme als scharf zu bezeichnen.

Um die Resistenz der Waldbäume gegen die Schadstoffe zu untersuchen, ist 1979 ein Forschungsprogramm eingeleitet worden, das inzwischen schon Ergebnisse erbracht hat. Dabei stellte sich heraus, daß einerseits die immergrünen Fichten, andererseits das Gebiet nördlich des Ruhrgebiets besonders betroffen war. Die Schadstoffe wie Schwefel, Fluor, Chlorid entstehen bei der Verbrennung von Kohle und Öl.

Abb. 33a Einheiten des Nahverkehrsverbundes im Rhein-Ruhrgebiet

Quelle: Ruhrsiedlungsverband Essen

6. Seit 1968 gibt es mit der Stadtbahn Ruhr den ersten Ansatz zu einer gemeinsamen Lösung des *Verkehrsverbundes* an Rhein und Ruhr. Zwischen Krefeld im Westen, Düsseldorf im Süden und

Dortmund im Osten bildet das einheitliche S-Bahn-Netz das Rückgrat des Personennahverkehrs (Abb. 33b). Dieses S-Bahn-Netz ist auch eine Erklärung für die z. T. recht weit reichenden Pendlerbeziehungen (Abb. 17).
Erst 1979 trat mit erheblicher Anfangssubventionierung durch den Bund und das Land Nordrhein-Westfalen der Verkehrsverbund Rhein-Ruhr hinzu, der zwischen der holländischen Grenze im Westen und dem Märkischen im Osten (bzw. südlichen Osten) alle Nahverkehrsunternehmen und mit einer Bevölkerung von 8 Mill. Einw. zusammenbindet. Besondere Schwierigkeiten bereiteten die Ermittlung eines angemessenen Einheitstarifs (in mehreren Grundzonen) und die Verteilung der Einnahmen (da einige Unternehmen mit Gewinnen, andere dagegen mit großen Verlusten arbeiteten). Der Verkehrsverbund wird zunächst über 10 Jahre hinweg erprobt, wobei Nordrhein-Westfalen in diesen 10 Jahren 250 Mill. DM garantieren muß. 1980 stand einem Aufwand von 2 Mrd. DM ein Ertrag von 1 Mrd. DM gegenüber.
Erst mit diesem Nahverkehrsverbund wird eine intensive Flächenerschließung des gesamten Ruhrgebiets und der mit ihm zusammenhängenden Teile möglich. Sie ist unbedingt notwendig wegen der alten Verkehrsstruktur mit den dort bevorzugten West-Ost-Verbindungen (worin sich die Anlage der frühen Haupteisenbahnlinien bis heute niedergeschlagen hat) und den nur rudimentär wirksamen Nord-Süd-Verbindungen (worin sich das „Springen" nach Norden und die Agglomeratstruktur niederschlägt). Mit dem Nahverkehrsverbund können die Nebenzentren und die Hauptzentren besser miteinander verbunden werden. Dadurch könnten in den Nebenzentren weitere Abwanderung sowie weitergehende Schwächung und soziale Erosion vermieden bzw. zu einer Vermeidung beigetragen werden.

7. Große Schwierigkeiten bereitet auch die Regulierung der *Bergschäden*. Um z. B. die weitflächig nachgesackten Gebiete an der Emscher vor Grundwasserüberflutung zu schützen, mußten regelrechte Polder angelegt (vgl. Abb. 33c), ganze Werkshallen mit empfindlichen Anlagen (Walzwerke, Opelwerke) hydraulisch gelagert werden.

Abb. 33b Poldergebiete an der Emscher im Jahre 1980

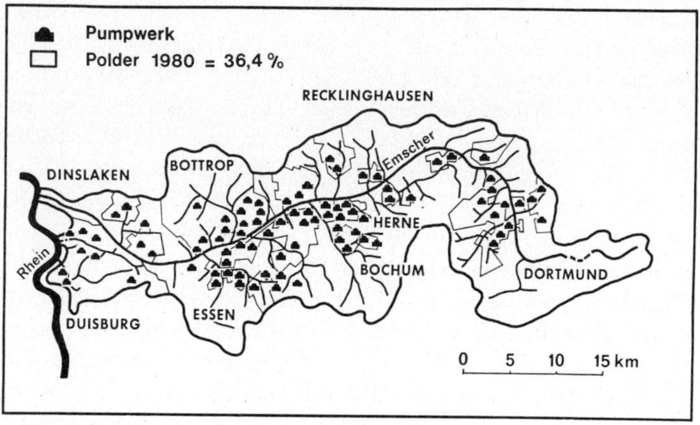

Quelle: Emschergenossenschaft Essen

Die vom Bergbau zu tragenden Regulierungskosten belaufen sich auf 6–8 % der Gestehungskosten der Steinkohlenförderung.

[1] Anmerkung zu S. 183
Mit Hilfe der „Kalkwäsche" (Binden des SO_2 zu Gips: Anfall von 50 % der deutschen Produktion) werden die Auflagen der neuen TA Luft bis 1988 erfüllt (400 mg SO_2 je m^3 Luft = Reduzierung um 63 %). Der Umrüstungsaufwand beträgt allein bei der Steag rd. 500 Mill. DM. – Das für die Braunkohlen vorgesehene Naßverfahren ist in der Praxis noch nicht erprobt. – Bisherige Schwefelemissionen jährlich 900 000 t, davon Braunkohlen 360 000. Hinzu kommen 500 000 t Stickoxide. – Die jährlichen Staubemissionen sanken von 1972 auf 1982 um 40 % (170 000 statt 290 000 t), trotz einer Zunahme der Verwendung fossiler Brennstoffe bei der Stromerzeugung um 12 % im gleichen Zeitraum.

VIII. Die „südliche Rheinschiene"

1. Interpretation der „Strukturdatei"

Im Bereich der Rheinachse ist das BIP hoch bis sehr hoch, dünnt aber gewissermaßen nach W und O rasch aus – ein Hinweis darauf, daß die Achse recht schmal ist. Ähnlich ist es hinsichtlich der Pendler und der Bevölkerungsdichte. Die *Dichte* hat – im Gegensatz zum Ruhrgebiet – durch die beiden vergangenen Jahrzehnte hindurch kontinuierlich zugenommen, sowohl in der Achse selber, wie auch zunehmend in den Randzonen nach W und O hin. Daran zeigt sich, daß das Umland mehr und mehr in die Achse eingeschmolzen wird, das Gebiet der Achse sich seitwärts ausdehnt. Beim Verhältnis des BIP je Einwohner bei der Wirtschaftsbevölkerung zu dem der Wohnbevölkerung ist die Differenz erheblich; d.h. daß durch die Pendler aus den Randzonen ein hoher Teil des BIP in der Achse erwirtschaftet wird (Abb. 34).

Das überragende *Großzentrum* in jeder Hinsicht ist *Köln* (Pendler; ferner: Großhandel, Verkehr, Kredit, Versicherungen: vgl. Lohnsummen in diesen Branchen 1978). Köln hat im Vergleich zur nördlichen Rheinschiene kein konkurrierendes anderes Zentrum. Auch durch Bonn wird sein Einzugsgebiet kaum begrenzt.

Dem hohen BIP entsprechen die überdurchschnittlichen Lohnsummen in Leverkusen, in Köln und in den Landkreisen. Die hohe Kaufkraft drückt sich im entsprechend hohen Einzelhandelsanteil aus (Leverkusen, Köln, Bonn).

Bei den Industriebranchen erbringt die *chemische Industrie* einschließlich der Kunststoffe den Hauptanteil der Lohnsummen.

Abb. 34 Strukturdatei „südliche Rheinschiene"

	BIP[1]		Lohn- und Gehaltssummen[3]								Pendler[9]	
	1968	1978[2]	Gesamt	Bergbau	Steine, Erden, Glas, Keram.	Eisen/Stahl	Maschinen, Kfz	„Fein"-Ind.[4]	Chemie, Kunststoffe	Dichte 1960/1970	Ein	Aus
Leverkusen	11	29	2305 [43][5] (54)[6]	–	–	–	12 (1)	–	2053 [46] (45)	2020 / 2300	+ +	
Köln	11	32	4982 [38] (130)	–	38 (1)	12 (1)	2758 [40] (69)	566 [35] (16)	996 (16) D/P[10] 216 (6)	3220 / 3380	+ +	
Erftkreis[8]	11	19	1509 [38] (40)	323 [40] (8)	83 [42] (2)	–	117 [39] (3)	27 (1)	496 [41] (12)	(1920/290)[7] / (1940/330)	(+)	
Rhein-Sieg	7	12,5	1202 [34] (36)	–	26 (1)	–	312 [35] (9)	–	385 [35] (11)	(260) / (330)	+	
Bonn	10	24,5	562 [33] 17	–	–	–	39 [39] (1)	11 (1)	113 [38] (3)	(1920) / (1940)	+ +	

1–6) Vgl. Abb. 11

7) Wegen der Gebietsreform 1975 sind die sich auf verschiedene Erhebungseinheiten beziehende Daten in Klammern gesetzt worden.

8) Früher Kreis Bergheim und Rest des Landkreises Köln. Bei Dichte: erste Zahl = Landkreis Köln; 2. Zahl = Landkreis Bergheim.

9) Vgl. Anm. 11, Abb. 16.

10) D/P: Druck und Papier

Vergegenwärtigt man sich, daß durch rd. 30 Jahre hindurch (seit der Nachkriegszeit) die chemische Industrie eine der Wachstumsindustrien schlechthin gewesen ist, erklärt sich für die südliche Rheinschiene das hohe BIP, die dauernde Zuwanderung. Doch steht die „südliche Rheinschiene“ nicht nur auf diesem einen Bein: Energiewirtschaft, Metallverarbeitung treten hinzu, besonders auch letztere mit beträchtlichem Anteil.
Alles in allem ergibt sich eine diversifizierte *Branchenpalette*, die eine relative *Krisenfestigkeit* mit sich gebracht hat.
Wie schon gesagt, ist das eigentliche „Kraftzentrum“ im Bereich von Köln gelegen. Hier ist die Verstädterung, gemessen am überbauten Raum, am weitesten fortgeschritten, sei es flächenhaft, sei es in von Köln ausstrahlenden Bändern: von der Erft im W bis Bergisch-Gladbach und Bensberg an den Randhöhen des Bergischen Landes im O, von Wesseling im Süden bis Leverkusen im Norden. Bei der folgenden Einzelbetrachtung wird daher zuerst von Köln ausgegangen.

2. Köln

In Anlehnung an ein keltisches Oppidum entstand 38 v. Chr. das Römerlager, aus dem sich die Stadt entwickelte, der 50 n. Chr. mit dem Titel Colonia das Stadtrecht verliehen wurde. Sie wurde zu einem der Hauptsitze der römischen Verwaltung (Palast des Konstantin z. B.) am Rhein und nach dem Rückzug der Römer bzw. der Eroberung durch die Franken auch Residenz der Merowingerkönige. Dabei ist die lokale Lage Kölns keineswegs anders als die einer Reihe anderer Römerlager (Bonn, Zons, Neuß, Xanten z. B.): gelegen auf der Niederterrasse, dort, wo durch den Stromstrich in einem Mäanderbogen ein *Hochufer* mit hochwassersicherem Standort vorhanden war: bis heute eine der vorzüglichen Standorte für die Ansiedlung von Orten und Industrien im Rheingebiet (vgl. auch die „nördliche Rheinschiene“).
Ein Grund für die Entwicklung Kölns dürfte in der *überregionalen Verkehrslage* zu sehen sein. Am Rheinübergang (die Brücke Cäsars bzw. Konstantins war bis ins 10. Jahrhundert intakt) war Köln die

Sammelstelle schlechthin der Kölner Tieflandsbucht für den Verkehr, der hier nach Süden durch das Rheintal gesammelt wurde, der von hier aus nach allen Richtungen ausstrahlte (Abb. 35a).

Abb. 35a Die Verkehrslage Kölns (schematisch)

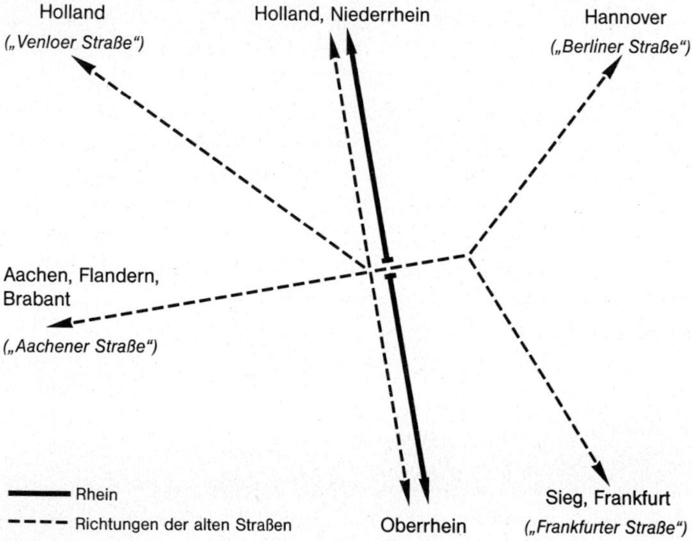

Außer dem Durchbruchstal des Stromes waren auch die Grenzen zwischen dem Gebirgsland im Süden und dem Tiefland im Norden Verkehrsleitlinien.

Nach der Völkerwanderungszeit erlebte Köln seine erneute Blüte weniger aufgrund der Residenzfunktion (die wegen der Schwerpunktverlagerung des Merowingerreiches nach W immer geringer wurde), sondern aufgrund der *Handelsfunktion* am Rhein. Als Hansemitglied wie auch mit dem von ihm ausgeübten *Stapelrecht*, das bis 1831 bestand, wurde Köln zu einer der ausgedehntesten und bevölkerungsreichsten Städte im mittelalterlichen Deutschland. (Stapelrecht bedeutet, daß jeder durchreisende Kaufmann verpflichtet war, seine Waren in Köln 3 Tage lang anzubieten. 1259 wurde der Stadt das Recht dazu durch den Kaiser bestätigt.)

In einem Umkreis von 40 km wurde durch die städtische Politik wirksam (z.T. mit kriegerischen Mitteln) verhindert, daß konkurrierende städtische Zentren hochkamen. Dies ist ein wesentlicher Grund für die überragende Stellung Kölns bis heute.
Düsseldorf blieb lange im Schatten Kölns, lag sein Aufstieg doch erst in der zweiten Hälfte des 19. Jahrhunderts; Bonn war nichts als die Residenz des Kölner Erzbischofs, der seit der Schlacht von Worringen (1288) sein Territorium von Bonn aus verwalten mußte (Abb. 35b).
Wurde einerseits die Entwicklung städtischer Mittelpunkte im Umkreis der Stadt unterdrückt, so waren die Kölner Kaufleute andererseits – wie wir in den ersten Kapiteln schon gesehen haben – als „*Verleger*" (wie später die Nürnberger Kaufleute) die Initiatoren für die industrielle bzw. gewerbliche Entwicklung des Bergischen und des Märkischen. An die alte überragende Stellung Kölns erinnert auch die 400 Jahre alte Waren- und Produktenbörse – eine der 5 ältesten der Welt. Wenn sie heute als überregionale *Börse* keine oder nur geringe Bedeutung hat, so spiegelt sich darin der Niedergang der Bedeutung Kölns in der Neuzeit.
Erst ab etwa 1840 beginnt der Wiederaufstieg der Bedeutung der Stadt; er ist verknüpft mit dem Bau der von Köln ausstrahlenden *Eisenbahnen*, deren Bedeutung für die Anbindung des Bergischen und Märkischen, wie auch für die Erschließung des Ruhrgebiets bereits geschildert worden ist. Durch den Bau der Eisenbahnen wurde Köln wieder zu einem überregionalen *Verkehrsstern*, besonders als das links- und westrheinische Eisenbahnnetz durch den Bau der Hohenzollernbrücke miteinander verbunden worden war. In der Folgezeit wurden Banken und Versicherungen für Köln ebenfalls wichtig. 1858 war Köln die wichtigste Bankenstadt; es blieb wichtigster Sitz der *Versicherungen* (Köln: 60 mit rd. 20000 Beschäftigten; München 42, Hamburg 39). Parallel entwickelte sich der Großhandel und die Industrie.
Das Wiedererstarken des Selbstbewußtseins der Stadt im 19. und 20. Jahrhundert aufgrund der Verkehrs- und Wirtschaftslage wird ferner dadurch dokumentiert, daß Köln zu einem internationalen Messezentrum geworden ist (z.B. Anuga und Photokina).
Die *Industrie* entwickelte sich aus dem alten Kölner Handwerk

Abb. 35b Köln (mit Elberfeld) als überregionales Zentrum um 1800

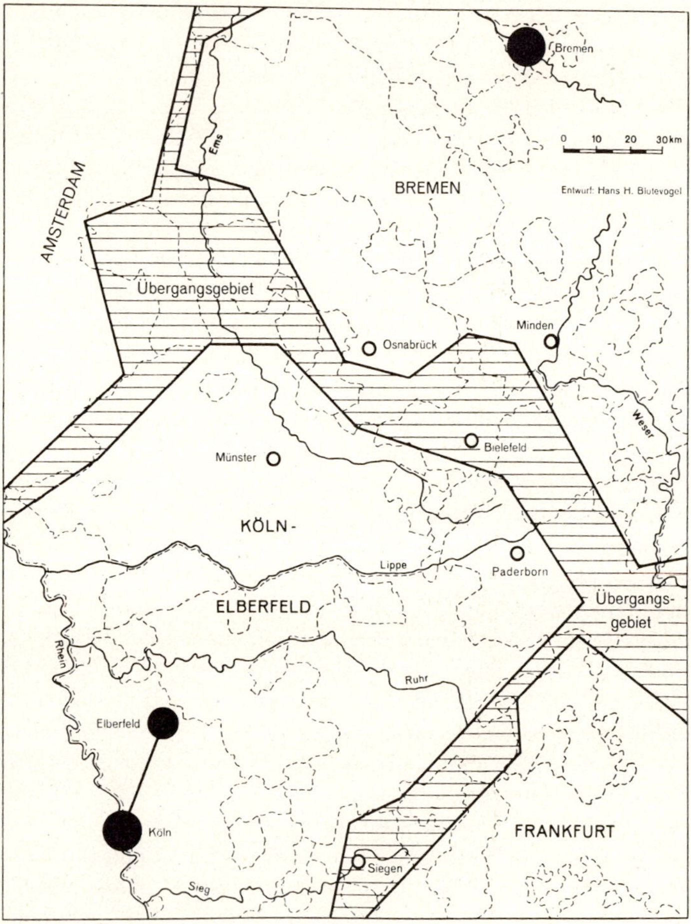

(Quelle: Blotevogel 1975)

und auf dem Boden eigenständiger Erfindungen. Insbesondere ist zu nennen die Erfindung des *Ottomotors* durch Otto in Köln-Deutz; von dieser Erfindung ging die heutige Motorisierung aus.

1864 wurde die Otto u. Cie. gegründet, die erste Fabrik der Welt, die ausschließlich Verbrennungsmotoren herstellte. 1876 entstand hier der Viertakt-Motor, 1884 wurde die magnetelektrische Abreißzündung erfunden, die den Anstoß gab für die Entwicklung des Bosch-Konzerns. Daimler und Maibach waren hier als Fabrikationsleiter tätig.

Das Werk ist eine der Wurzeln des *Klöckner-Humboldt-Deutz-Konzerns* (KHD). Weitere Wurzeln (alle auf der rechten Rheinseite, alle bis heute als Fabrikationsstätten erhalten – wenn auch ausgedehnter), waren die Fabrik für Wagen (später Waggons) 1846 und die Maschinenfabrik Kalk 1856, die 1871 zu Ehren von A. v. Humboldt so umbenannt wurde. Von den 25 000 Beschäftigten des Konzerns arbeiten allein 15 000 in Köln. Hier befindet sich auch das größte Werk der Welt für Dieselmotoren; ferner werden hergestellt: Großtraktoren, Anlagen der Kohletechnik und Kohlevergasung, Zementanlagen, Erzaufbereitung. Die weltweit gute Position soll noch verbessert werden.

Durch die Niederlassung der Ford-Werke (1930) wurde der *Kfz-Sektor* verstärkt. In Köln und seiner näheren Umgebung befinden sich weitere zentrale Einrichtungen der Kfz-Industrie wie die Auslieferungslager der Firmen Renault, Datsun und Toyota.

Seit 1836 wurde die Herstellung von Hanfseilen auf Drahtbasis vorgenommen. Hieraus entstanden die Kabelwerke Köln (Felten und Guillaume; es ist das vielseitigste Werk dieser Art in der BRD; es war bis 1979 im Mehrheitsbesitz der ARBED (s. Kapitel X); seitdem ist Philipps mit 70% beteiligt (vorher bereits mit 35%). Der Schwerpunkt liegt heute auf Energie- und Nachrichtentechnik.

Das Bild wird abgerundet durch die *chemische Industrie* (Chemische Werke Kalk: Stickstoffdünger; Lackindustrie), durch die traditionellen Gewerbe der Hutmacher (wichtigster Standort der Bundesrepublik) als Überrest des ehemals für die Stadt so eminent wichtigen Textilgewerbes, der *Parfümherstellung* (2500 Beschäftigte) und der Nahrungsmittelindustrie (Stollwerck; Lekkerland in Frechen) (vgl. Abb. 36).

Traditionell mit der Stadt verbunden ist auch die Herstellung von obergärigem *Bier* nach 1000 Jahre alter Brauart unter dem Namen

Abb. 36 Industrien im Kölner Stadtgebiet

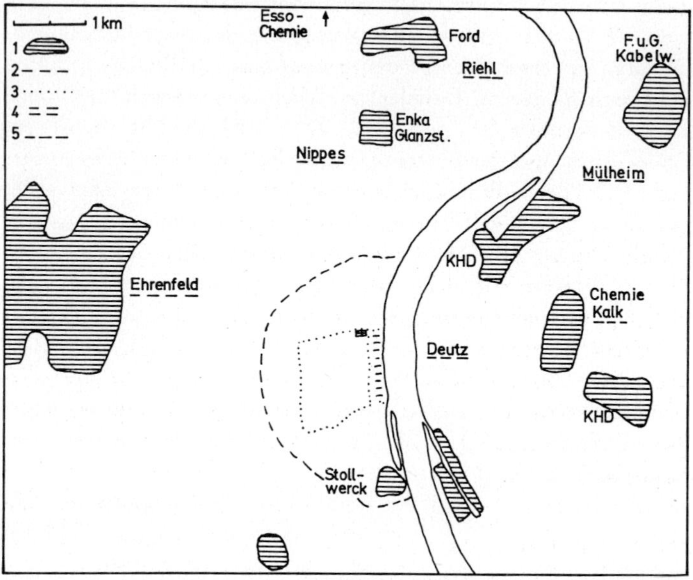

1 = Industrieflächen
2 = mittelalterlicher Mauerring
3 = Römische Wallmauer
4 = Kaufmannsvorstadt im frühen Mittelalter
5 = Industrievororte

„Kölsch" (heute 26 Brauereien mit 1979 3,6 Mill. hl = 4% der deutschen Bierproduktion). Das Bierbrauen wird für Deutschland hier urkundlich zum ersten Mal erwähnt (893), wie auch die Brauerzunft urkundlich hier erstmals erwähnt wird mit einem ebenso alten Reinheitsgebot (1396).

Die für das Ruhrgebiet so typische Agglomeratstruktur fehlt weitgehend; das liegt daran, daß die Industrie sich nach und nach aus der Stadt hinaus nach draußen verlagerte, in Anpassung an die bestehenden Bebauungen und Verkehrslinien. So konnte die überkommene *Stadtstruktur beherrschend* bleiben, entstanden indessen die neuen *Vororte* im Westen, Norden und Osten als Wohngegenden der Industriearbeiterschaft.

Für den Bereich der chemischen Industrie wurde der Großraum Köln zunächst aufgrund des sog. Raffineriegürtels (heute nur noch Shell) zum größten deutschen Standort der Petrochemie (Rheinische Olefin-Werke in Wesseling z. B., größte Polyäthylen-Anlage der Welt), wie sich überhaupt das *„Kölner Revier“* (mit Bayer und Enka-Glanzstoff) zu dem wichtigsten europäischen Chemiestandort entwickelte. (Umsatz 1979 ca. 40 % des Umsatzes der chemischen Industrie Nordrhein-Westfalens).

Faßt man die im Raum der Stadt gelegenen *Häfen* mit ihren Umschlägen zusammen, so dokumentiert sich die Stellung dieses Gebiets auch in den Umschlagszahlen (rd. 20 Mill. t – 1979 –). Damit steht der Raum nach dem Gebiet von Duisburg vor dem von Mannheim-Ludwigshafen an 2. Stelle.

Schließlich wurde Köln auch Sitz der *Lufthansa.*

Weitere *Spitzenorganisationen* von Industrie und Verwaltung haben ihren Sitz in Köln (Arbeitgeber, Einzelhandel, Außenhandel, Industriebranchen, Städtetag).

Abb. 37 Die Differenzierung der Kölner City (schematisch)

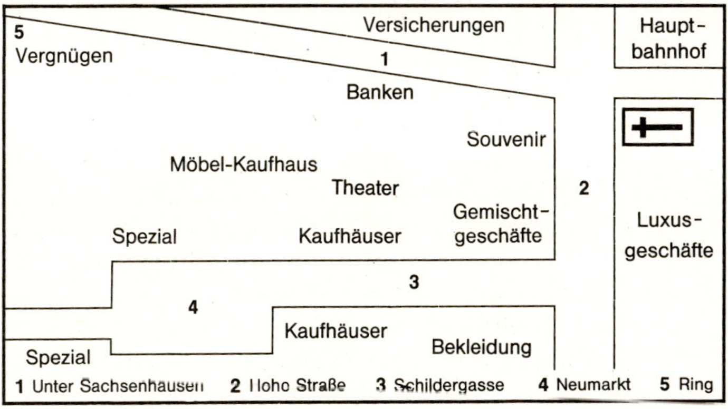

Hand in Hand mit der industriellen Entwicklung der südlichen Rheinschiene, deren Zentrum – auch kulturell – Köln stets blieb, entwickelte sich auch die Kölner *City* zum überragenden Geschäftszentrum der Region, mit sehr starker Spezialisierung auf bestimmte Straßenzüge (Abb. 37). Allein die Schildergasse besitzt 80 % der Einzelhandelsfläche der Bonner „City“. Im Vergleich zu Düsseldorf sind die Luxusgeschäfte weniger an eine bestimmte Straße gebunden. Auf die Königsallee in Düsseldorf entfallen allein 89 % der Geschäfte der höchsten Angebotsklasse, auf die Hohe Straße und die Schildergasse nur 52–57 %. An Samstagen beträgt der Kundenanteil von außerhalb Kölns rd. 50 %; er liegt damit sehr hoch; darin drückt sich ebenfalls die überragende Stellung Kölns aus.

Abb. 38 Die Dreiring-Struktur im Bereich Kölns (schematisch)

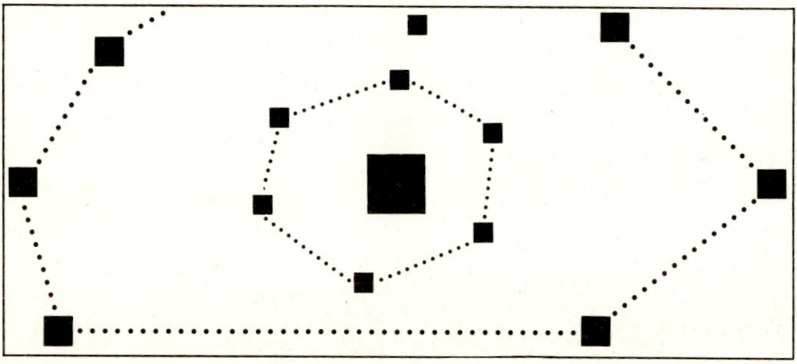

Im gebührenden Abstand von der City haben sich in den Vororten (Mülheim, Deutz, Kalk, Ehrenfeld, Nippes) Subzentren ausgebildet, auf die rd. 25–30 % des Kölner Einzelhandelumsatzes entfällt. Noch weiter nach außen hat sich ein Ring von „Randstädten“ ausgebildet mit eigenen Einkaufszentren: Berg.-Gladbach, Bensberg, Siegburg, Brühl. Die *„Drei-Ring-Struktur“* (Abb. 38) ist – evtl. abgesehen von Stuttgart – das beste Beispiel für einen Verflechtungsbereich solcher Art mit einer funktional-räumlichen Arbeitsteilung bei Einzel- und Großhandel. Im Kölner Großraum leben mehr als 2 Mill. Einw., die auf diese Weise optimal versorgt werden können. In ihm hat jedoch die Kölner City die überragende Bedeutung.

Ähnlich ist es bei den Arbeitsplätzen: Innerhalb eines Radius von 20 km um das Stadtzentrum von Köln gibt es 900 000 Arbeitsplätze, 570 000 liegen in Köln selbst. Auf Köln allein entfallen 70 % des Industrieumsatzes des Gebiets. Davon erbringen vier Branchen wiederum 75 % (Chemie: 30 %; Maschinenbau und Kfz-Industrie je 17 % und Elektrotechnik 15 %).

3. Der Kölner Chemie-Ring

Im Kölner Chemiering sind 10 *Großkonzerne* tätig: Shell, Esso, RWE, Hoechst, Bayer, Veba, Feldmühle, Enka (Glanzstoff), BASF, Degussa, die Mehrzahl mit chemischer Produktionsausrichtung.

Hinzu treten Werke der Aluminium- und Stahlverformungsindustrie. Unter letzteren sind zu nennen Wuppermann (Leverkusen), Klöckner (Troisdorf mit 15 000 verschiedenen Profilen für den Waggon- und Autobau). Aber auch die Papierindustrie ist vertreten (Berg.-Gladbach: Feinpapiere). Außerdem hat die chemische Industrie zur Errichtung zahlreicher Stahlbaufirmen geführt (Rohrleitungen, Montage). Die *Standortbedingungen* waren insgesamt: Energie, Verkehr (Rhein, Eisenbahnen) und Absatz.

Von der Firma *Bayer* in Elberfeld wurde 1891 wegen ihrer günstigen Lage die Ultramarinfabrik angekauft, die durch Leverkus hier 1862 gegründet worden war. (Nach Leverkus wurde die nachmalige Stadt 1929 genannt.) Im Werk werden heute rd. 13 000 Produkte hergestellt, zumeist als Zwischenprodukte für die Weiterverarbeitung. Bei Pflanzenschutzmitteln ist der Konzern weltweit führend. Für die vergangenen Jahrzehnte bestanden gute Ausdehnungs- und Erweiterungsmöglichkeiten für die Werksanlagen. Inzwischen sind sie jedoch durch die ebenfalls entstandenen Wohnsiedlungen für die Beschäftigten so eingeengt worden, daß seit einiger Zeit – auch wegen der Transportkosten – für *Zweigwerke* der Standort an der Küste bevorzugt wird (Brunsbüttelkoog: Auslage der Werke in optimaler Größe für Glasfasern, Schaumstoffe, Farben; zusammen mit Veba-Chemie; Antwerpen, Rotterdam), nachdem die *Expansion* am Rhein vorangegangen war (gegenüber-

Abb. 39 Standorte im Kölner Chemie-Ring

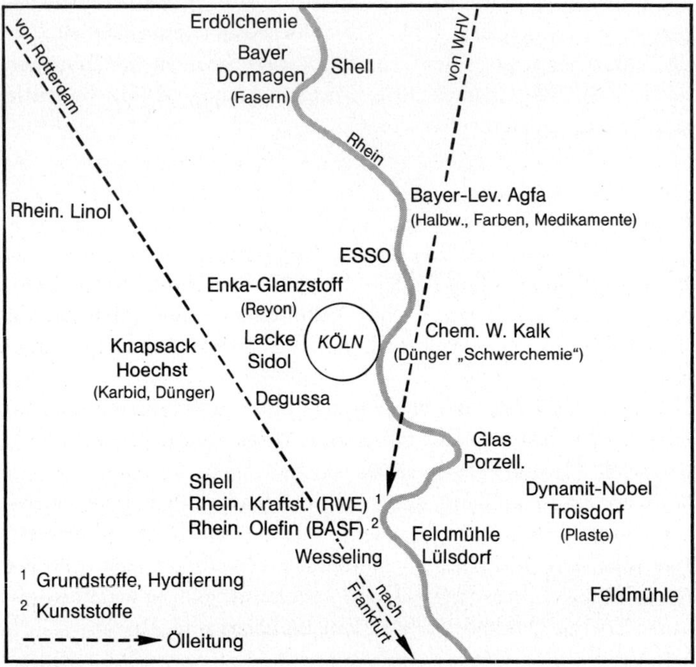

liegende Rheinseite, Krefeld-Uerdingen). In Leverkusen beträgt die Werksfläche mit Deponie und Klärwerk 500 ha. Aufgrund seiner Entwicklung vom Werk aus fehlte *Leverkusen* (170 000 Einw.) lange ein eigener städtischer Kern mit City-Charakter – wurden doch Kleindörfer und Streusiedlungen des Bergischen Landes durch die zunehmenden Wohnsiedlungen der Werksangehörigen überprägt. Erst seit 1960 wird ein eigenes Verkehrs- und Geschäftszentrum durch die „City-Bau“ künstlich gebaut – als Vorbild auch für Marl. Doch bildet das Werk mit den umliegenden Wohnsiedlungen als *„Agglomerat“* bis heute den eigentlichen Kern, lagern sich die übrigen Siedlungen konglomeratartig dazu an, fehlt nach wie vor ein akzeptierter Stadtkern. So entstand das Bonmot: „Leverkusen – das ist eine Fabrik, die sich eine Stadt hält.“

Die *Dynamit Nobel-Werke* in Troisdorf wurden ursprünglich von Köln aus gegründet; aus einem Sprengstoffwerk entwickelten sie sich zu Zellulose-Produzenten und sind heute der größte Erzeuger an Kunststoffmassen (PVC) in der Bundesrepublik. In kleinerem Umfang wiederholten sich in Troisdorf die städtischen Probleme wie in Leverkusen.

Mit *Wesseling* entstand südlich Köln ein weiteres Großzentrum der chemischen Industrie. Das RWE betreibt hier mit Hoechst die Union Kraftstoff Wesseling (Rückstandsöle), BASF und Shell zusammen die Rheinischen Olefin-Werke, wo aus Polyäthylen insbesondere der Kunststoff Lupolen (nach Ludwigshafen) erzeugt wird.

Weiter vom Rhein ab nach Westen stehen die vier Werke der Degussa und die Karbid-Werke Knapsack, die (mit 5000 Beschäftigten) vom Chemie-Konzern Hoechst betrieben werden. Hier wird besonders Kalkstickstoff hergestellt.

Bei den *Kunststoff- und Kunstfasererzeugern* ist im letzten Jahrzehnt ein erheblicher *Wandel* eingetreten. Denn heute ist das zum Problem geworden, was ursprünglich der Motor für die Werksausdehnungen in der Nachkriegszeit war: die Kunstfaserherstellung. Wegen der weltweiten Konkurrenz ist sie entweder zurückgeschraubt (Enka-Glanzstoff: allein 250 Mill. DM Verlust) oder stillgelegt worden. (Bayer: kein Perlon mehr). Die Chancen werden heute beim Poly-Propylen-Strukturschaum gesehen, der wegen seiner Eigenschaften (steif, biegefest, dicht, leicht) einen großen Gestaltungs- und Anwendungsspielraum hat (Schuhindustrie, Kfz-Industrie, Bauindustrie, Behälter). Daraus resultierte ein entsprechender Anstoß für die Spritz- und Gußmaschinenindustrie (z.B. Schloemann, Düsseldorf, oder Lüdenscheid). Die Anlagen wurden innerhalb weniger Jahre von 70000 t Kapazität auf 400000 t erweitert. (Der Umsatz an Kunststoffen betrug 1977 14 Mrd. DM, an Kunstfasern 4 Mrd., an organischen Chemikalien 16 Mrd.)

Die *Massierung* der Industrie (schon 1965 waren hier rd. 60% der chemischen Betriebe Nordrhein-Westfalens vorhanden, mit 34% des Umsatzes) führt zu einer entsprechenden Luft- und Wasserverschmutzung; für deren Beseitigung hat die gesamte chemische Industrie allerdings 1975 einen Betrag von rund 1,3 Mrd. DM ausgegeben.

Die *Aluminium-Industrie* im W und NW des Gebiets verarbeitet Tonerde zu Rohaluminium, das in Walzwerken z.T. im Gebiet weiterverarbeitet wird. Die Betriebe werden von deutschen (VAW), schweizerischen (Alusiusse) und kanadischen (Alcan) Unternehmen betrieben. In Bergheim werden 300000 t Tonerde erzeugt, in Norf findet sich eine Konzentration an Walzwerken (280000 t kaltgewaltzt, 350000 warm); in Grevenbroich werden 200000 t Rohaluminium hergestellt und z.T. zu Folien (130000 t) weiterverarbeitet. Es ist das größte westeuropäische Werk und stellte z.B. 1971 rd. 25% der EG-Produktion einschließlich Großbritanniens her. (Die Tonerdeproduktion ist im Lippewerk Lünen [430000 t] konzentriert.)
Standortvoraussetzungen für die Aluminiumproduktion sind der Massengutanschluß, die Marktnähe und besonders auch ein preisgünstiger Dauerlaststrom. Die Elektrolyseöfen werden mit 950° „gefahren“ (wobei außer der Hitze auch noch eine Kryolith-Lösung als Katalysator eingesetzt wird, um die Abscheidung des Reinaluminiums im Lichtbogen zu ermöglichen). Um 1 t Reinaluminium (Reinheitsgrad 99,9%) zu erzeugen, sind 2 t Tonerde notwendig (aus 4 t Bauxit), 0,6 t Elektrodenkohle und 15000 kWh Strom (früher: 20000; Verbrauch gesunken, aufgrund konsequenter Verbesserung der Stromausnutzung). Hauptkostenfaktor ist also die Elektrizität (30%). Eine Erhöhung der Stromkosten um 0,5 Pfg. je kWh verteuert das Aluminium bereits um 5%.
Auch die chemische Industrie hat z.T. einen hohen Bedarf an Strom: Knapsack z.B. 2,8 Mrd. kWh, Bayer 1,0 Mrd.
Wegen der *günstigen Energiesituation* auf der *Braunkohle* sind deswegen alle diese Werke hier massiert und gewähren der RWE, der Muttergesellschaft der Rheinbraun-Gesellschaft, die Garantie für die Grundlast bei größten Mengen und höchster Gleichmäßigkeit des Bezugs. Daher konzentrieren sich hier auch einige der *leistungsfähigsten Wärmekraftwerke* der Erde. Im Jahr 1979 betrug die Gesamtleistung 11900 MW bzw. 80 Mrd. kWh, was 21% der deutschen Stromerzeugung entspricht. (Frimmersdorf und Neurath 4700 MW.)

4. Das Kölner Braunkohle-Revier

Da die Braunkohle die billigste einheimische Energie ist (Kosten je kWh 2,6 Pf., Steinkohle 5–6 mal mehr), nimmt es nicht wunder, daß sich die genannten Industrien mit hohem Stromverbrauch gerade in der Nachbarschaft dieser Energiequelle massiert haben. War früher auch die Brikettierung ein wichtiger Betriebszweig, so ist seine Bedeutung aufgrund der Konkurrenz des Heizöls erheblich zurückgegangen, der Anteil der Verstromung immer mehr gestiegen *(1938 / 100; 1968 / 750).*

Auch für die RWE-Werke ist die Braunkohle zur wichtigsten Energie- und Erlösquelle geworden. In SKE gemessen (SKE = Steinkohleneinheiten), entfielen 1977 auf die Braunkohle 32% der Stromerzeugung, auf die Steinkohle 24% (Atomstrom 13%).

Um 1960 zeigte sich die Notwendigkeit, auch beim *Braunkohlenabbau* die Gruben zusammenzufassen, wegen einer einheitlichen Abbauplanung auch ein einziges Unternehmen zu bilden, die Rheinbraun, deren Muttergesellschaft der RWE-Konzern ist. Der Zusammenschluß wurde notwendig, weil die leichten Abbaubedingungen, nämlich Hauptflöz von rd. 100 m Mächtigkeit, geringer Abraum, geringe Tiefe, erschöpft waren, die im ursprünglichen Abbaugebiet in der Ville (auch Vorgebirge genannt) vorhanden waren. Die Vorräte betragen rd. 55 Mrd. t. Bei einem jährlichen Abbau bis zu 110 Mill t reichen die Vorräte noch über eine längere Zeit. Doch ist aufgrund der geologischen Situation das mächtige Hauptflöz im sog. Erftgraben um einige 100 m in die Tiefe versenkt und z. T. zerstückelt worden (Abb. 40); um die Flöze aufzuschließen, ist daher ein mächtiger Abraum zu entfernen. Die dafür entwickelten Technologien wurden naturgemäß immer kapitalintensiver (Förderbänder, Riesenbagger: die im Hambacher Feld eingesetzten Bagger kosten je Stück 120 Mill. DM und wiegen 13000 t; bei nur 2 Mann Bedienung, aber mit einer Vielzahl von Motoren und dem Stromverbrauch einer Stadt wie Freiburg wird eine Schichtleistung von 96 t erzielt; pro Tag werden bis zu 240000 t durch einen solchen Bagger bewegt; Hersteller: Krupp und Siemens).

Die sorgfältigen Erkundungen machen es möglich, den Abbau in

Abb. 40 Geologischer Schnitt durch das Kölner Revier

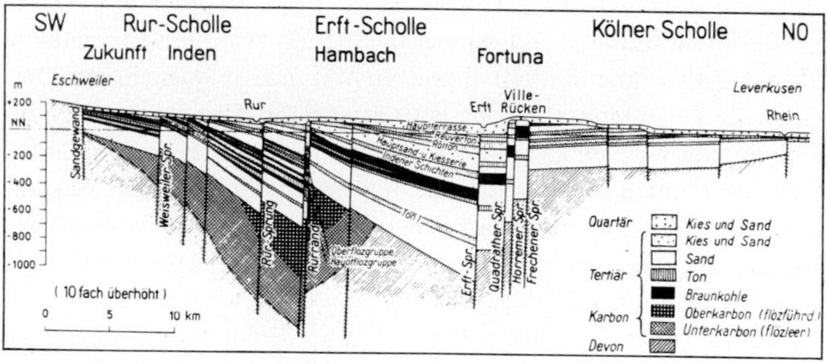

Quelle: Rheinbraun-Grafik nach Dr. Quitzow

einer Grube auf 30–40 Jahre im voraus genauestens zu planen. Dabei bewegt sich die Abbaufront kreisförmig um einen gedachten Mittelpunkt herum, auf den hin zu die festen Anlagen installiert werden müssen. Das Gebiet der Vorräte, des bisherigen und des geplanten Abbaus zeigt Abb. 41.

In den riesigen Wärmekraftwerken ist der Nutzungsgrad ständig verbessert worden. 1950 waren noch 5500 Wärmeeinheiten notwendig, um 1 kWh zu erzeugen, 1970 nur noch 2400.

Mit dem Übergang zum *Tieftagebau* wurden die Gruben nicht nur tiefer, sondern umfaßten auch ein größeres Gelände. Dadurch wurden erhebliche Eingriffe in die Siedlungs- und Naturlandschaft notwendig, die jeweils durch Gesetze des Landtags von Nordrhein-Westfalen mit entsprechenden Auflagen gebilligt werden müssen.

Die Umsiedlungen haben zwischen 1948 und 1972 18 500 Menschen in 3200 Häusern betroffen; zwischen 1972 und 2000 werden es noch einmal 9000 Menschen in 1800 Häusern sein. Entsprechend müssen Straßen, Autobahnen, Versorgungsleitungen verlegt werden.

Vor der Erschließung werden viele Pumpanlagen installiert, die die Aufgabe haben, das von S her durch die sandigen und kiesigen Schichten des Erftbeckens hindurchsickernden Grundwässer abzufangen und somit einen trockenen Tieftagebau zu ermöglichen. Je t erzeugter Braunkohle waren bisher 17 000 l Grundwasser zu bewältigen; nach der Fertigstellung des Tagebaus Hambach ist dieser Betrag noch gewaltig erhöht worden. Ein weiteres Problem stellt die *Rekultivierung* des Abraums wie auch die Lößkonservierung dar. Die Lößauflage wird bei der Erschließung mit Spezialbaggern abgeschält, in besonderen Deponien verwahrt und nach dem Abbau der Kohle über einen größeren Teil des planierten Abraumgebiets wieder aufgebracht, um neuen landwirtschaftlichen Betrieben eine Existenzmöglichkeit zu geben. Ein Teil der Kies- und Sandschichten wird in mehreren Phasen wiederaufgeforstet. Da jedoch wegen der entnommenen Kohle „Löcher" zurückbleiben, die durch das Grundwasser zu Seen aufgefüllt werden, kann das ausgekohlte Gelände, wie schon westlich Bonn und Köln geschehen, in ein attraktives *Naherholungsgelände* umgewandelt werden. (Rekultiviertes Gelände 1979: 12 300 ha.)

Abb. 41 Übersicht über das Rheinische Braunkohlenrevier

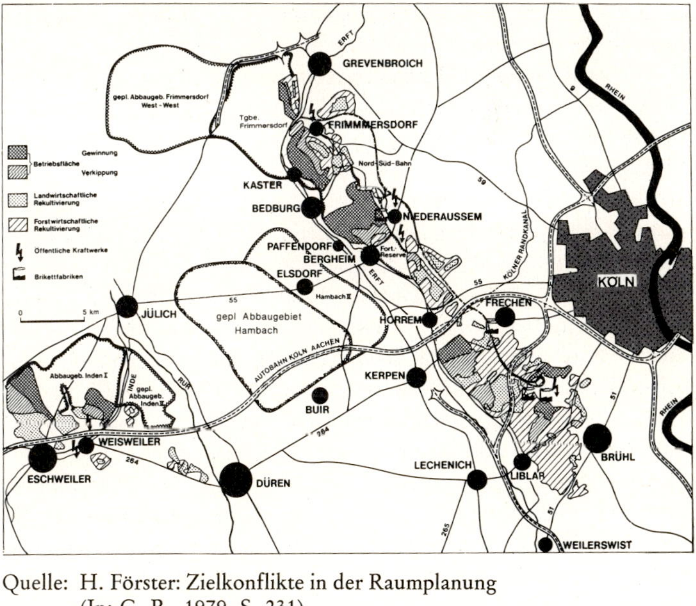

Quelle: H. Förster: Zielkonflikte in der Raumplanung (In: G. R., 1979, S. 231)

Trotz aller dieser Maßnahmen, die von Rheinbraun finanziell getragen werden müssen, ist die Braunkohle die sehr billige Energie geblieben. Direkt sind von der Braunkohle als Beschäftige und Familienmitglieder etwa 150000 Menschen abhängig. Hinzu kommen die Beschäftigten und deren Angehörige in weiteren 600–700 Unternehmen, die ständig für Rheinbraun tätig sind, mit einer entsprechenden Mantelbevölkerung.

5. Die Zukunft der Braunkohle und des Kölner Reviers

Vergleichbar dem Ruhrgebiet hängt auch das Kölner Revier von der Entwicklung der Technologie ab. Diese bezieht sich hier insbesondere auf die Verwertung der Braunkohle. Auch für die Braunkohle wird, wie für die Steinkohle an der Ruhr, die *Vergasung* und die *Hydrierung* (nach dem Hochtemperatur-Winkler-Verfahren) angestrebt. Die vergaste Braunkohle kann als Synthesegas die Grundlage für *Chemierohstoffe* bieten oder als Reduktionsgas für die *Direktreduktion* verwendet werden (vgl. Abschnitt VI, 2). Bei Synthesegas ist die Wirtschaftlichkeit wegen der gestiegenen Erdgaspreise wohl gegeben. In Kombination mit der Brikettfabrik Berrenrath (Rheinbraun – RWE) soll die Produktion 1984 aufgenommen werden. Für den Vorgang können u. a. die Trocknungsanlagen der Brikettfabrik kostensparend genutzt werden. Ab 1988 soll die Hydrierung mit Großanlagen in Wesseling erfolgen (Verarbeitung von 0,9 Mrd. m^3 Synthesegas).

Vergasung, Hydrierung, Direktreduktion sind an billige *Prozeßwärme* gebunden. Deren Erzeugung ist im großen Stil – der für eine rentable Produktion Voraussetzung ist – nur möglich mit Hilfe der Kernenergie. 1970 betrug der Preis für 1 kWh 2,3 Pf., 1975 1,8; mit dem *Hochtemperaturreaktor* (HTR) könnte er auf 1,5 Pf. gesenkt werden.

Gerade einer Kombination mit dem HTR, der im Kernforschungszentrum Jülich (westlich Kölns) entwickelt worden ist und in Schmehausen bei Unna auch bereits für eine Kraftwerksanlage installiert ist, werden große Chancen in Zukunft zugesprochen. Der HTR basiert auf folgendem System: das radioaktive Material

(Uran oder Thoriumkarbid) wird in Kügelchen von 0,5 mm Durchmesser in tennisballgroße Graphitkugeln eingeschlossen, die selber wieder in Röhren aufbewahrt werden. Diese Anordnung ermöglicht eine äußerst genaue Kontrolle des Reaktionsprozesses, große Sicherheit (Graphit ist gasundurchlässig) und eine optimale Nutzung. Durch die Reaktion wird der Graphit erwärmt; die Wärme wird an Helium abgegeben, das als Kühlmittel an den Röhren vorbeifließt und sich dabei erwärmt. Das Helium gibt dann seinerseits die Wärme an einen weiteren Wasserkreislauf ab und fließt dann abgekühlt in diesem ersten Kreis wieder in den Reaktor zurück. Der Wasserdampf treibt dann im zweiten Kreislauf die Turbinen bzw. die Generatoren.[1]

Die Entwicklung der *Gasturbinen* macht prinzipiell einen Ein-Kreis-Betrieb nur mit Helium möglich. Eine Versuchsanlage mit einem geschlossenen Gas-Turbinen-Kreis ist in Jülich inzwischen gebaut worden. Eine solche Anlage ist im Prinzip kleiner und billiger. Sie besitzt auch den Vorzug der Trockenluft-Kühlung, so daß keine Wasserkühlung mehr notwendig wäre. Dies ist um so wichtiger, als die Standorte mit Flußwasserkühlung bei weiter gesteigertem Bau von Kernkraftwerken bald erschöpft sind. (Im Augenblick noch Reserven für rd. 50000 MW, was 200% der jetzt installierten Leistung entspricht.) Der Probebetrieb hat jedoch gezeigt, daß es sich um eine längerfristige Entwicklungsaufgabe handelt.

Wegen der großen Bedeutung des Verfahrens arbeitet Rheinbraun eng mit Jülich zusammen. Vorbereitungen für den Bau einer Großversuchsanlage, mit der das Gesamtsystem erprobt werden soll, sind getroffen. Außerdem hat sich Rheinbraun bei kanadischen *Uranerzvorkommen* engagiert. (Rabbit-Lake, Nord-Saskatchewan). Die Produktion ist 1975 mit 2000 t Erz je Tag, die zum sog. „yellow cake" angereichert werden, angelaufen.

---

[1] Folgende Schwierigkeiten sind jedoch im Großbetrieb des HTR technologisch noch zu meistern: Da der Reaktor, wie der Name sagt, sehr hohe Temperaturen liefert, sind Materialien zu entwickeln, die sich gegenüber dem hohen Verschleiß bei solchen Temperaturen im Dauerbetrieb als widerstandsfest erweisen.

Eine *Versuchsanlage* für Hydrierung ist bei der Union Kraftstoff in Wesseling, die von der Rheinbraun betrieben wird, seit 1974 in Betrieb. Durch Chemolyse (heißer Wasserdampf) werden aus 500 kg Rohbraunkohle 100 kg reiner Kohlenstoff erzeugt. Unter Druck und bei hohen Temperaturen verbindet sich Kohlenstoff und Wasserstoff zum Methangas (CH_4). 4000 t Braunkohle ergeben 1000 m^3 Gas. Das Methan ist dann der Ausgangspunkt sowohl für die Direktreduktion als auch für die Hydrierung zu Benzin. 1000 m^3 Gas werden zu einer Tonne Benzin umgewandelt. Die Gestehungskosten für 1 l Benzin stellen sich bei einer entsprechend günstigen Quelle von Prozeßwärme auf 26–30 Pf. Wollte man allerdings das gesamte Erdgas, das in der Bundesrepublik gegenwärtig verbraucht wird, durch Synthesegas ersetzen, müßte die gesamte gegenwärtige Förderung an Braunkohlen dazu verwendet werden. Eine Ausweitung der jetzigen Fördermenge wäre also unausweichlich – und damit allerdings auch eine frühere Erschöpfung der einheimischen Braunkohlen.

Den günstigsten Effekt würde man erzielen, wenn man HTR, Vergasung, Hydrierung, Direktreduktion mit weiteren, angeschlossenen Verarbeitungsstufen (Walzwerk, Chemiewerke) koppeln würde (Abb. 42). Diese Lösung wäre wegen des Wärme-, Gas- und Stromverbundes (vgl. Kohleenergieverbund und Verarbeitung in einer Hitze: Abschnitt V, 5, 6) optimal. Sie würde allerdings bedeuten, daß riesige neue *Agglomerate* in der bisherigen, noch stark ländlich geprägten Landschaft des Kölner Braunkohlenreviers entstehen müßten. Die Kapitalien für ein solches „Kombinat" können zudem nur durch Großkonzerne wie das RWE aufgebracht werden. Die Konzernstruktur würde somit auf Dauer verstärkt. Auf Dauer verstärkt würde allerdings auch die Standortgunst der „südlichen Rheinschiene" (zusätzliche Arbeitsplätze in zusätzlichen Chemiewerken und den hier bisher fehlenden Stahlwerken), deren Bevölkerung noch weiter anwachsen würde. Das Gebiet der „südlichen Rheinschiene" würde nur noch weiter in das Umland zu beiden Seiten expandieren (Realisierungschance: gegenwärtig gleich Null).

Auch unabhängig von der vorhin aufgezeichneten möglichen *„technologischen Zukunft"* der südlichen Rheinschiene ist festzuhalten, daß sie nach Lage, Arbeitskräften, Absatz- und Fühlungsvorteilen, Ko-

Abb. 42 Schema eines Großkombinats auf Braunkohlen- und HTR-Basis

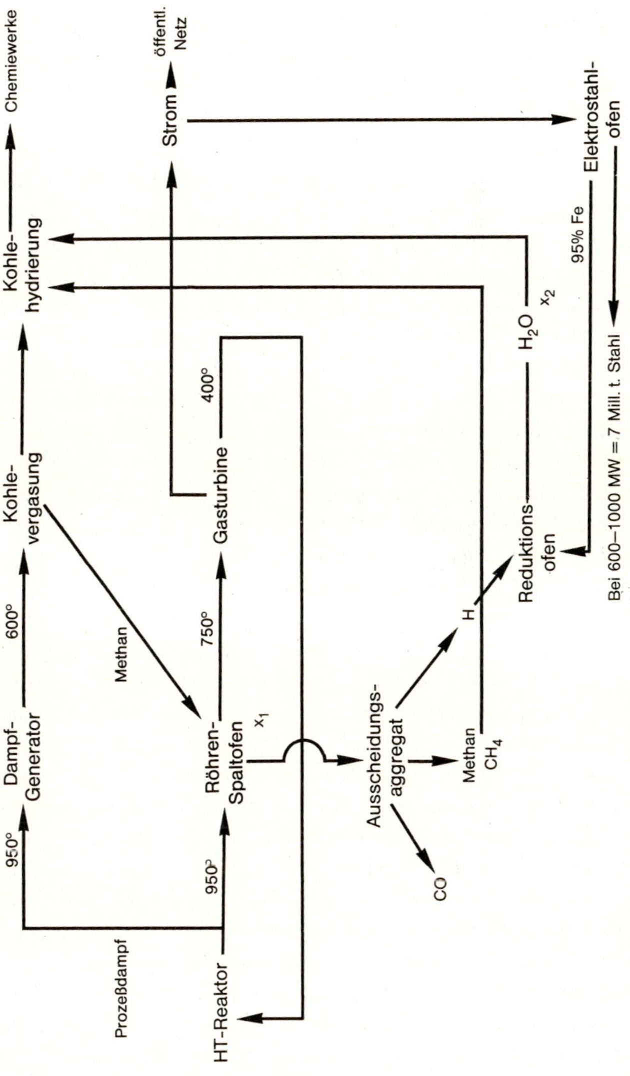

x_1 = Kühlung: Methan, Wasser
Spaltung in C+H

x_2 = 2,5 t Eisenschw. in Dampfform = Prozeßdampf

operationsmöglichkeiten, Verkehrsinfrastruktur als eines der günstigsten Gebiete in Europa angesehen werden muß – ohne die Hypothek der Stahlindustrie, wie sie – bei ähnlichen äußeren Bedingungen – die nördliche Rheinschiene aufweist.

6. Bonn

War Bonn bis 1945 innerhalb der „Rheinschiene" – und noch dazu an ihrem Ende – nichts anderes als einer Art Erweiterung von Köln, so ist es aufgrund der Hauptstadtfunktion seit 1949 zu einem *eigenen Impulszentrum* geworden. Dies drückt sich in Wanderungsbewegungen und in der Ausdehnung der Rheinschiene nach Süden hin aus.

Bonn erhielt 1244 Stadtrecht und wurde 1265 *Residenz* und Landesfestung des kurkölnischen Territoriums, nachdem der Kurfürst von den Kölnern gezwungen worden war (im Bündnis mit den Grafen von Berg), Köln als seine Residenz aufzugeben. Wenn Bonn auch selbst Römerlager gewesen ist (daher sein Name), so knüpfte sich daran doch nicht die Stadtentstehung. Diese geht vielmehr zurück auf den Stiftsbezirk im Süden des Lagers um das heutige Münster herum. Die Entwicklung von *Godesberg als Badeort* setzte erst 1790 ein und hat ebenfalls einen der Kurfürsten zur Veranlassung, der hier mit Gartenanlagen und Gartenbauten den Anfang machte. Gegenüber auf dem rechten Rheinufer entstand nach seinem Vorbild Bad Honnef, das von A. v. Humboldt als das „deutsche Nizza" bezeichnet wurde. Stromlandschaft, Gartenlandschaft, Siebengebirge im Hintergrund veranlaßten ihn dazu, diese Gegend zu den sieben schönsten der Erde zu zählen.

Diese *„romantische" Tradition* der beiden Badeorte Godesberg und Honnef hatte bestimmte Konsequenzen. Bonn und Godesberg wurden zu Alterssitzen vermögender Pensionäre (daher *„Pensionopolis"*), die sich ihre Villen insbesondere an der Koblenzer Straße errichteten, die – als alte Römerstraße – die Verbindungsallee zwischen Bonn und Godesberg war. In der beschaulichen Stadt wurde 1818 im leerstehenden kurfürstlichen Schloß die rheinische Landesuniversität angesiedelt. (Ein Vorläufer von 1784 bis 1794 konnte ein gewisses Vorbild dafür abgeben.) Die Eisenbahnlinie wurde 1855 eröffnet und bald mußte sich die Stadtverwaltung gegen den Einzug der Industrie wehren, um den Charakter der Stadt zu wahren.

Mit allen diesen Umständen hängen folgende Merkmale zusammen, die für Bonn charakteristisch geworden sind:

- die *geringe Entfaltung der Industrie*, bei enger Konzentration auf das Gebiet im Nordwesten des Hauptbahnhofs, jedoch mit überdurchschnittlichen Lohnsummen.
- die kleine Innenstadt von maximal 350 m Ausdehnung, worin heute die Geschäftswelt konzentriert ist,
- das geringe Wachstum der Stadt,
- die überragende Bedeutung Kölns sowohl für die Stadt als auch für ihr Umland.

Nur in dem inzwischen eingemeindeten Beuel konnte wegen der dortigen besseren Ausdehnungsmöglichkeiten ein Industrieort heranwachsen.

Der Charakter der Industrie (mit Beuel) ist klein- und mittelbetrieblich, aber vielseitig (Keramik, Textil, Maschinen, Schleifmittel, Pharmazie, Feinmechanik, Büromaterialien), ohne aber einen herausragenden oder bestimmenden Zug. Zur VAW gehört das Aluminium-Preßwerk.

Auf Bonn und sein Umland entfällt eine Bevölkerung von rd. 400000 Einw. (1980). Die Kernstadt hatte 1900 100000 Einw., 1939 erst 110000; vor den Eingemeindungen (1968) erreichte sie 140000, danach knapp 300000 und war 1978 auf 285000 Einw. gefallen.

Erst mit der Hauptstadtfunktion wurde die *Verstädterungstendenz* überragend, wurden in einem Jahrzehnt weite Teile des linksrheinischen Hinterlandes völlig aufge- und zersiedelt, kam es auch hier zur anhaltenden Stadt-Rand-Wanderung.

Bei der Entstehung der sog. *Bundeszone* pausten sich die seit 1790 entstandenen Verhältnisse erneut durch: die Koblenzer Straße nach Bad Godesberg wurde die zentrale Achse der Bundeszone, Bad Godesberg wurde eng einbezogen (über 70 Botschaften – in Bonn rund 30) und konsequenterweise eingemeindet, die vorhandenen Freiräume mit Ministerien und Wohnkomplexen aufgesie-

delt. In der „City“ erfuhr der tertiäre Sektor nach und nach stärkere Impulse. So steigerte sich der Absatz pro Kopf zwischen 1959 und 1968 stärker als der Kölns, wuchs die Bonner Geschäftsstadt mit einem Schub gerade in den letzten Jahren aus dem traditionellen Bereich auf den Hauptbahnhof zu. Allerdings hat Köln nach wie vor die breiteste Auswahl zu bieten, ist nach wie vor die höchste Bedarfsstufe in Bonn schwach besetzt, die unterste Stufe mit der traditionellen Struktur der Kleinstbetriebe überbesetzt – wenn auch im Vergleich mit Duisburg eine höhere Anzahl an Geschäftsbetrieben zu verzeichnen ist (in Duisburg ein Viertel weniger).
Die enge funktionale und genetische Beziehung zu Köln findet auch darin ihren Ausdruck, daß die U-Bahn- (bzw. Stadtbahn-) netze beider Städte direkt miteinander verknüpft sind.

7. Naherholung in der südlichen Rheinschiene

In den südlichen Städten der Rheinschiene wird traditionell die *höchste Intensität* des Wochenendverkehrs erreicht (1968: ca. 2,5 Mill. Teilnehmer). Das hat verschiedene Gründe. Zunächst ist die romantisch verklärte *Attraktivität* der Rheinlandschaft zu nennen, die über Studenten- und Karnevalslieder (Wiederbelebung des Karnevals seit 1825) breite Schichten erreichte. Doch auch die anderen ringsum liegenden Landschaften wie das Bergische Land und die Eifel mit ihren Tälern, Wäldchen und Stauseen, wie der Kottenforst mit seinen ausgedehnten Waldungen (der sich in den rekultivierten Wäldern der Ville nach Nordwesten fortsetzt), sind attraktiv. Hinzu kommt die leichte *Zugänglichkeit* über die frühen Eisenbahnlinien und das ausgedehnte Straßenbahnnetz, wie auch über die *Rheinschiffahrt.*
Rheinschiffahrt und Siebengebirge sind in der Massenerholung weitaus bevorzugt. Die Vorbilder dafür reichen mit der Fahrt auf dem Rhein und der Begehung des Drachenfelses in die Romantik (Lord Byron: 1816) und bis zu Goethe (1792) zurück. Mit rd. 1,5–2 Mill. Besuchern pro Jahr dürfte der Drachenfels (Cafè-Restaurant auf dem Gipfel: seit 1834) der Berg Europas sein, der am stärksten besucht wird. Die „Köln-Düsseldorfer“ entwickelte sich

seit dem Gründungsjahr 1827 zum größten Unternehmen der Personenschiffahrt in der Welt und bietet heute in der Saison täglich bis zu 31 000 Plätze an. Der Kottenforst wurde mit der Entwicklung Godesbergs durch ein strahlenförmiges Wegenetz großzügig erschlossen und nach der Säkularisierung beliebtes stadtnahes Spaziergangsgebiet.

Im Bergischen Land erreichten die kulturhistorisch interessanten und romantisch verklärten Plätze Altenberg mit seinem Zisterzienser-„Dom“ und Schloß Burg (Sitz der Grafen von Berg) über der Wupper an jedem Wochenende Spitzenwerte an Besuchern.

Vergegenwärtigt man sich, daß der „Verkehr“ sich nur auf wenigen Wegen und oft in den schmalen Tälern abspielt, dort regelrecht „kanalisiert“ wird, so kann man sich unschwer das Gedränge vorstellen. Die *Belastung* der Naherholungsgebiete kann durch folgende Tabelle veranschaulicht werden:

Abb. 43a Tagesbesucher an Sonn- und Feiertagen

Gebiet	Durchschnitt	Spitzen	je km²
Bergisches Land	85 000	125 000	88
Nordeifel	75 000	100 000	91
Voreifel	11 000	17 000	110
Kottenforst-Ville	25 000	35 000	197
Siebengebirge	25 000	35 000	339
Neandertal (mit Itter)	20 000	30 000	310

(1968, außerhalb des Winters) Quelle: A. Schulz, 1973

In Königswinter, das ursprünglich (in der Nachfolge Byrons) als ruhiges und vornehmes „englisches“ Bad (nach dem Muster englischer Seebäder) entstand, drängen sich auf der Rheinpromenade bzw. um die Talstation der Drachenfelsbahn an Werktagen rd. 10 000 Menschen, am Wochenende 30 000 und zu Pfingsten (traditionell das Ausflugswochenende schlechthin) bis zu 50 000.

Auf die Besucher, die aus der Stadt Köln kamen, entfielen allein bei den Tagesbesuchern:

Abb. 43b Tagesbesucher an Sonn- und Feiertagen aus Köln

Bergisches Land	25 000
Nordeifel	8 000
Voreifel	2 000
Ville (Kottenforst)	5 500
Siebengebirge	2 500

IX. Industriegenetische Typologie des Kernraums

Das Schaubild (Abb. 44) verdeutlicht den bisherigen Verlauf der Darstellung; es faßt ferner die Genese des Rheinisch-westfälischen Ballungsraumes und damit seine räumliche Struktur und Gliederung auf einen Blick zusammen.
Die Impulse gehen vom Großzentrum I (Köln) aus ins Bergische Land (über A_1) und ins Märkische (A_2), wobei neue Innovationszentren für die Industrialisierung entstehen (Solingen, Elberfeld). (Insgesamt: Bereich B) (vgl. Abb. 35b).
Gewissermaßen auf breiter Front geht dann die Expansion aus B an die Ruhr (C_1).
Über die Leistungen der „Pioniere" (Mitte des 19. Jh.) entsteht die Hellwegreihe (C_2). Gleichzeitig mit der Expansion nach C_3 an der Emscher entsteht auch die „Rheinfront". Auch von Krefeld geht ein Impuls zur Bildung der Rheinfront auch auf dem westlichen Rheinufer aus. Die von Köln ausgehenden Bahnlinien bilden die verkehrsmäßigen Klammern für den Industrialisierungs- und damit den Urbanisierungsprozeß in der 2. Hälfte des 19. Jh. Aus ihm entsteht das zweite Großzentrum II am Rhein, Düsseldorf.
Allmählich werden nach Süden (Bonn) und Westen (Aachen, Düren, Mönchengladbach) früher selbständige Kerne, die sich unabhängig vom rheinischen „Gravitations- und Ausstrahlungsraum" gebildet haben, aufgrund der Expansion insbesondere der Rheinschiene flächenmäßig an den Rheinisch-Westfälischen Ballungsraum angeschlossen.
Entlang der Köln-Mindener Bahn geht von Dortmund bzw.

Abb. 44 Der raum-zeitliche Entwicklungsprozeß des rheinisch-westfälischen Ballungsraumes

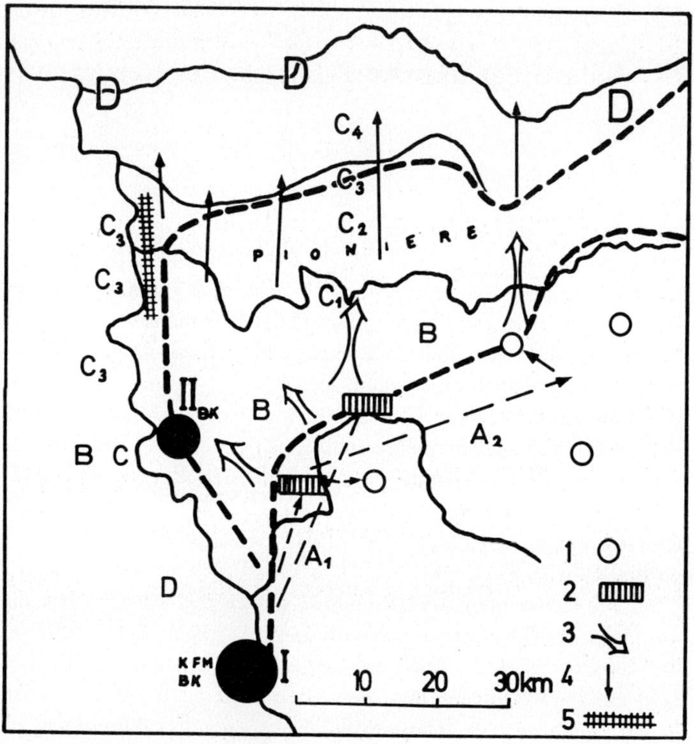

I: primäres Impulszentrum (Köln)
II: sekundäres Impulszentrum (Düsseldorf)
1: Gewerbezentren im Bergischen und Märkischen
2: Expansionszentren der Phase B
3: Expansionsrichtungen der Phase B
4: Expansionsrichtungen der Phase C
5: Industriefront am Niederrhein
Phasen: A: spätes Mittelalter, frühe Neuzeit
B: Expansion vor 1850
C: Expansion nach 1850–1900 („Ruhr", „Rheinfront", „Pioniere")
D: Expansion nach 1930
BK: Banken, K: Kaufleute; FM: feinmechanisches Gewerbe

Hamm aus nach Nordosten in Richtung Bielefeld der nächste Einschmelzungs- und Anbindungsvorgang vor sich.
Aus dem geschilderten Prozeß läßt sich ferner ein Schema sowie die Typologie einer dynamischen Industriegeographie auf regionaler Grundlage ableiten (Schaubild Abb. 45).

Abb. 45 Schema (I) und Typologie (II) des Rheinisch-Westfälischen Industriegebiets.

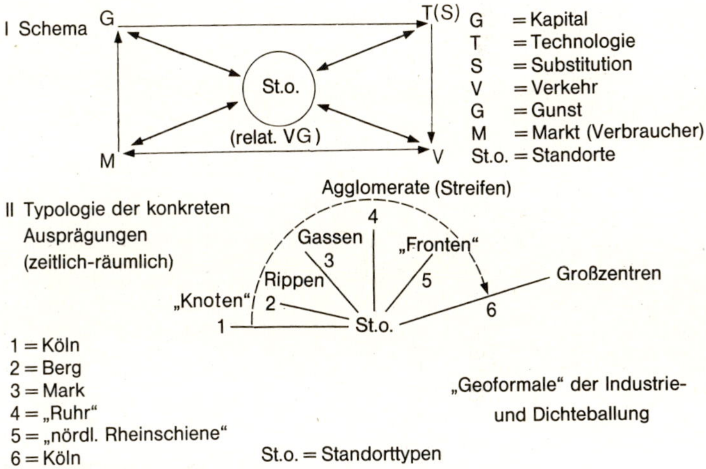

Im Schema (I) wird versucht, die herrschenden Dynamen (Kräfte), die immer wieder im Laufe der Darstellung festgestellt wurden, so anzuordnen, daß gezeigt wird, wie diese Dynamen zusammenwirken, um einen Standort beizubehalten. Die vier wichtigsten Dynamen bilden die gleichrangigen Eckpunkte des sich ergebenden Rechtecks. Die Pfeile, aus denen das Rechteck zusammengesetzt ist, sollen die Richtung der vorherrschenden Beeinflussung verdeutlichen. Kapital ist nur dann in ausreichender Menge vorhanden, um zu industrialisieren, wenn für einen leistungsfähigen Markt produziert wird. Dieser expandierte im Laufe des Wachstums der rheinisch-westfälischen Industriegebiete. Das Kapital ist seinerseits wieder notwendig, um die Technologien bzw. die Substitionen der Rohstoffe und Industrieprozesse installieren zu können – und damit wieder die Expansion des Verstädterungsraumes und damit wiederum des Marktes. Der Fortschritt der Technologien war seinerseits wieder wesentlich für die Verbesserung der Verkehrssituation (oder auch Verschlechterung: siehe mittleres Ruhrgebiet) und damit der Marktanbindung.

Alle genannten Komponenten wirken auf den Standort, seine Beibehaltung (bei Verkehrsgunst) oder nicht ein. Von relativer Verkehrsgunst wird gesprochen, wenn die Verkehrsgunst sich gegenüber der Ausgangslage (z. B. Standort eines integrierten Hüttenwerkes) entschieden verändert hat, aber unter Einsatz aller technologischen Mittel im Hinblick auf den Markt ein Vorteil noch vorhanden ist.

In der Typologie (II) wird versucht, die konkreten räumlichen Ausprägungen im Zusammenhang mit ihrer Erscheinung im Relief, also die „Geo-Formale" der Industriegeographie, so zu erfassen, wie sie beim Werden der rheinisch-westfälischen Industriegebiete zeitlich aufgetreten sind und jeden einzelnen Teilraum bis heute entscheidend strukturell prägen. In diesem Prozeß entwikkeln sich einzelne Knoten in der Schlußphase zu Großzentren, insbesondere Köln und Düsseldorf. Im Verlauf dieser Entwicklung werden Köln und Düsseldorf gemeinsam zu dem arbeitsteiligen Doppelzentrum der umfassenden rheinisch-westfälischen Nodalregion. Damit schließt sich der Kreis der typologischen Entwicklung.

X. Die Randkerne

1. Einleitung

Wie wir gesehen haben, wuchs der rheinisch-westfälische Ballungsraum insbesondere dadurch, daß nach und nach die „Rheinschiene“ mit dem entscheidenden Standortfaktor Verkehr integriert wurde. Ursprünglich getrennte Kerne wurden zu Wachstumsknoten von dicht besiedelten Gebieten. Diese wuchsen nach und nach entlang der Verkehrsbänder völlig zusammen. Eine seitliche Ausdehnung trat hinzu. Folgende Wachstumsvorgänge sind hervorzuheben:

1. das Wachstum entlang den nord-süd-gerichteten Verkehrslinien, insbesondere der Eisenbahnen, seit dem Bau der Autobahnen dann durch diese verstärkt (parallel zu den Eisenbahnlinien),
2. die schon mehrfach beschriebene Stadt-Rand-Wanderung,
3. die Wachstumsspitzen entlang anderer ausstrahlender Verkehrsbänder, verstärkt wie bei 1.

Früh verschmolz auf diese Weise der zuvor selbständige Kern Krefeld mit der Rheinschiene. Ein *tendentielles Zusammenwachsen* – wenn auch noch Freiräume vorhanden sind – ist in Richtung Andernach-Koblenz zu beobachten, wie auch in Richtung Mönchengladbach. (Vgl. auch Abb. 1.)

An den folgenden Verkehrsbändern sind noch breitere Freiräume vorhanden; aber an ihnen entlang scheint sich nach und nach auch eine physiognomisch sichtbare Anbindung zu vollziehen: In Richtung auf Düren und Aachen, in Richtung auf Gütersloh, Bielefeld und Herford und in Richtung auf Münster.

Alle genannten Beispiele sind noch *selbständige Randkerne*; aber aufgrund der in Kapitel I genannten Kriterien gehören bereits Mönchengladbach, Düren und Aachen nach unserer Auffassung dem Ballungsraum an; bei den übrigen ist es wohl nur eine Frage der Zeit.

2. Mönchengladbach und Aachen/Düren als Randkerne

Folgende Gründe lassen sich für die *Eigenständigkeit* dieser Randkerne bis heute erkennen:

- die industrielle Entfaltung aus eigener Wurzel bzw. auf eigenständigen Verflechtungen heraus,
- ein Umland, für das die Kernstadt noch der unbestrittene Markt ist,
- die Stellung der größeren (städtischen oder verstädterten) Gemeinden des Umlandes als „Satelliten" der Kernstadt (eigenes Subsystem),
- die eigenständigen Ausstrahlungen mit einem eigenen Pendlereinzugsbereich,
- ein entsprechender D/B-Index (vergleichbar mit Bochum = Industriestruktur mit traditionellem Kern und guter Verkehrslage).

(Vgl. zum Vorstehenden auch Abb. 2, 4, 5a)

Abb. 46 gibt in der „Strukturdatei" wichtige Grunddaten für die Randkerne wieder.

Ein überdurchschnittliches Verhältnis der Lohnsummen zu den Beschäftigten wird nirgendwo erreicht. Vielmehr offenbart sich sogar eine gewisse Strukturschwäche an deren Unterdurchschnittlichkeit (Ausnahme: Chemiebranche im Gebiet Viersen). Der tertiäre Sektor und der Großhandel sind – außer bei Aachen – erstaunlich schwach ausgebildet. Aachen (Stadt und Land) weist vielfältige Branchenstruktur auf (vgl. auch Abb. 5). Darüber hinaus gibt es keine besonderen Auffälligkeiten, abgesehen von der Bedeutung des tertiären Sektors und der Großhandelsfunktionen. Wie das Verhältnis von Ein- und Auspendlern zeigt, besteht eine enge Symbiose zwischen Kernstadt und Umland.

Auch auf Düren trifft das Merkmal der Vielseitigkeit zu; die Lohnsummen bleiben durchaus durchschnittlich.
Gegenüber den städtischen Kernen sind alle ländlichen Gebiete erst relativ schwach industriedurchsetzt, weisen aber noch kräftige Dichtezunahmen auf. Im Vergleich mit den stagnierenden Städten ist dies ein Hinweis auf eine lebhafte Stadt-Rand-Wanderung.
Zum Pendlereinzugsbereich ist noch zu sagen, daß der *Einpendlersaldo* recht hoch ist; es wird somit in den Randkernen mit den Pendlern ein entsprechendes BIP erarbeitet; dieses ist je Kopf der Wohnbevölkerung deutlich höher als je Kopf der sog. Wirtschaftsbevölkerung (also mit dem Einpendlersaldo). Diese Differenz ist ein deutliches Indiz für die überragende Wirtschaftsbedeutung, die die Randkerne für ihr Umland besitzen.

3. Aachen, Düren und Umland

Diese Subregion umfaßt rd. 1,0 Mill. Einwohner, wovon auf die Kernstadt nach der Gebietsreform 250 000 entfallen. Jedoch handelt es sich nicht um einen geschlossen überbauten Verdichtungsraum, sondern um ein Gebiet, in dem distinkte Wohn- und Stadtkerne noch vorherrschen, um ein Industriegebiet, das vorwiegend noch *„im Grünen"* liegt, auch wenn die Bevölkerungsdichte bei über 450 Einw. liegt.
Der D/B-Index täuscht insofern, als es sich um einen ziemlich *vielseitigen* Bezirk handelt mit einer breiten Palette an Branchen (Metallindustrie der verschiedensten Art; Nahrungsmittel; Kunststoffe, Textil, Gummi; Papier; Glas; Elektroindustrie; Chemie; Berbau).
Allerdings kann man sagen, daß wegen des traditionellen Gewichts der Montanindustrie der ganze Bezirk eher stagniert und deswegen Aachen als mögliches Impulszentrum in das Bundesförderungsprogramm aufgenommen worden ist. Impulse mögen in Zukunft aber auch vermehrt von der Tatsache ausgehen, daß das Gebiet zu einem wichtigen europäischen Autobahnknoten geworden ist (Niederlande mit England, Belgien mit Frankreich, Bundesrepublik).

Abb. 46 Strukturdatei „Randkerne"

	BIP[1]		Lohn- und Gehaltssummen[3]								Dichte[12] 1960/ 1970	Pendler	
	1968	1978[2]	Gesamt	Bergbau (B), Eisen/ Stahl (E)	Steine, Erden, Glas, Keramik	Maschinen, Kfz	„Fein"-Ind.[4]	Chemie	Papier	Textil		Ein	Aus
Aachen, Stadt	8	22	1073 [32][5] (26)[6]	–	–	165 (5)	156 (5)	9 (1)	–	57 (2)	3003 / 3025	+ +	
Aachen Kreis	7	13	1001 [31] (35)	B: 99 (9)	155 (6)	219 (7)	72 (3)	17 (1)	–	–	(768) / (829)	+ +	
Düren	8,5	17	818 [31] (27)	E: 28 (1)	–	89 (3)	3 (1)	55 (2)	201 (7)	70 (2)	(259) / (301)		
Heinsberg[8]	(7)[7] (6)	12	585 [28] (20)	–	13 (1)	103 (3)	–	9 (1)	–	101 (5)	(265/73) / (304/344)	+	

	BIP[1]		Lohn- und Gehaltssummen[3]								Dichte[12]	Pendler	
	1968	1978[2]	Gesamt	Bergbau (B), Eisen/ Stahl (E)	Steine, Erden, Glas, Keramik	Maschinen, Kfz	„Fein"-Ind.[4]	Chemie	Papier	Textil	1960/ 1970	Ein	Aus
Mönchen-gladbach[9]	8	20,5	1042 [30] (35)	–	–	363 (11)	189 (6)	8 (1)	58 (2)	273 (13)	(1569/ 2107) (1569/ 2231)	+ +	
Viersen[10]	(8)[7]	14	773 [28] (27)	E: 10 (1)	(1)	18 (3)	46 (2)	78 (2)	–	201 (8)	–[11]	+	

1–6) Vgl. Abb. 11. (S. 55)
7) Wegen Gebietsreform sind die sich auf verschiedene Erhebungseinheiten beziehende Daten in Klammern gesetzt worden.
8) Frühere Landkreise Erkelenz und Geilenkirchen. Bev.-Dichte: erste Zahl Erkelenz, zweite Zahl Geilenkirchen.
9) Mit Rheydt.
10) Früher u. a. Kempen-Krefeld.
11) entfällt, weil Unterlagen nicht vergleichbar (Vgl. Anm. 7).
12) Einw./km^2

Die *Grundlagen* für die industriell-gewerbliche Entwicklung des Gebietes sind wenige: nämlich Wasser und Bergbau, wozu ab 1841 die Eisenbahn hinzutritt; sie ist die älteste rheinische Eisenbahn und verband Köln mit Belgien bzw. den flandrischen Häfen (Antwerpen); durch die von der Eisenbahn ausgehenden Entwicklungen sind die für die Struktur bis heute wichtigen Impulse ins Gebiet hineingetragen worden, verstärkt durch die Grenzlage in einer besonderen Weise.
Die *wirksamen Impulse* werden in der folgenden Übersicht in genetischer Reihenfolge aufgeführt.

a) Grundlage „Wasser“.

Es war der entscheidende Ansatzpunkt für das älteste Gewerbe, die Textilherstellung und -verarbeitung. Seit dem 12. Jahrhundert ist die Herstellung von Leinen bezeugt, wurde zunächst in Aachen, dann nach dortigem Vorbild, in Düren, das *Tuchgewerbe* zum ersten führenden Gewerbe und Quelle des Reichtums für die Kaufmanns- und Patrizierfamilien. In Aachen basierte die Entwicklung auf den heißen Quellen (38–72° C), die hier an Störungen des Rheinischen Schiefergebirges aufsteigen und der Stadt den Namen gegeben haben (bereits römisches Militärbad „Aquae Granni“, dem keltischen Heilgott geweiht; dann wegen der Quellen seit 799 ständiger Wohnsitz Karls des Großen).
Düren dagegen bezog das weiche Wasser zum Bleichen aus der Rur. Aus den Anlagen an der Rur entwickelte sich seit ca. 1800 ein eigenständiges Gewerbe, nun unabhängig vom Vorbild Aachens: die *Papierindustrie.*
Der Wasserkraft kam zunächst weniger Bedeutung zu, sondern erst mit der Entwicklung des Bergbaus.

b) Grundlage „Bergbau“

Ausgangspunkt der Metallindustrie(n) waren die *Galmeivorkommen* (ein Zinkerz), die sich vom heute belgischen Gebiet südlich Aachen in der Verlaufsrichtung des Rheinischen Schiefergebirges auf Stolberg zu hinziehen und heute noch abgebaut werden.
Zunächst wurde das Erz hier nur verhüttet und an anderen Stellen mit Kupfer zu Messing legiert und weiterverwendet. Durch die

Vertreibung der Messingschmiede von Dinant, die in der freien Reichsstadt Aachen aufgenommen wurden, verlagerte sich die Herstellung der sog. *Dinanderien* nach Aachen (1466). Das Messinggewerbe erlebte im 16. Jahrhundert in Aachen seine größte Blüte. Aachen wurde zum europäischen „Vorort".

Die noch heute in Aachen einheimische *Nadelherstellung* hat in Messingnadeln für das einheimische Tuchgewerbe ihre Wurzel. Die führenden Messingfabrikanten wanderten im 16. Jahrhundert wegen ihres protestantischen Glaubens von Aachen aus und wurden im benachbarten Stolberg bereitwillig aufgenommen, wo sie Hütten, Walzwerke und Werke der Weiterverarbeitung gründeten, die z.T. bis heute bestehen. So gehört der Stolberger Zink-AG die schon erwähnte Zinkhütte in Neuß-Norf (Walzwerk noch in Stolberg). Aufgrund der vielfältigen Anlagen ist im tief eingeschnittenen Indetal eine regelrechte Industriegasse entstanden.

In der Nordeifel, dem Hinterland von Aachen und Düren, wurden ähnlich wie im Bergischen Land, die *Eisenerze* verhüttet und weiterverarbeitet. Die Verhüttung geschah mit Holzkohlen. (Erst 1896 erlosch im Hinterland der letzte noch betriebene Holzkohlehochofen.) Ähnlich wie im Bergischen Land und im Märkischen folgte die Weiterverarbeitung der Wasserkraft und den an ihr errichteten Hammerwerken ins Tal. Diese Täler und die Hammerwerke waren die Heimat der Familien Poensgen, Hoesch und Thyssen. Einzelne Mitglieder erkannten, daß es zweckmäßiger war, die Standorte aus der Eifel hinaus zu verlegen in das Vorland, zur Eisenbahn hin (ab 1841). So profitierte seit 1837 ein von Hoesch in Lendersdorf (Düren) betriebenes Werk von der Schienenherstellung und konnte sich aufgrund der rasch wachsenden Nachfrage erweitern. Noch zwei Jahrzehnte später, in der ersten Gründerzeit, wird dann der Sprung an den Rhein (Poensgen, Thyssen) bzw. an die „Ruhr" (Hoesch) gemacht.

Der Bergbau auf *Steinkohlen* entwickelte sich in der Nachbarschaft des ältesten „Reviers" in Europa, dem von Lüttich, ebenfalls früh. Die ersten Stollenanlagen werden 1353 erwähnt, nachdem die Technik des Stollenbaus erstmals im Revier von Lüttich erfunden worden war. 1791 wird im alten Bergbauort Eschweiler die erste

Dampfmaschine auf deutschem Boden überhaupt aufgestellt, um das Wasser abzupumpen. Ähnlich wie bei der *Braunkohle* beruht die Möglichkeit des Bergbaus darauf, daß die tief abgesunkenen Flöze (im Bereich der Kölner Bucht) am Eifelrand wieder aufsteigen und von den Flüssen Inde und Wurm mit ihren Tälern angeschnitten worden sind, vergleichbar dem Ruhrtal. Mit dem Ruhrgebiet gibt es noch weitere Ähnlichkeiten: 1. die Decke aus Kreideschichten, die ebenfalls nach Norden immer mächtiger werden; 2. die verkokbare Fettkohle, die ebenfalls erst unter dem Deckgebirge erschlossen werden kann; 3. die Wanderung des Bergbaus aus dem anfänglichen „Inderevier" bei Eschweiler ins „Wurmrevier" nach Norden, 4. das Erlöschen des Bergbaus im Süden.

Den ersten Anlaß für die Glasindustrie boten die *Quarzsande*, wenn auch später der Standort auf den Kohlen als der Energiebasis wichtiger war. (Stolberg: 1835; Herzogenrath 1905: Spiegelglas.)

c) Grundlage „Eisenbahn"

Nach dem Bau der Eisenbahn nahm die Industrie in den Orten an der Bahnlinie, d.h. in Aachen, Eschweiler, Stolberg und Düren, wo sie schon vorher vorhanden war, einen neuen Aufschwung, wurden die Eisenwerke (s.o.) an die Bahn verlegt. In Aachen wurde durch Talbot (Mitglied einer früher eingewanderten belgischen Familie), sowie Piedboeuf und Neumann (ebenfalls belgischer Abstammung) auf der „Rothen Erde" (abgeleitet von „gerodeter Erde") ein Eisenwerk neu begründet (1861). (Vorher schon [1838] Talbotsche Waggonfabrik!) Man versicherte sich der Dienste des Ingenieurs Reiner Daelen, der entscheidenden Anteil an Ausbau und Erfolg hatte. (Mit ihm wagte man später auch den Sprung nach Hörde [Phönix] und übertrug nach dorthin den Namen „Rote Erde", der bis heute dort haften geblieben ist.) An das Stahlwerk wurde später auch ein Hüttenwerk angegliedert, das mit Erzen aus Lothringen beschickt wurde. So ging das Werk in mehrheitlichen Besitz des lothringischen Stahlkonzerns *ARBED* über, der 1920 die Produktion stillegte. Das Werk wurde 1929 völlig abgebrochen. Heute befindet sich auf dem Gelände eine Glasfabrik,

werden die Halden der Erzrückstände für die Produktion der „Roten Erde" (Asche für Tennisplätze u. dgl.) verwendet. Mit der ARBED kam ins „Aachener Revier" dann auch der spätere Vollbesitzer des traditionsreichen „Eschweiler Bergwerkvereins", des einzigen großen Kohleunternehmens im „Revier" bis heute. Es war entstanden aus der ersten größeren deutschen Grubengesellschaft, die von Mitgliedern der Familie Englerth 1834 gegründet worden war.
Auch in Eschweiler kam es zur Entstehung einer *Montanindustrie*, nachdem die Fettkohlen erschlossen worden waren (Phönix-Werke: später nach Düsseldorf und Dortmund verlegt). Der Koks kam zuerst noch aus Belgien (!). Schon vorher war 1822 in Eschweiler zum ersten Mal in Deutschland Draht auf industrielle Weise gewonnen worden (s. Thyssen, Abschnitt Duisburg). Aus dieser Wurzel stammen zum einen Teil auch die Kabelwerke Felten und Guillaume ab, mit dem Hauptwerk in Köln (s. dort). Der belgische Ingenieur Michiels gründete 1842 eine Fabrik für Eisenbahn- und Schienenmaterial.

d) Aachen als „Vorort"

Nachdem auf der Grundlage des Deutschen Zollvereins erstmals seit 1835 ein großes geschlossenes deutsches Zollgebiet entstanden war, machten sich ausländische Unternehmer die grenznahe Lage Aachens auf deutschem Gebiet, zugleich an der ersten größeren und wichtigen Eisenbahn, zunutze und gründeten Unternehmen, die bis heute Bestand gehabt haben.

– St. Gobain (Paris) gründete *Glaswerke* in Stolberg und Aachen. Damit entstand die Tradition, daß Aachen der Firmensitz für die weitverzweigten Interessen dieses Unternehmens in Deutschland wurde (Gelsenkirchen-Schalke, Nürnberg z. B.).
– Englebert (Lüttich) gründete 1929 ein *Reifenwerk.*
– Philips errichtet eine *Glühlampenfabrik* für den deutschen Markt (1949) und Aachen wurde zum Sitz der Deutschen Philips-AG.

e) „Ersatzgewerbe" in der Nachbarschaft

In der Nachbarschaft Aachens entstand aus handwerklichen Anfängen für die einheimischen ländlichen Arbeitskräfte die *Schuhindustrie* (Dremmen).

An der verschmutzten Wurm gingen die wie in Düren traditionellen Papiermühlen ein. Eine dieser Mühlen wurde von Fremmerey, Köln, aufgekauft (1891). Er experimentierte mit *Kunstfäden* für Glühlampen und erfand 1901 die Kunstseide aus Zellulose. Seine Werkstätte wurde zur Wiege des späteren Glanzstoffkonzerns (Köln, Wuppertal), der heutigen Enka; das Werk Oberbruch (über der alten Mühle) entstand als erstes Werk der Kunstseidenindustrie in der Welt.

f) Die heutige Bedeutung der Industrie im Aachener Gebiet

Aachen ist das Zentrum der deutschen Feintuchindustrie (Anzüge, Kleider, Wäsche) wie auch das der deutschen Schirmindustrie (eine Industrie, die sich aus dem Feintuchbereich im Zusammenhang mit der Nadelindustrie entwickelte); es ist das Zentrum der Weltnadelherstellung (ein Drittel der Weltproduktion); es ist der Sitz der deutschen Waggonindustrie, mit Zweigwerken in Aachen, Uerdingen und Düsseldorf, wobei in Aachen besonders Spezialgüterwagen und Personenwagen – Export über 50% – hergestellt werden. Die Vereinigten Glaswerke (Vegla) sind der größte deutsche Hersteller an Sicherheits- und Spiegelglas (Herzogenrath); eine Spezialität sind Glasgarne. In den Forschungslaboratorien von Philips wird der Solartechnik ein besonderes Augenmerk geschenkt (z.B. Entwicklung des „Sonnenhauses").
Im Bereich der – noch nicht erwähnten – Nahrungsmittelindustrie ist Aachen zum Sitz des größten europäischen Herstellers von Schokoladen (Mauxion, Trumpf, van Houten, Lindt) und Keksen (De Beukelaer), nach Fusionen mit bzw. Übernahmen von belgischen Firmen. Die Firma Zentis ist bei Konfitüren eine bekannte Marke.
Mit der Technischen Hochschule, die 1871 gegründet wurde, erhielt Aachen *die* technische Hochschule für das Rheinland und Westfalen, deren Wissenschaftler bis heute führend bei der Entwicklung und Weiterentwicklung von bergbaulichen Verfahren gewesen sind (z.B. Kohlevergasung unter Tage). 1975 hatte die Hochschule 20000 Studierende aller Fachrichtungen. Die im Krieg zerstörte Altstadt wurde geschmackvoll wiederaufgebaut und bildet den attraktiven Rahmen für eine beliebte und belebte Fußgängerzone.

Düren ist führend bei Feinpapieren (10 000 Beschäftigte) und Papiermaschinen. Die Rurstauseen ruraufwärts in der Nordeifel verdanken ihre Entstehung wesentlich dem Interesse der Industrie Dürens an einer gleichmäßigen Wasserführung und wurden danach zu einem attraktiven Schwerpunkt der Naherholung für das Aachener, aber auch für das Kölner Gebiet.
In *Stolberg* ist eine vielseitige Buntmetallverarbeitung heimisch (Reißverschlüsse, Blechteile aller Art, Knöpfe, Drähte, Stanzteile, Nadeln, Kabeln). In der Chemisch-pharmazeutischen Industrie sind die Firmen Dalli und Chemie Grünenberg tätig.
In *Eschweiler* setzt sich der Montanbereich in Kabelwerken und einem Elektrostahlwerk fort.
Dremmen im Norden besitzt Schuhfabriken, die sich auf Arbeits- und Sicherheitsschuhe spezialisiert haben.
Im *Wurmrevier* fördert der Eschweiler Bergwerksverein rd. 6 Mill. t Kohle pro Jahr und erzeugt für die ARBED rd. 3 Mill. t Koks (1979). Der Kern des Abbaus liegt im Gebiet von Alsdorf. In zwei Gruben arbeiten rund 7000 Beschäftigte. Die Vorräte betragen rd. 7–8 Mrd. t abbaufähiger Kohle. In allen anderen Gebietsteilen ist der Abbau stillgelegt worden.
Mit dem ersten Weltkrieg setzte auch auf *holländischem Gebiet* in Südlimburg über den Kohlen eine starke Verstädterung ein. Über den Juliana- bzw. Albert-Kanal wurden seit 1924 die Kohlen zu Hoogovens nach Ijmuiden gebracht. Da der Abbau zu teuer war, wurden die Zechen zwischen 1965 und 1974 systematisch stillgelegt. 50 000 Arbeitsplätze gingen verloren. 20 000 pendeln nach Aachen aus.

4. Mönchengladbach und sein Umland

Zum Umland gehört eine Bevölkerung von insgesamt 500 000 Einw., auf die Kernstadt mit Rheydt (das seit 1975 eingemeindet ist) entfallen 260 000 Einw.
Der D/B-Index zeigt die Stärke der Stadt als Industriezentrum und die große *Vielseitigkeit*, und zwar sowohl als Binnendiversifizierung in einer einzigen Branche, der Textilindustrie, aber auch

als Branchendiversifizierung. Letztere baute auf der Textilbranche auf, und zwar zunächst mit der Textilmaschinenindustrie, an die sich Maschinenindustrien aller Art knüpften. Man kann diesen typischen Ablauf als „klassisch“ bezeichnen (vgl. Lancashire und Yorkshire).
Die Entwicklung und ihre Grundlagen werden in Abb. 47 zusammengestellt.

Abb. 47 Entwicklung der Industrie in Mönchengladbach und im Umland (vereinfacht und erweitert nach Knübel, 1980)

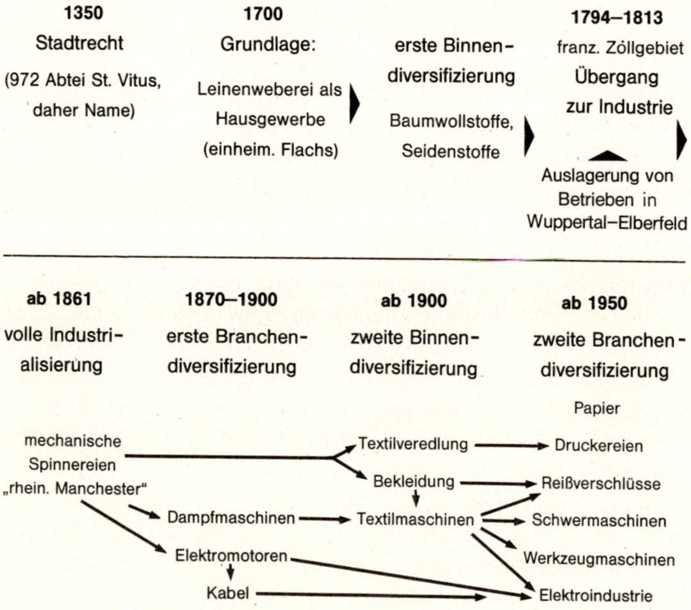

Im Verlauf dieser Entwicklung wurde Mönchengladbach nicht nur zum *„deutschen Manchester“*, sondern auch zum Zentrum der deutschen Textil- und Bekleidungsindustrie (ein Drittel der deutschen Oberbekleidung, ein Viertel der deutschen Erzeugung an Seidenfutterstoffen). Zu dieser Entwicklung trug als naher Absatzmarkt auch das expandierende Ruhrgebiet bei, später die Nachbarschaft zur wachstumsintensiven Rheinschiene.

Im Handelskammerbezirk, zu dem auch Viersen, Dülken und Süchteln gehören (letztere heute zu Viersen) verteilt sich die Produktion an Stoffen folgendermaßen: auf die Herstellung von Samt-, Plüsch-, Deko- und Möbelstoffen entfallen 24%, auf die Textilveredlung 19%, auf Spinnereien, Webereien und Seidenwebereien je 17%.

In Viersen, Dülken und Süchteln verlief die Entwicklung grundsätzlich ähnlich, ebenfalls in Rheydt. Die erstgenannten Orte wurden zusätzlich seit dem 18. Jahrhundert von Krefeld aus beeinflußt; von dort dehnte sich hierhin die Herstellung von Samt, Seide und Plüsch aus. Durch Sudetendeutsche wurde seit 1945 auch die Strick- und Wirkwarenproduktion eingeführt. Die Konkurrenz der Billigpreisländer konnte durch Spezialisierung auf eine sehr breite Palette und durch rationellste Fertigungsmethoden aufgefangen werden. Dies zeigt die hohe Innovations- und Anpassungsfähigkeit, die auch schon in Abb. 47 zum Ausdruck kommt.

Im Stadtbereich von Mönchengladbach befindet sich schließlich noch das Natohauptquartier für Mitteleuropa. Nach Westen anschließend hat sich auf den dortigen Tonvorkommen eine Tonwaren- und Dachziegelindustrie entwickelt, die ebenfalls am Aufschwung des Rhein-Ruhr-Gebiets und der lebhaften Bautätigkeit, insbesondere seit 1945, Anteil hatte.

Schwalm- und Netteniederung mit Wäldern und Seen sowie die Nordeifel mit Venn und Stauseen sind die bevorzugten und nahegelegenen Gebiete der Wochenenderholung für beide Randkerne. Die Schwalm-Nette-Niederungen werden allerdings auch gern von der Bevölkerung der nördlichen Rheinschiene aufgesucht (Durchschnittswerte an Sonn- und Feiertagen außerhalb des Winters: 40000, Spitzenwerte 60000; „Dichte" je km²: 152).

XI. Der „Ergänzungsraum"

War bisher der Kernraum mit seinen Teilgebieten als sog. Subsysteme des Gesamten sowie deren Genese wie den von ihnen ausgehenden Impulsen Gegenstand der Darstellung, so müssen abrundend kurz auch noch die Auswirkungen des Rheinisch-Westfälischen Industriegebietes in das Umland hinein umrissen werden – des Umlandes, das wegen dieser Auswirkungen als Ergänzungsraum des Kernraums angesehen werden muß, und zwar vor allem in *dreierlei* Hinsicht: in den Sektoren Baustoffe, Erholung und landwirtschaftliche Versorgung. Die Nachfrage aus dem Kernraum bringt in dieser dreifachen Hinsicht Impulse hervor, die im Ergänzungsraum bestimmte Aktivitäten auslösen. Damit werden für eine Vielzahl weiterer Menschen Verdienstmöglichkeiten geschaffen, die ohne den Kernraum nicht vorhanden wären. Damit erweitert sich einerseits auch der Begriff der *„Mantelbevölkerung"*, andererseits vergrößert sich der *Funktionsbereich* des rheinisch-westfälischen Ballungsraums.
Auf die drei erwähnten Bereiche wird im folgenden mit einigen Hinweisen eingegangen.

1. Baustoffe

Die *Kalk- und Zementindustrie* blühte auf einerseits auf den Massenkalkvorkommen aus dem Devon im Hinterland von Aachen und Mettmann–Düsseldorf (Neandertal), andererseits auf den Kreidekalken in der Umgebung von Beckum. Wie stark die Industrie- und Baukonjunkturen jeweils den Abbau belebt haben, wurde bereits am Beispiel der Beckumer Zementindustrie gezeigt. Auch die Bimsgruben und *Bimssteinherstellung* im Neuwieder Bekken wie auch die daran anknüpfende Industrie der Bausteine, Röhren und dgl. haben ihren großen Absatzmarkt insbesondere in der Rheinschiene gefunden. In diesem Zusammenhang ist auch die *Tonröhren*herstellung von Frechen bei Köln zu erwähnen, die ursprünglich auf den einheimischen Tonen basierte und als keramische Industrie eine bis ins Mittelalter zurückreichende Tradition besitzt. Auch die *Ton- und Dachziegel*fabrikation von Sittard und Umgebung westlich Mönchengladbach, von der schon die Rede gewesen ist, findet hier ihre funktionale Einbettung und Anbindung.

2. Erholung

Wie stark die von den „Subsystemen" ausgehenden Naherholungsaktivitäten sind und wohin sie sich richten, ist jeweils dort bereits erwähnt worden. Im jetzigen Zusammenhang ist insbesondere darauf hinzuweisen, daß der gesamte Kernraum von einem fast lükkenlos geschlossenen *Kranz von Naturparks* umgeben ist (Abb. 48). Teilweise dringen diese Naturparks gewissermaßen weit in den Kernraum vor und gliedern dort die geschlossen überbaute Fläche auf (Beispiele: Kirchhellener Heide bei Bottrop, Naturpark Bergisches Land in Bezug auf Wuppertal, Remscheid, Solingen).
Schlägt man um Wuppertal als dem ungefähren topographischen Mittelpunkt des Kernraums einen Kreis mit einem Radius von rund 70 km, so liegen alle städtischen Teilräume des Kernraums außer Aachen innerhalb der Kreislinie. Eine Kreislinie, die den Kranz der Naturparks einschließt, weist dagegen einen Radius von 110 km auf und gibt damit eine Vorstellung von der Ausdehnung des Rheinisch-Westfälischen Ballungsgebiets im Sinne eines Funktionalraums.
Innerhalb dieses Radius werden die angebotenen Möglichkeiten wie auch die Einrichtungen vielfältiger Art, die nach und nach seit Jahrzehnten für den Freizeitbedarf geschaffen worden sind, von

Abb. 48 Naturparks in der Umgebung des rheinisch-westfälischen Ballungsraums

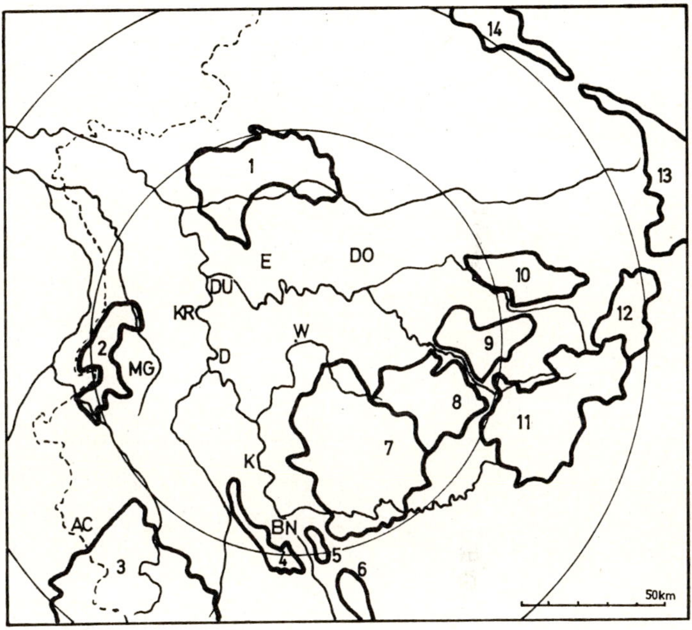

1: Hohe Mark
2: Maas – Schwalm – Nette
3: Deutsch-Belgischer Naturpark
4: Kottenforst – Ville
5: Siebengebirge
6: Rhein – Westerwald
7: Bergisches Land
8: Ebbegebirge
9: Homert
10: Arnsberger Wald
11: Rothaargebirge
12: Diemelsee
13: Eggegebirge und südlicher Teutoburger Wald
14: nördlicher Teutoburger Wald

Der innere Kreis besitzt einen Radius von 70 km um Wuppertal als Mittelpunkt, der äußere von 110.

der Bevölkerung des Kernraums in vollem Umfang wahrgenommen, wie die bei dem Abschnitt über die Naherholung in der südlichen Rheinschiene mitgeteilten Zahlen belegen. Eine sicherlich aufschlußreiche vergleichende Gesamtdarstellung aller Erholungsräume im „*Erholungskranz*" fehlt leider. Berechnungen (vgl. Abb. 49) zeigen, daß die Nachfrage nach Naherholungsmöglichkeiten naturgemäß im Ruhrgebiet besonders hoch ist, und dort besonders wieder im alten Kernraum der Hellwegstädte Essen und Bochum, sowie in Wuppertal. Die Nachfrage fällt sprunghaft nach allen Seiten konzentrisch ab. Die weitesten Ausstrahlungsbereiche finden sich im östlichen Ruhrgebiet, am linken Niederrhein und im Südbergischen.

Abb. 49 Erholungssuchende (am Wochenende) je km² als Prognose für 1980 (nach L. Czinki 1973)

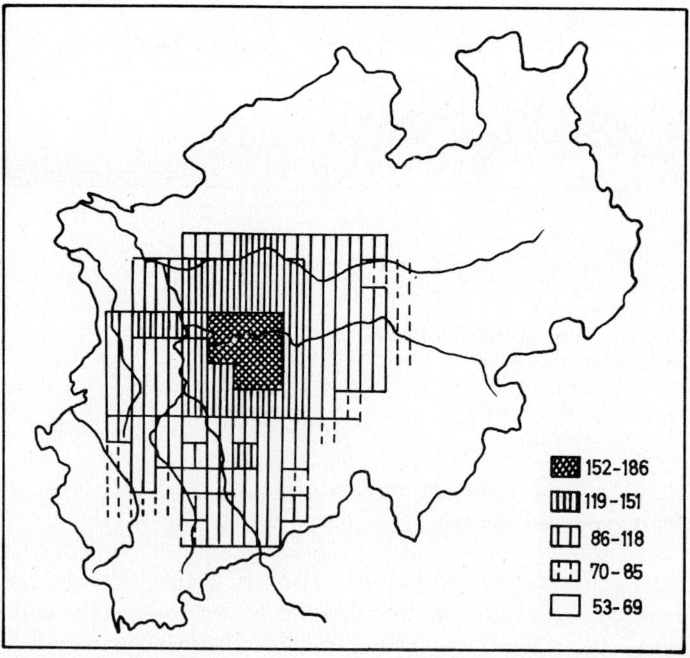

3. Landwirtschaftliche Versorgung

Daß die *Nahrungsmittelindustrien* im Kernraum selbst eine große Rolle spielen, darauf wurde schon bei den Teilräumen hingewiesen (Neuß, Aachen, Köln, Düsseldorf, Dortmund, um nur die wichtigeren Standorte noch einmal zu nennen). Hinzu treten die großen *Warenhaus- und Selbstbedienungsgesellschaften*, die im Kernraum ihren Sitz haben (Kaufhof: Köln; Horten: Düsseldorf; Karstadt: Essen; Hussel: Hagen; Tengelmann: Mülheim; Aldi: Mülheim; Kaiser's Kaffee: Viersen – heute zu Tengelmann –; Plus: Mülheim – zu Tengelmann –, Rewe: Köln; um nur die bekannteren zu nennen).

Daß nun über die Nachfrage nach landwirtschaftlichen Erzeugnissen aus dem Kernraum heraus auch die Landwirtschaft beeinflußt wird und damit das Umland gerade auch in dieser Hinsicht zu einem eminent vom Kernraum geprägten Ergänzungsraum wird, liegt auf der Hand.

Eine *engste Verknüpfung* liegt in zweierlei Hinsicht vor mit direkter Produktion für den städtischen Markt:

a) bei *Gemüse, Obst, Gartenanlagen;*

b) bei *Milch* (Grünlandwirtschaft, Stallhaltung)

Weniger ist dies bei der Zuckerrübenproduktion in den zum Gebiet gehörenden Börden der Fall, eher bei der dominierenden Getreideproduktion auf Weizen. Trotz der am Rhein und am Hellweg aufgereihten *Brauereien* ist der Braugerstenanbau nur im Gebiet von Mechernich südlich Düren prägend geworden. (Anzahl der Brauereien in Nordrhein-Westfalen: insgesamt 112; Bayern: 1052; 1980)

Auf der Karte (Abb. 50) sind nur die unter a) und b) genannten Landwirtschaftszweige wiedergegeben. Hinzu treten noch die Standorte der *Zuckerfabriken*, die in der Regel sich eng an die Siedlungen des Kernraums anlehnen.

Auch bei der Landwirtschaft ist keine ausführliche Detailbeschreibung vorgesehen. Es werden nur Züge genannt, die für das Gesamtbild charakteristisch und bedeutsam sind. (Es gibt eine Vielzahl von Monographien, die sich mit einzelnen Gebieten beschäftigen. Sie verdanken ihre Anregung einer „Schule", die man als

„Bonner Schule der Agrargeographie" bezeichnen könnte; sie wurde durch L. Waibel an der Universität Bonn begründet, von C. Troll sehr gefördert und von W. Kuls fortgeführt. Vergleichende Gesamtdarstellungen, die sicherlich ebenso reizvoll wären wie die zur Erholungssituation, fehlen jedoch.) Betrachten wir nun einige der Grundzüge (in der oben gegebenen Einteilung).

a) Gemüse, Obst und ähnliches

Zwar gibt es durchaus Gebiete, in denen entweder die eine oder die andere Kultur dominiert, in der Karte jedoch (Abb. 50) sind sie zusammengefaßt worden; ebenso ist nicht zwischen Feldgemüse und Gartenkultur unterschieden worden. Einbezogen werden auch Gärtnereien, Baumschulen. Begründet kann dies folgendermaßen werden: Einmal wechseln nämlich die genannten Kulturen in relativ kleinen Arealen rasch miteinander ab, ein andermal gibt es eine Art „Etagenanbau", die an mediterrane oder submediterrane Gebiete erinnert: entlang der oft schmalen Parzellen stehen die Obstbäume gereiht oder auch die Beerensträucher. Monokulturartige „Obstplantagen" sind zwar in den letzten Jahrzehnten ebenfalls angelegt worden, bestimmen jedoch kaum das Bild (gelegentlich im Bergischen Land oder im Hügelland östlich des Siebengebirges).

In den Randbereichen besonders der Rheinschiene durchdringen sich, wie die Abb. 50 zeigt, städtisch überbaute Gebiete und Gemüse- bzw. Obstnutzung. *Schwerpunkte* der Kulturarten sind die Kölner Bucht und der westliche Niederrhein, im geringeren Umfang die Soester Börde.

Innerhalb dieser Schwerpunktgebiete sind einige *„alte Vorposten"* das „Vorgebirge" zwischen Köln und Bonn und das Gemüsebaugebiet im Südwesten von Düsseldorf, wo seit 150–200 Jahren die Produktion für den städtischen Markt Tradition besitzt und mit seiner Expansion selber auch flächenhaft expandierte (z. B. vom Vorgebirge auf die Ville hinauf, auf den Rhein zu und auf die rechtsrheinische Seite hinüber). Legt man im Vorgebirge traditionell den Wert auf Feingemüse und Blumen, so hat sich das Gebiet von Düsseldorf und Neuß u. a. auch auf den Feldgemüsebau (alle Kohlarten) spezialisiert.

Abb. 50 Ausgewählte Merkmale der Bodennutzung

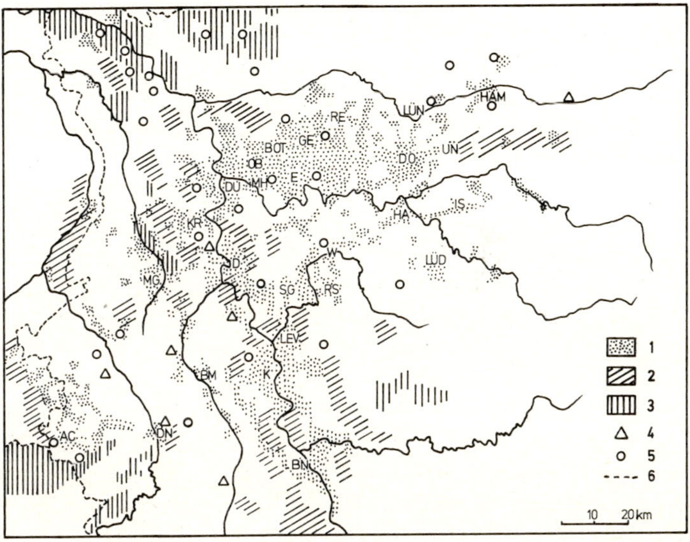

1: überbaute Fläche
2: Gemüse- und Obstbau
3: intensive Grünlandwirtschaft
4: Zuckerfabrik
5: Großmolkerei (mehr als 10 Mill. kg Milchverarbeitung jährlich)
6: Staatsgrenze

Auch die *Niederländer* haben sich früh auf den städtischen Markt an Rhein und Ruhr eingestellt. So entstanden als „funktionale Fernwirkung“ die Gebiete intensiven Gartenbaus westlich der Grenze an der Maas zwischen Roermond und Venlo (auch intensive Geflügelhaltung).
Diese Gebiete sind daher auch auf der Karte mit erfaßt.
Der Erfolg der Niederländer wirkte als Vorbild auch am linken Niederrhein, wo um St. Tönis, Hüls und Straelen jüngere Gebiete intensiver Kulturen entstanden (Ansätze: vor dem ersten Weltkrieg), während die Gebiete von Kempen und Krefeld eher vom Vorgebirge und vom Düsseldorfer Raum aus beeinflußt worden

sind. (Gemüse, Blumen; auch in Straelen.) Nach niederländischem Vorbild wurden auch die Versteigerungen organisiert, von denen 1914 im Gebiet von Straelen die erste dieser Art in Deutschland praktiziert wurde. Mit einer großen Versteigerungshalle folgte dann seit 1928 das Vorgebirge (ständig erweitert).
Als Folge des „Wirtschaftswunders“ entwickelten sich auch Gartenbaubetriebe für den speziellen *Bedarf der Hausgärten* (Baumschulen, Saatzuchtbetriebe für Blumen und dgl.), so insbesondere bei Meckenheim und Siegburg – Eitorf (beide im Hinterland von Köln bzw. Bonn gelegen). Möglicherweise ist der landschaftsprägende Aufschwung dieser Betriebe auch dadurch gefördert worden, daß nach 1945 die Beziehungen zu den Gärtnereien im Gebiet von Erfurt zwangsweise unterbrochen wurden.
Mit den Baumschulen und Saatzuchtbetrieben ist bereits angedeutet worden, daß sich die Branche Schritt um Schritt *spezialisierte.* Das kann auch beim Gemüseanbau festgestellt werden: am Niederrhein dominieren Spargel, Bohnen, Gurken, Feingemüse, Blumen; im Gebiet von Neuß und Düsseldorf der Feldgemüseanbau, am Vorgebirge der Anbau von Spinat, Tomaten, Feingemüse, Erdbeeren (letztere auch im Bergischen Land).
Spezialisierung und gewissermaßen regionale Arbeitsteilung gingen zwar von der Anpassung an den Markt aus, drücken aber auch *historische und naturräumliche Vorgegebenheiten* aus. So ist z. B. der gartenbaumäßige Anbau dort, wo er eine lange Tradition besitzt (bzw. später rasch aufgegriffen worden ist), an die Realteilung gebunden, wie sie z. B. im Vorgebirge ganz extreme Verhältnisse erreicht hat, oder doch an Kleinbetriebe (z. B. Straelen). Die extremen Verhältnisse im Vorgebirge beruhen auch darauf, daß hier bis ins 19. Jahrhundert hinein Wein angebaut wurde, die Gemüsekultur hier also eine Nachfolgekultur des Weinbaus ist (vgl. Reichenau).
Der Hinweis auf den Weinbau zeigt auch, daß die Entwicklung ursprünglich auch an die klimatische Gunst geknüpft war, was sich beim Vorgebirge noch in der Spezialisierung auf die genannten Gemüsearten kundgibt.
Klimatische Gunstlagen waren aber insbesondere die Leelagen der Gebirgs- und Hügelländer, wobei bereits relativ kleine Reliefunterschiede eine bedeutsame Rolle erlangten.

Fast alle Gemüseanbaugebiete liegen im Bereich des frühesten Frühlingseinzugs (bis 30. 4.). Das Gebiet des frühesten Frühlingseinzugs ist trotz der weit nach Norden vorgeschobenen Lage in der Bundesrepublik relativ groß (Lage im Lee der vorherrschenden Südwestwinde) und ist dazu eines der wenigen Gebiete in der Bundesrepublik mit einem solch frühen Frühlingseinzug. Die Randhöhen des Bergischen Landes sind sekundär bevorzugt, insofern hier die nächstfrühe Periode (bis 5. 5.) zu verzeichnen ist.

Besonders ausgeprägte Schutzlagen haben das Gebiet von Euskirchen und Düren, das Vorgebirge, das Drachenfelser Ländchen südlich Bonn, das Hügelland östlich des Siebengebirges.

Die Höhenlage spielt insofern eine Rolle, als offenbar oberhalb von 300 m (siehe das Ausgreifen der Signaturen auf die Randhöhen des Bergischen Landes in Abb. 50) die Bedingungen für einen gewerbsmäßigen Anbau unrentabel werden lassen.

Mögen die *bodenmäßigen Voraussetzungen* früher auch eine Rolle gespielt haben (Lößüberkleidung beim Vorgebirge, östlich des Siebengebirges, auf den Bergischen Randhöhen; Hochflutlehme auf den Niederterrassen bei Düsseldorf, Neuß und Krefeld), so zeigt die Ausdehnung der Kulturen auf die sandigeren und kiesigeren Bereiche der Ville bzw. des Niederrheins abwärts von Krefeld, daß dieser Faktor heute kaum noch eine Rolle spielt.

Auffällig ist, daß in den Gartenbau- und Ackerlandschaften weder im Kernraum selbst noch in seinem Umland die *Sozialbrache* – trotz entsprechend gegebener Voraussetzungen wie im Rhein-Main-Gebiet – zu irgendeiner Zeit auch nur nennenswert eine Rolle gespielt hat. Das mag daran liegen, daß die Stadt-Rand-Wanderung potentielle Brachflächen absorbiert hat; es mag aber auch daran liegen, daß schon eine lange und traditionelle Symbiose mit dem städtischen Umfeld bestand und somit ein rascher Einbruch sozio-ökonomischer Beziehungen nicht vor sich gegangen ist.

Abgesehen von den Zuckerfabriken und den Betrieben für die Sauerkrautherstellung in Neuß und Umgebung kann von einer nennenswerten Verarbeitungsindustrie für die landwirtschaftlichen Produkte nicht gesprochen werden.

b) Milchwirtschaft

Die in Abb. 50 eingetragenen Standorte der *Großmolkereien* verdeutlichen zwei Grundmuster der Standortverteilung: einmal den Standort im Ballungsraum selbst (12 Großmolkereien), ein andermal landwirtschaftliche Spezialgebiete (nördlicher Niederrhein: 9 Molkereien; „Butterländchen“ südlich bzw. südwestlich von Aachen: 2 Molkereien auf deutschem Gebiet; Zahl auf belgischem Gebiet unbekannt).

Die dieser Verteilung zugrundeliegenden *Standortbedingungen* lassen sich unschwer ablesen und ergänzen: einmal die Großstadtnähe (Stallhaltung, z. T. aber auch Lieferungen mit Großtankwagen aus den Niederlanden z. B.), ein andermal die Graswüchsigkeit, die die Grünlandwirtschaft ermöglicht. Dabei differieren die beiden Gebiete im Hinblick auf die Ursachen der *Graswüchsigkeit.* Im „Butterländchen“ sind es die staunassen Lehmböden, die sich auf den Schiefern und Grauwacken bzw. den Phylliten des Devons und Kambrosilurs ausgebildet haben, im Verein mit den hohen Niederschlägen im Luv des Hohen Venns (bis 1200 mm pro Jahr); diese Bedingungen erlauben unter der sehr intensiven Pflege des Dauergrünlandes von ca. 100 % der Fläche (die hier eine lange Tradition hat) einen erstaunlich hohen Besatz mit Großvieheinheiten (150–200 je 100 ha landwirtschaftlich genutzter Fläche). Traditionell war hier auch die Ausrichtung auf den nahen städtischen Markt (Aachen bzw. Verviers-Lüttich). Am Niederrhein ist es die „Polderlandschaft“ mit ihren grundwassernahen Standorten und dem ozeanischen Klima, die zur Nutzung als Dauergrünland (ca. 80 % der Fläche) und zu einem hohen Besatz (200 Stück) geführt hat.

In jüngster Zeit nimmt auch in anderen an den Kernraum angrenzenden Gebirgsgebieten mit Luvlage und hohen Niederschlägen (Bergisches Land, Mark, Sauerland: über 1200, teilweise über 1400 mm Niederschläge jährlich) mit ähnlichen gesteinsmäßigen Bedingungen wie im „Butterländchen“ die sog. *Vergrünlandung* zu, was sich im Standort für 2 Großmolkereien ausdrückt. Die Vergrünlandung ist hier als Anpassungsprozeß zu verstehen, der aus der traditionellen Mischwirtschaft unter den heutigen ökonomischen

Bedingungen zu einer weniger arbeitsaufwendigen Spezialisierung geführt hat. Mögen sich darin auch allgemeine Tendenzen der Entwicklung der Landwirtschaft in den Mittelgebirgen ausdrücken und weniger solche, die unmittelbar mit dem Zusammenhang von Kern- und Ergänzungsraum gegeben sind, so ist aber in vielen Fällen gerade doch auch dieser Zusammenhang als Motiv für den Wandel deutlich sichtbar. Gemeint ist die Umstellung der Landwirtschaft auf Grünlandwirtschaft, weil der Fremdenverkehr (Naherholung *und* Fernerholung) den einzelnen Betrieben diese Umstellung erleichtert hat – und zwar *der* Fremdenverkehr, der vorzugsweise im Kernraum sein Quellgebiet besitzt.

c) Zuckerrüben und Zuckerfabrikation

Die Verteilung der Fabriken zeigt, daß der Schwerpunktraum eindeutig derjenige der *rheinischen Börden* der Kölner Bucht ist (6), und nicht die Soester Börde (1). Der Anbau von Rüben für die Zuckerproduktion wurde zuerst forciert, als während der Kontinentalsperre das linksrheinische Gebiet unter französischer Verwaltung stand. Doch gingen die Betriebe nach 1814 wieder ein. Die erste Fabrik im heutigen Sinn wurde 1851 in Köln-Ossendorf gegründet; durch sie wurde die Tradition des „Kölner Zuckers" begründet, auch wenn sie längst stillgelegt ist. 1864 wurde in Dormagen die älteste Fabrik erbaut, die bis heute Bestand hat. Außer dem „Kölner Zucker" errang sich der „Jülicher Zucker" einen Markennamen.

Die Zuckerrüben werden gewöhnlich in einer Rotation mit Weizen, Gerste, Klee, Roggen angebaut. Da man zunächst den Zusammenhang zwischen einer raschen Folge der Zuckerrüben in Fruchtwechsel und der Ausbreitung der Fadenwürmer (Nematoden), eines Zuckerrübenschädlings, nicht kannte, sanken die Erträge gegenüber den bayerischen Gebieten (Regensburg – Straubing – Plattling) ab. Doch ist das Zuckerrübenkontingent, das den rheinischen Landwirten innerhalb der EG zugeteilt wurde, hoch geblieben.

Die Voraussetzungen für den Zuckerrübenanbau – wie auch dem von Weizen – liegen einerseits in der Fruchtbarkeit des Lößbodens

(Bodengüte: z.T. über 90 – Magdeburger Börde: 100), andererseits in der langen Vegetationsperiode (Februar bis November), die es erlaubt, daß die Zuckerrüben im Herbst so lange wie möglich auf den Feldern vor den ersten Frösten verbleiben können und damit der Zuckergehalt höher werden kann. (Gebiete der längsten Wachstumsperiode ungefähr identisch mit den Gebieten des frühesten Frühlingseinzugs: mehr als 240 Tage im Jahr; vgl. Abb. 50).

XII. Abschluß: Zusammenfassungen – Städtesystem – Perspektiven

Gerade das vorige Kapitel XI hat eine Vorstellung vom Umfang des Kern- und seines zugehörigen Ergänzungsraumes gegeben, den wir in diesem funktionalen Sinn auch als „*Verflechtungsraum*" bezeichnen können.

Dieser Raum stellt im Sinne von Hottes (1967) typologisch ein *Industriegebiet* dar, dessen Kerne als *Industrieregionen* bezeichnet werden müssen. (In einem Industriegebiet ist zwar die Industrie funktional und physiognomisch der raumbeherrschende Faktor; es sind aber noch größere Zwischenräume ohne Industrieanlagen vorhanden. In einer Industrieregion ist die Industrie voll bestimmend, eng verflochten und über große Flächen ausgedehnt.)

In diesem Industriegebiet werden die charakteristischen *Wanderungsbewegungen*, die wir für die Teilräume festgestellt haben, vermutlich andauern. Eine Prognose für den Zeitraum 1976–1990 sieht kartographisch wie Abb. 51 aus. Demnach werden die Wanderungsverluste im Ruhrgebiet sowie in der nördlichen Rheinschiene hoch sein, in der südlichen Rheinschiene dagegen gering. Zuwanderungsgebiete sind insbesondere die Gebiete, die links- und rechtsrheinisch die südliche Rheinschiene begleiten. Diese dehnt sich rein flächenmäßig und bevölkerungsmäßig also noch aus. In diesen selben Gebieten hat die Einwohnerdichte zwischen 1970 und 1976 drastisch zugenommen, während sie im Ruhrgebiet und den Kernstädten der Rheinschiene drastisch abgenommen hat. Die Vorschätzungen von 1976 auf 1985 weisen folgende Bevölkerungsverluste auf:

Abb. 51 Wanderungsbilanz 1976–1990

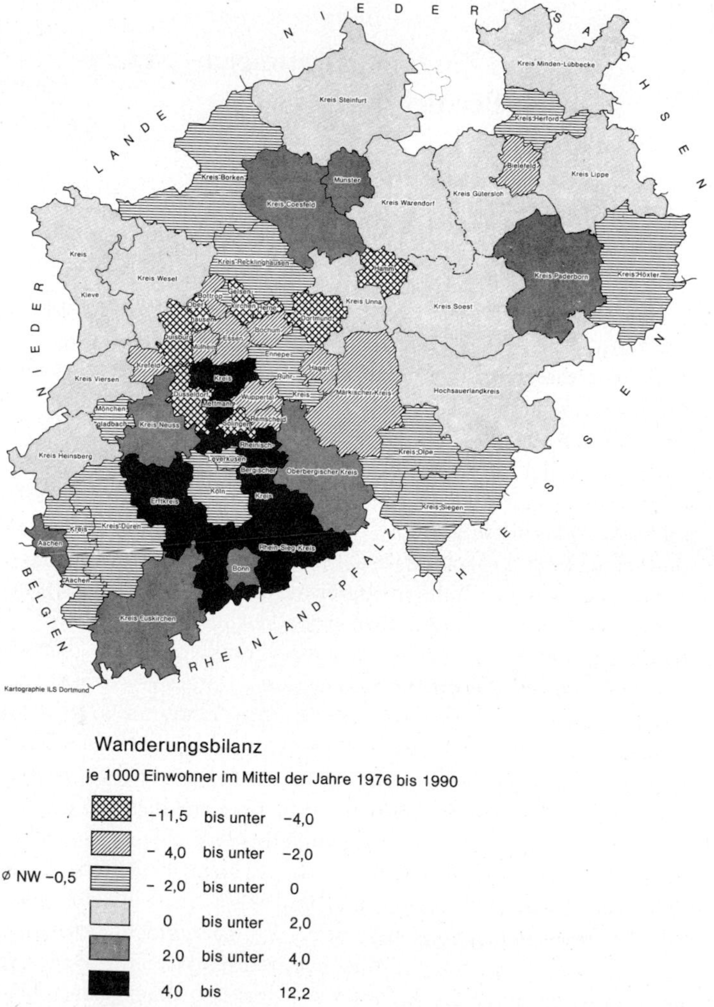

Quelle: Hannover 1978, Bd. 126 d. Veröfftl. d. Akad. f. Raumforsch. u. Landesplanung – Forschungs- u. Sitzungsberichte

Ruhrgebiet:	330 000
Nördliche Rheinschiene	180 000
südliche Rheinschiene	15 000
Bergisches Land und Mark	140 000
Aachen	20 000
Mönchengladbach	20 000

Es sind also insbesondere diejenigen Teilgebiete betroffen, die genetisch zu den *älteren Kernen* gehören.

Nicht von ungefähr ist daher eine Gesellschaft für *Wirtschaftsförderung* Nordrhein-Westfalen gegründet worden, die mit großen Inseraten für die Neuansiedlung von Unternehmen wirbt und folgende Vorzüge des Raums herausstellt:

- hohe Leistungsfähigkeit bei Infrastruktur, Verwaltung, Dienstleistungen,
- größter Markt für Konsum- und Investitionsgüter Europas,
- hohe Arbeitsproduktivität,
- traditionelle Industrieerfahrung.

Bleibt zu hoffen, daß die *Erfindungskraft* durch solche Maßnahmen wenigstens nicht vermindert wird – beruht doch die Entwicklung der Teilregionen wie aber auch der Gesamtregion über die Jahrhunderte hinweg und insbesonders in den letzten 150 Jahren auf der Erfindung entscheidender technologischer Verbesserungen. Die Übersicht der Abb. 52 legt davon eindrucksvolles Zeugnis ab.

Vom Weitergehen der Erfindungen hängt die *technologische Zukunft* und damit auch die weitere kraftvolle Existenz des Gesamtraums ab; davon hängt ab, ob das Fehlen der Konsumgüter- und Elektroindustrie ausgeglichen, ob das Gebiet seine europäische und weltweite *Geltung* bewahren kann – eine Geltung, die es z. Zt. sicher noch bei Pharma- und Pflanzenschutzprodukten und dgl., bei hochwertigen Schwer- und Schwerstinvestitionsgütern aller Art (Elektro-, Kernkraft-, Verkehr-, Chemie-, Hütten- und Stahlbereich) besitzt. In diesen Bereichen werden die computerisierbaren Prozesse in den Spitzenunternehmen ebenfalls weltweit führend beherrscht. Die Frage ist jedoch, ob man nicht nur in der Anwendung, sondern auch in der Grundlagenforschung und eigenen Herstellung hochleistungsfähiger Mikroprozessoren zur Spitze

Abb. 52: Bedeutsame Erfindungen im Rhein-Ruhrgebiet

Erfindung	Ort/Gebiet	Jahr
Drahtrollen, mit Wasserkraft betrieben	Mark	um 1400
Blasebalg, mit Wasserkraft	Bergisches Land	um 1500
Bandstuhl	Elberfeld (Wuppertal)	1770
Universalwalzwerk	Dortmund (Hellweg)	1848
Stahlformguß	Bochum (Hellweg)	1852
Stahlreifen, nahtlos	Bochum (Hellweg)	1854
Dampfhammer	Essen (Hellweg)	1861
Unterwindverfahren	Dortmund (Hellweg)	1861
Kalisulfat für Dünger in Großfabrikation	Köln	1863
Ottomotor	Deutz (Köln)	1864
Selbsttätige Stanz- und Lochmaschine	Iserlohn	1867
Viertaktmotor	Köln	1876
Benzolgewinnung	Dortmund (Hellweg)	1877
gußeiserne Federn	Essen (Hellweg)	
Kohlechemie	Wattenscheid (Hellweg)	1881
Magnetelektrische Zündung	Köln	1884
Benzol	Herne (Emscher)	1887
Verarbeitung „in einer Hitze“	Oberhausen	1888
Duraluminium	Lüdenscheid (Mark)	1890
Ammoniak	Herne (Emscher)	1895
Kupferseide	Aachen	1897
Wasserglas	Düsseldorf	1897
Kohleenergieverbund	Herne (Emscher)	1901
Kontiwalzwerk	Duisburg	1902
Kunstseide	Aachen	1901
Gefrierverfahren (Abteufung)	Duisburg	1902
Teerdestillation	Duisburg	1905
Walzen von Röhren	Remscheid	1906
Kalkstickstoff	Köln	1907
Persil	Düsseldorf	1907
Ammoniak-Oxidation (Salpetersäure)	Bochum (Hellweg)	1908
Synthese-Kautschuk	Leverkusen	1909
Fettsäure/Glycerin	Düsseldorf	1909
Nirosta-Stahl	Essen (Hellweg)	1912
Pflanzenschutz	Leverkusen	1915
Polyester	Leverkusen	1916
Widia-Stahl	Essen (Hellweg)	1926
Fischer-Tropsch-Verfahren	Mülheim	1926
Organische Faser	Leverkusen	1927

Erfindung	Ort/Gebiet	Jahr
Butadien/Buna	Leverkusen	1928
Rennverfahren für kieselsäurereiche Erze	Essen (Hellweg)	1931
Synthetisches Benzin	Gelsenkirchen	1936
Polyurethan	Leverkusen	1937
Perlon	Leverkusen	1937
Sulfonamid	Leverkusen	1938
Lineare Polyester	Leverkusen	1944
Heliumgasturbine	Oberhausen	1974
Hochtemperaturreaktor	Jülich	1974

Quellen: die Erwähnungen im Text; Ludwig Darmstaedters Handbuch zur Geschichte der Naturwissenschaften und Technik, Berlin 1908; R. Woller, Aufbruch ins heute, Düsseldorf 1977; P. Wiel, Wirtschaftsgeschichte des Ruhrgebiets. Essen 1970[1] (Anmerkung s. S. 267.)

hin (Japan, USA) vorstoßen kann – und dieses auf Dauer tun kann.[2] (Anmerkung s. S. 267.)

Insgesamt sind die verwendeten Verfahren im Bereich dieser Schwer- und Großindustrie zunehmend immer kapitalintensiver und weniger lohnintensiv geworden. Der zu leistende *Kapitalaufwand* wird daher immer größer. Will man die europäische oder auch weltweite Geltung auf diesen Gebieten behaupten, so dürften die betrieblichen Zusammenschlüsse und Expansionen bzw. Übernahmen noch zunehmen (vgl. Bayer, Thyssen, Krupp – Hoesch, GHH – MAN). Damit verbunden sind gebietliche Arbeitsteilung, Spezialisierung, Konzentration auf Veredlung. Dieser für das Überleben des Gesamtraums entscheidend wichtige Prozeß sollte deswegen weitergehen und so tatkräftig wie möglich auch von der öffentlichen Hand gefördert werden. Dasselbe gilt für die so erfolgreiche *Binnendiversifizierung* (vgl. Abb. 53).

Bei den „*Sorgeindustrien*“Textil und Stahl ist die Zeit des erfolgreichen Wettbewerbs aufgrund von Massenwaren längst vorbei. In hochveredelter und daher konkurrenzbeständiger *Qualität* dürften allein die Zukunftschancen liegen. Die Verteuerung und Verknappung des Erdöls und des Erdgases wird auf Dauer der *Kohle* über Vergasung und Hydrierung die Möglichkeit geben, die Petro-

Abb. 53 Industrie- und Siedlungsstruktur der Teilregionen

Gebiet	Branchen	Standortfaktoren	Betriebsstruktur	Siedlungsstruktur	Art der Diversifizierung
Bergisches Land	Kleineisen Textil Masch., Elektr., Chemie	Bodenschatz Markt/Elastizität/Arbeit Veredlung Sukzession[1]	klein – mittel	starke Zersiedlung	Binnen.[2]: stark + Branchen.[3]
Mark	Draht Haush.- u. Küchenart. Kompositionsmetalle Kaltwalzwerk	Bodenschatz Markt/Elastizität/Arbeit Veredlung Sukzession	klein – mittel	Gassen – Einengung Erhaltung der alten städt. Kerne	Binnen.: stark
Ruhrreihe	Kohle (Energie) Stahlverformung Masch.	Bodenschatz Sukzession	klein–mittel, wenige große	relativ geringe Zersiedlung, Erhaltung der alten städt. Kerne	gering
Hellwegreihe	Kohle (Energie) Stahlherstellung u. -verformung Schwermasch., Bleche Glas, Buntmet., (Kohle-) Chemie	Bodenschatz Elastizität Markt	große	Agglomerate stark ausgeprägt	Branchen.

Abb. 53 (Fortsetzung)

Gebiet	Branchen	Standortfaktoren	Betriebsstruktur	Siedlungsstruktur	Art der Diversifizierung
Emscher-Reihe	Kohle (Energie) (Kohle-) Chemie Kokereien	Bodenschatz im „Abseits“ des Hellwegs	große	Agglomerate stark ausgeprägt	Monostruktur
Lippereihe	Kohle (Zechen) (Kohle-) Chemie	Bodenschatz Impulse von Hellweg und Rhein	große	Agglomerate, jedoch abgeschwächt	Monostruktur
Rheinschiene Nord	Textil – Kohle (Energie) Eisen- u. Stahlherst. u. -verformung Buntmetalle Nahrungsmittel Papier Schwermasch. u. -ausrüst.	Bodenschatz Markt/Elastizität/Verkehr Großkonzerne/ Arbeitsteiligkeit	große	Großknoten und Agglomerate	Branchen.
Rheinschiene Süd	Braunk. (Energie) (Petro-) Chemie Masch. Fahrzeuge Buntmetalle	Markt/Kapital/ Verkehr Bodenschatz Großkonzerne	große	Großknoten	Branchen.

Abb. 53 Industrie- und Siedlungsstruktur der Teilregionen (Fortsetzung)

Gebiet	Branchen	Standortfaktoren	Betriebsstruktur	Siedlungsstruktur	Art der Diversifizierung
Aachen	Feintuch Papier hochwert. Nahrungsmittel Nadel/Buntmetalle Zechen	Markt Bodenschatz	mittel	Mittelknoten	Branchen.
Mönchengladbach	Textil Masch. Elektro.	Markt Sukzession	mittel – klein	Mittelknoten	Binnen.: stark

[1] Anmerkung: Der Ausdruck „Sukzession" wird im Text erklärt
[2] Binnen. = Binnendiversifizierung, d. h. innerhalb einer Branche
[3] Branchen. = Branchendiversifizierung

chemie zumindest z.T. abzulösen und damit die Chancen der gebietseigenen Groß- und Kleinchemie zu erhalten.
Unter diesen Voraussetzungen ist es möglich, daß das gegenüber dem Bundesgebiet im letzten Jahrzehnt spürbar gesunkene *Bruttoinlandsprodukt* je Einwohner relativ wieder ansteigt.
Auch durch internationale *Kooperation* (z.B. Rheinmündung – Ruhr; Philipps: Holland–Aachen–Köln) wie auch die betriebsinterne Rationalisierung sowie den Ausbau großindustrieller „Agglomerate“ (vgl. Abb. 42) auf Kernkraftbasis könnte ein Vorsprung zumindest im europäischen Vergleich beibehalten werden.
Die Liste der Erfindungen (Abb. 52) zeigt, daß sich bestimmte Standorte durch Jahrzehnte gehalten haben, somit eine *Persistenz* dieser Standorte besteht, und wie sich ab 1900 die Dominanz der Rheinschiene ausbildet, besonders auf chemischem Gebiet. Dies zeigt auch die Abb. 53, die die in den vorausgegangenen Kapiteln dargestellten Merkmale der einzelnen Teilregionen übersichtlich zusammenfaßt: die Palette der wichtigsten Branchen jeder Teilregion, die Siedlungsstruktur, die Betriebsstruktur und dgl.
Wenn sich auch eine Persistenz der Branchen an den jeweiligen Standorten abzeichnet, so bedeutet dies jedoch nicht, daß die ursprünglichen *Standortfaktoren* bis heute ihre Gültigkeit behalten haben. Dies ist nur bedingt der Fall. Vielmehr zeigt sich eine deutliche Abfolge von der Bezogenheit auf Bodenschätze (Erze bzw. Energie) hin zur Anpassung an die jeweilige Nachfrage- und Marktsituation unter Berücksichtigung von Lohn- oder Kapitalintensität sowie der günstigsten Transportkosten. (Folgekette also etwa: Bodenschatz – Markt – Lohn/Kapital – Verkehr.)
Wenn in der Übersicht Abb. 53 von „*Sukzession*“ gesprochen wird, so ist damit gemeint die konsequente Entstehung einer weiteren Branche aus einer Art „Mutterbranche“, aus der die Anstöße zur Weiterentwicklung gekommen sind. Die klassische Sukzession geht dabei in der Regel vom Textilbereich aus, führt zur Entwicklung von Maschinen für den Textilbereich, zu deren Reparatur und Herstellung und schließlich zu einer eigenständigen Maschinen- und Werkzeugmaschinenindustrie und Elektroindustrie die von der „Mutter“ völlig losgelöst sein kann (Wuppertal, Mönchengladbach). Ähnlich kommen Impulse aus der Textilindustrie, die

zur Entwicklung der chemischen Industrie geführt haben (Farben, Fasern: Wuppertal – Bayer).

Fragt man nun nach den wesentlichen Impulsen der Entwicklung insgesamt, so ist festzustellen, daß diese im Grunde weniger in den vorhandenen Bodenschätzen liegen als in dem anpassungsbereiten *Aufnehmen von Stimulationen*, die sich aus der Nachfrage ergeben. Eine erste solche Nachfragesituation sehr entscheidender Art war mit der ersten Verkehrsrevolution verbunden, d. h. mit dem Bau der *Eisenbahnen*: Schienen, Räder, Federn, Verkehrsausrüstungen, Waggons wurden benötigt, konnten von den Betrieben bereitgestellt werden, die über größere Aufträge die Produktion ausweiten und an entscheidenden Erfindungen arbeiten konnten, verbunden mit den Namen der großen Pionierfamilien, die hier entscheidende Möglichkeiten erkannten. Die Standorte Hagen, Hellwegstädte, Oberhausen, Krefeld-Uerdingen, Düsseldorf, Köln empfingen wesentliche Impulse. In Hagen, am Hellweg, am Rhein ließ die in diesem Bereich wachsende Nachfrage erst die großen Hochöfen-, Stahl- und Walzwerke entstehen.

Mit dem Eisenbahnzeitalter kann von einer *Verkehrsrevolution* gesprochen werden, weil die Transportkosten und Transportzeiten erheblich gesenkt werden konnten, damit bestimmte Standorte entlang der Bahnlinien gegenüber den Hafenstandorten an Flüssen und Küsten aufgewertet und in einem Selbstverstärkungsprozeß über zusätzlich wirkende Impulse gewissermaßen „zementiert“ wurden. Hier ist an Wuppertal, Hagen, die Hellwegstädte, Krefeld, Beckum und Rheinhausen zu denken; besonders aber wurde auch die überragende Knotenposition Kölns im Verkehrsnetz ausgebaut und gesichert (vgl. Abb. 5a und Abb. 35a).

Mit der *zweiten Verkehrsrevolution*, veranlaßt durch die Erfindung des Ottomotors in Köln-Deutz, eröffneten sich für die traditionellen Branchen erneute Möglichkeiten, die zu einer Festigung insbesondere seit der Mitte des 20. Jahrhunderts führte, d. h. seit der Zeit, als das Auto zu einem Verkehrsmittel der Massen wurde (Schwermaschinen für die Autofertigung, Autobleche, gegossene Teile, Armaturen: mit Impulsen für das Niederbergische, das Märkische, die Hellwegreihe, Krefeld).

Unter allen älteren Städten hat sich *Köln* immer wieder als das

„einheimische" Impulszentrum schlechthin erwiesen (Tuchindustrie in Wuppertal-Elberfeld, Schneidwaren in Solingen; Eisenbahnbau; Kapital für die Stahlverformung in Bochum, Gelsenkirchen und Dortmund-Hörde).

Die von uns in allen Kapiteln dargestellten Ergebnisse und Einsichten beruhen zum großen Teil auf einer deskriptiven Auswertung von statistischem Material und von Karten. Als Bestätigung des hier herausgearbeiteten Bildes können die Ergebnisse gewertet werden, die von Gaebe (1976) aufgrund analytisch-quantitativer Verfahren gewonnen wurden.

Nach ihm sind die *Organisations- und Entwicklungsformen der Zentren* im einzelnen *abhängig von*:

- der ursprünglichen *Lagegunst* mit früher überregionalen Versorgungsfunktionen bei ständig erweitertem (diversifiziertem) Leistungsangebot in der Güterproduktion – Beispiel: Köln –,
- der Versorgungs*konkurrenz* eng benachbarter Städte – Beispiel: Hellwegstädte –,
- den unternehmerischen *Funktionszuweisungen* aufgrund von Verwaltungssitzen bedeutender Unternehmen – Beispiele: Düsseldorf, Essen –,
- den territorialen Funktionszuweisungen – Beispiele: Bonn, Düsseldorf –,
- der *monostrukturellen* Ressourcenausstattung – Kohleabhängigkeit –,
- der Ausdehnung des *Umlandes*: entweder weit – Beispiele: Düsseldorf, Bonn, Köln – oder bandartig-eng – Beispiele: Duisburg, Essen, Bochum, Dortmund, Wuppertal –,
- der Art der sog. *Raumausstattung* wie z. B. der arbeitsplatznahen Wohnplätze von Arbeiterhaushalten mit flächenhafter Verbreitung – wie im Ruhrgebiet – (von uns als „Agglomeratstruktur" bezeichnet).

Aufgrund dieser Gegebenheiten besitzt *keines der Zentren* – und auch keines der „Nodalsysteme" (= Zentrum und jeweiliges Hinterland) – eine Organisationsstärke der Flächennutzung und Raumbeziehungen, die die Stärke der anderen Zentren *eindeutig überragt*. Bei den unternehmerischen Funktionszuweisungen muß Düsseldorf die Führungsposition zugesprochen werden. Dies drückt sich auch in der Fernsprechdichte aus (Anzahl der Fernsprecher je 1000 Einw.). Wie wir gesehen haben, erhält Köln jedoch die Führung beim D/B-Index. Jeder Verdichtungskern mit Versorgungsstandorten und den dazugehörigen hochverdichteten Wohnstandorten bildet innerhalb des Gesamtraumes ein sogenanntes Subsystem. Jedes Subsystem ist umso *arbeitsteiliger* organisiert, je größer die Distanzen der Standortbeziehungen entwickelt sind. Beispiele dafür sind Köln, Bonn und auch Düsseldorf. (Nach unseren Befunden gilt diese Regel auch für die Distanzen in der arbeitsteilig organisierten Stahlindustrie.)

(Wenn man allerdings mit Bartels (1979) unter einem Städtesystem ein System versteht, in dem die städtischen Siedlungen die Elemente und die Beziehungen zwischen den Elementen einerseits und die ablaufenden Prozesse andererseits den Systemzusammenhang bilden, so ist allerdings (noch) nicht erkennbar, wie die Beziehungen statistisch definiert werden können oder sollen.)

Auch bei der Funktion der Kerne selbst als Versorgungsstandorte für Dienstleistungen ergeben sich Abstufungen der Verdichtungs- und Nutzungsvielfalt. Es lassen sich verschiedene Klassen von *Innenstädten* erkennen, deren Unterscheidung auch mit statistischen Methoden signifikant ist. Die Klasse 1 umfaßt Kerne der *höchsten Verdichtungs- und Nutzungsvielfalt.* In dieser Klasse sind gleichrangig: Düsseldorf-Altstadt, Köln-Altstadt, Essen-Altstadt, Wuppertal-Elberfeld. In der zweithöchsten Klasse sind gleichrangig: Krefeld-Mitte, Duisburg-Mitte, Bochum-Mitte, Dortmund-Mitte, Bonn-Mitte. Die Zentren der beiden höchsten Klassen liegen charakteristischerweise auf den drei *Hauptverdichtungsachsen*; diese sind:

a) Krefeld–Dortmund;
b) Krefeld–Köln;
c) Köln–Wuppertal–Dortmund.

Die Verdichtungskerne selber expandieren nicht mehr. Insbesondere nehmen die Randgemeinden der Rheinachse zu. Bei der Versorgung mit Gütern und *Dienstleistungen* gehören die Zentren in der Rheinachse zur höchsten Klasse: Duisburg, Krefeld, Düsseldorf, Köln, Bonn. Im Ruhrgebiet ist ihnen allein Essen gleichrangig, im Bergischen Land Wuppertal. Insgesamt haben Düsseldorf,

Essen und Köln die höchsten Werte beim Angebot an Gütern und Arbeitsplätzen – aller Fertigungsstufen – und aller Sektoren.

Betrachtet man das gesamte Gebiet als ein einziges System – bei Gaebe ist nur Aachen in die Untersuchung nicht mit einbezogen – so läßt sich in den „Subsystemen", wie sie sich aufgrund der Analysen Gaebes ergeben und die wesentlich mit den von uns herausgearbeiteten Teilräumen identisch sind – eine *Funktionsspezialisierung* erkennen. Diese könnte man u. E. als regionale Arbeitsteilung ansprechen. Auf diese ist ja auch von uns immer wieder hingewiesen worden. Dabei zeigen die Bevölkerungs- und Nutzungsmuster des Ruhrgebiets, insbesondere seines nördlichen Teilraums, relative Homogenität. Dieser Teilraum besitzt eine Reihe ähnlich strukturierter und eng benachbarter Städte. Nach Gaebe führt diese Situation zur Konkurrenz der Zentren untereinander und zu ihrer gegenseitigen Schwächung. Innerhalb des Ruhrgebiets heben sich die Emscherstädte als besondere Typen der Regression ab, bedingt durch die geringe Diversifizierung bei Versorgung und Verwaltung.

Da mit den wichtigsten Ergebnissen Gaebes zugleich eine Art *Zusammenfassung* unserer Darstellung referiert werden konnte, bot es sich an, diese an das Ende unserer Ausführungen zu setzen.

Versucht man – abschließend – die *Perspektiven der zukünftigen Entwicklung* in den Grundzügen herauszustellen, so kann man mit einiger Gewißheit wohl folgende Gesichtspunkte nennen:

- *Zuversicht* für die Belebung der Industriebasis des Gesamtraums
- erneute Chance für die *Kohle*
- Notwendigkeit der *Spezialisierung* auf hochwertigste Produkte und Technologien
- Notwendigkeit der betrieblichen und gebietlichen *Arbeitsteilung*
- Ausbau der Vorrangstellung der *„Rheinschiene"* mit einer dort weitergehenden Stadt-Rand-Wanderung und Verstärkung des D/B-Indexes
- überproportionale Zunahme der Dienstleistungsbedeutung von *Düsseldorf und Köln/Bonn* (= *„Doppelzentrum"* für die gesamte Nodalregion „Rhein–Ruhr")
- zukünftiges Zusammenwachsen mit *weiteren Randkernen* (Bielefeld, Münster, Koblenz).

Literaturverzeichnis

Vorbemerkung: Die Literatur wird entsprechend den Hauptkapiteln des Buches zusammengestellt. Zusätzlich werden bei der Literatur zu den Kapiteln I und II solche Veröffentlichungen aufgenommen, die sich auf größere Teile des Raumes beziehen. – Eine Vollständigkeit der Literaturliste ist nicht angestrebt worden. Insbesondere ist vielfach auf die Nennung von Aufsätzen und Beiträgen in Zeitschriften verzichtet worden.

Kapitel I, II: Problemstellung, Übersicht, Gliederung – größere Teile.

U. Auf der Heide (1977) Städtetypen und Städtevergesellschaftungen im Rheinisch-Westfälischen Raum. Köln. = Kölner Forsch. z. Wirtsch.- u. Soz.-geogr., 23

K. Baedeker (1960) Die Rheinlande. Köln

H. Blotevogel (1975) Zentrale Orte und Raumbeziehungen in Westfalen vor der Industrialisierung. Paderborn. = Bochumer Geogr. Arb., 18

K. Brand (1975) Räumliche Differenzierungen des Bildungsverhaltens in Nordrhein-Westfalen. Paderborn. = Bochumer Geogr. Arb., 20

K. Bürger (1977) Das Nordrheinisch-Westfälische Industriegebiet. In: Zeitschr. f. d. Ek-unt., S. 301 ff. Berlin-Ost

Gemeinschaftsveröffentlichung der Statistischen Landesämter. Bruttoinlandsprodukt und Bruttowertschöpfung der kreisfreien Städte und Landkreise in der Bundesrepublik Deutschland. Verschiedene Hefte für verschiedene Jahre.

H. Hahn, W. Zorn (1973) Historische Wirtschaftskarte der Rheinlande um 1820. Bonn = Arb. z. Rhein. Landeskunde, 37

W. Helmrich (1960) Wirtschaftskunde des Landes Nordrhein-Westfalen. Düsseldorf

J. Hesemann (1975) Geologie Nordrhein-Westfalens. Bochumer Geogr. Arbeiten, Sonderreihe, Bd. 2. Paderborn

K. Hottes, E. Meynen, E. Otremba (1972) Die wirtschaftsräumliche Gliederung der Bundesrepublik Deutschland. Bonn-Bad Godesberg. = Forsch. z. Dt. Landeskunde, 193

K. H. Kluczka (1970) Die zentralen Orte der Bundesrepublik Deutschland. Bonn-Bad Godesberg. = Forsch. z. Dt. Landeskunde, 194

P. Kriedte, H. Medick, J. Schlubohn (1977) Industrialisierung vor der Industrialisierung. Göttingen

H. Langer (1973) Landesplanung in Westfalen. In: Raumforschung und Raumordnung, 71, S. 37ff.

A. Lehmann (1973) Landesplanung im Rheinland. In: Raumforschung und Raumordnung, 71, S. 31ff.

W. Lichius (1973) Die Rheinschiene – Entwicklungsleitlinie im Wirtschaftsraum Nordrhein-Westfalen. Köln. Dissertation

K. Hottes, M. Pödke (1976) Herkunft und Verteilung ausländischer Arbeitnehmer im Ruhrgebiet und Bergisch-Märkischem Land. Paderborn. Bochumer Geograph. Arb., Sonderreihe, Bd. 6

H. Mareyen (1970) Die Edelstahlindustrie Deutschlands unter besonderer Berücksichtigung ihrer Standorte. Nürnberg. = Nürnb. Wirtsch.- u. sozialgeogr. Arb., 11

D. Mittmann (1974) Die chemische Industrie im nordwestlichen Mitteleuropa in ihrem Strukturwandel. Wiesbaden. =Kölner Forsch. z. Wirtsch.- u. Soz.-geogr., 20

J. Nießen (Hrsg.) (1950) Atlas der deutschen Länder am Rhein. Bonn

O. *Quelle* (1926) Industriegeographie der Rheinlande. Bonn. =Rheinische Neujahrsblätter, 5

A. Schüttler (Hrsg.) (1969) Topographischer Atlas von Nordrhein-Westfalen

Statistisches Landesamt von Nordrhein-Westfalen: (1976) Arbeitsstätten, Beschäftigte sowie Löhne und Gehälter (Land, Regierungsbezirke, Kreise); (1970) Auspendler nach ausgewählten Zielgemeinden

H. G. Steinberg (1973) Nordrhein-Westfalen als Verdichtungsraum. In: Raumforschung und Raumordnung, 31, S. 6ff.

R. Timmermanns (1951) Die Talsperren am Nordrand des Rheinischen Schiefergebirges. Landshut. = Forsch. z. Dt. Landeskunde, 53

H. Wagenblaß (1973) Der Eisenbahnbau und das Wachstum der deutschen Eisen- und Maschinenbauindustrie 1835–1860. Stuttgart. = Forsch. z. Soz.- u. Wirtsch. gesch., 18

C. J. Weber (1826ff.) Deutschland oder Briefe eines in Deutschland reisenden Deutschen. 3 Bde. Stuttgart

H.-U. Weber (1975) Formen räumlicher Integration in der Textilindustrie der EWG. Paderborn. = Bochumer Geogr. Arb., 19

L. Achepohl (1888) Das Niederrheinisch-Westfälische Bergwerks-Industriegebiet. Berlin

W. Däbritz (1929) Unternehmergestalten aus dem rheinisch-westfälischen Industriebezirk. Jena

N. de Lange (1980). Städtetypisierung in Nordrhein-Westfalen. = Münstersche Geograph. Arbeiten, H. 8. Paderborn

H. Blotevogel (1980) Ein praxisorientierter Ansatz zur Zentralitätsbestimmung der nordrhein-westfälischen Oberzentren. In: Tendenzen und

Probleme der Entwicklung von Bevölkerung, Siedlungszentralität und Infrastruktur in Nordrhein-Westfalen. = Veröffl. d. Akad. f. Raumforsch. u. Landesplang. Forschungs- u. Sitzgsber., Bd. 137, S. 77ff.

R. Fremdling, R. H. Tilly (Hrsg.) (1979). Industrialisierung und Raum-Histor.-Sozialwiss. Forsch., Bd. 7. Stuttgart

W. Gaebe (1981). Zur Bedeutung von Agglomerationswirkungen für industrielle Standortentscheidungen. = Mannheimer Geograph. Arbeiten, H. 13. Mannheim

Bergbau und Verarbeitendes Gewerbe in Nordrhein-Westfalen. = Statistische Berichte. Düsseldorf 1980

G. Tönnies (1981). Die Verdichtungsräume in der Bundesrepublik Deutschland. = Europ. Hochschulschriften, Reihe 5, Bd. 340. Frankfurt.

H. R. P. Ruppert (1981). Räumliche Strukturen und Orientierungen der Industie in Bayern. Trier

Kapitel III. Bergisches Land

J. Birkenhauer (1968) Die Besiedlung des Mittelbergischen. In: Zschr. d. Berg. Gesch.vereins, 84, S. 29ff.

A. Dach-Hamann (1977) Das Bergische Land als Naherholungsraum. Düsseldorf. = Düsseldorfer Geogr. Schr., 8

H. Hahn (1966) Die Wandlungen der Raumfunktion des zwischenstädtischen Gebietes zwischen Rhein und Wupper. Bad Godesberg. = Forsch. z. Dt. Landeskunde, 154

D. Hain (1977) Velbert – ein kontaktbestimmter Wirtschaftsraum. Paderborn. = Bochumer Geogr. Arb., 29

J. Hashagen et al. (1958) Bergische Geschichte. Remscheid

K. Hermes (1972) Das Bergische Land. In: Sammlg. geogr. Führer, 6. Berlin

K. Hermes (1976) Der mittel- und niederbergische Raum. Siedlungsballung, Naherholung, Verkehrsentwicklung und ihre Probleme. Köln

G. Huck, J. Reulecke (1978) . . . und reges Leben ist überall sichtbar. Reisen im Bergischen Land um 1800. = Bergische Forschungen, 15

G. Ritter (1965) Velbert – Heiligenhaus – Tönisheide. Ratingen. (Diss. Bonn)

M. Wegner (1970) Wachstum und Planung in den Städten des Bergischen Landes. Berg.-Gladbach, Bensberg, Bergneustadt und Gummersbach. Wiesbaden. =Kölner Forsch. z. Wirtsch.- u. Soz. geogr., 13

O. Weise (1973) Sozialgeographische Gliederung und innerstädtische Verflechtung in Wuppertal. Neustadt a.d.A. = Berg. Forschungen, 11.

S. Quandt (1971) Sozialgeschichte der Stadt Langenberg. Neustadt a.d.A. = Berg. Forsch., 9

G. Voppel (1959) Verkehrserschließung und verkehrsräumliche Gliederung des Bergischen Landes. In: Berichte zur Dt. Landeskunde (Kraus-Festschrift), 23, S. 299ff.

D. Beckmann, H. Knübel (1981) Beiträge zur Landeskunde des Bergisch-Märkischen Raumes. = Festschr. f. W. v. Kürten. Wuppertaler Geograph. Studien, Wuppertal

Kapitel IV. Das Märkische

M. Bürgener (1960) Hagen. = Hagener Beitr. z. Gesch. u. Landeskunde
G. Rosenbohm (1975) Industrieräume im Märkischen Kreis. In: Festschrift für Wilhelm Dege, S. 129ff. Dortmund
R. Sommer (1956) Die Industrie im mittleren Lennetal. In: Spieker, 7, S. 23ff.
M. Sönneken (1970) Die Anfänge der Eisenindustrie im Märkischen Sauerland. = Naturkunde in Westfalen, 6.
M. Sönneken (1971) Die mittelalterliche Rennfeuerverhüttung im Märkischen Sauerland. = Siedlung und Landschaft in Westfalen, 7. Münster
H. J. Wenzel (1970) Strukturzonen und Funktionsbereiche im Iserlohner Raum. Gießen. = Gießener Geogr. Schr., 22
Regionalentwicklung Hagen. (1980) = Dortmunder Beiträge zur Raumplanung. Heft P/5. Dortmund
E. W. Schamp (1981) Persistenz der Industrie im Mittelgebirge am Beispiel des märkischen Sauerlandes. = Kölner Forschungen zur Wirtsch.- u. Soz. geogr., Bd. 28. Wiesbaden

Kapitel V und VII. Das Ruhrgebiet. Planungsprobleme

F. Achilles (1967) Hafenstandorte und Hafenfunktionen im Rhein-Ruhrgebiet. Paderborn. = Bochumer Geogr. Arb., 2
K. Baedecker (1960) Das Ruhrgebiet. Köln
D. Bartels (1965) Jüngere Wandlungen der Bochumer Wirtschaftsstruktur. In: Bochum und das mittlere Ruhrgebiet (s. dort)
Bochum und das mittlere Ruhrgebiet (1965). Paderborn = Bochumer Geogr. Arb., 1
H. J. Buchholz (1970) Formen städtischen Lebens im Ruhrgebiet. Paderborn. = Bochumer Geogr. Arb., 8
W. Cordes (1972) Zechenstillegungen im Ruhrgebiet (1900–1968). Essen
H. Croon (1965) Studien zur Sozial- und Wirtschaftsgeschichte der Stadt Bochum. In: Bochum und das mittlere Ruhrgebiet (s. dort)
H. Croon (1965) Die verwaltungsmäßige Gliederung des mittleren Ruhrgebiets im 19. und 20. Jahrhundert. In: Bochum und das mittlere Ruhrgebiet (s. dort)
W. Dege (1973) Das Ruhrgebiet. Braunschweig. (1976: Kiel)
W. und W. Dege (1980) Das Ruhrgebiet. 2. Aufl. Kiel
Ruhrgebiet 1980. Statistische Rundschau. Düsseldorf 1981

K. Teufelde (1977). Sozialgeschichte der Bergarbeiterschaft an der Ruhr im 19. Jahrhundert. Bonn.

P. Wiel (1980). Wirtschaftsgeschichte des Ruhrgebiets. 2. Aufl. Essen

H.-W. Lauffs, W. Zühlke (1976). Politische Planung im Ruhrgebiet. Göttingen

D. Düsterloh (1977) Bergbau, Bergwerkswüstung und Siedlungsentwicklung im südlichen Ruhrgebiet. In: Ber. z. Dt. Landesk., 51, S. 275 ff.

A. Gakat (1968) Die Städte am Nordrand des Ruhrgebiets. Köln. Dissertation

H. M. Gebert (1977) Freizeitplanung im Ruhrgebiet. In: Stadt, Region, Land. H. 43, S. 48 ff. Aachen

H. F. Gorki et al. (1975) Festschrift für Wilhelm Dege. Dortmund

H. Heßberger (1957) Die Industrielandschaft des Beckumer Zementreviers. Münster. = Westfäl. Studien, 10

E. Heyn (1955) Zerstörung und Aufbau der Großstadt Essen. Essen

M. Hommel (1974) Zentrenausrichtung in mehrkernigen Verstädterungsräumen an Beispielen aus dem rheinisch-westfälischen Industriegebiet. Paderborn. = Bochumer Geogr. Arb., 17

C. Jarecki (1967) Der neuzeitliche Strukturwandel an der Ruhr. Marburg. = Marb. Geogr. Schr., 29

H. Knübel (1965) Die räumliche Gliederung des Ruhrgebiets. In: Geogr. Rundschau, 19, S. 111 ff.

P. Kukuk, L. Hahne (1962) Die Geologie des Niederrheinisch-Westfälischen Steinkohlengebietes (Ruhrreviers). Herne

W. von Kürten (1973) Landschaftsstruktur und Naherholungsräume im Ruhrgebiet und in seinen Randzonen. Paderborn. = Bochumer Geogr. Arb., Sonderreihe, 1

R. Palseur (1938) Bochum. Würzburg

L. Schröter (Hrsg.) (1977) Aktuelle Probleme der Regionalentwicklung im Ruhrgebiet. Dortmund. = Dortm. Beiträge z. Raumpl., 7

H. Spethmann (1933–38) Das Ruhrgebiet. 3 Bde.

L. Schückingh, F. Freiliggrath (1872) Das malerische und romantische Westphalen. 2. Aufl. Paderborn

W. Spörhase (o.J.) Das Ruhrgebiet 1840 1930 1970. Karten zur Entwicklung. Stuttgart

U. G. Steinberg (1967) Die sozialräumliche Entwicklung und Gliederung des Ruhrgebiets. Bonn-Bad-Godesberg. = Forsch. z. Dt. Landesk., 166

H. G. Steinberg (1978) Bevölkerungsentwicklung des Ruhrgebiets im 19. und 20. Jahrhundert. Düsseldorf. = Düsseld. Geogr. Schr., 11

R. Stierand et al. (1976) Bibliographie Raumplanung im Ruhrgebiet. Dortmund. = Dortm. Beiträge z. Raumpl., B/1 und B/3

D. Weis (1951) Die Großstadt Essen. Remagen. = Forsch. z. Dt. Landesk., 89

P. Wiel (1965) Die Sozial- und Wirtschaftsstruktur der Emscherstädte

Wanne-Eickel, Herne und Castrop-Rauxel. In: Bochum und das mittlere Ruhrgebiet (s. dort)
I. Vogel (1959) Bottrop. Remagen. = Forsch. z. Dt. Landesk., 114

Kapitel VI. Die nördliche Rheinschiene

R. Laspeyres (1969) Rotterdam und das Ruhrgebiet. Marburg. = Marb. Geogr. Schr., 41
G. Mertins (1964) Die Kulturlandschaft des westlichen Ruhrgebiets. Gießen. = Gießener Geogr. Schr., 4
C. Orgeig (1972) Der Einzelhandel in den Cities von Duisburg, Düsseldorf, Köln und Bonn. Wiesbaden. = Kölner Forsch. z. Wirtsch.- u. Soz.-geogr., 17
H. Roewer (1951) Linksrheinische städtische Siedlungen. Remagen. = Forsch. z. Dt. Landesk., 83
W. Scholten (1969) Rheinhausen. Marburg. = Marb. Geogr. Schr., 38
R. Steinhauser (1979) Duisburg – größter Binnenhafen der Welt. In: Praxis Geographie, 9, H. 1

Kapitel VIII. Die südliche Rheinschiene

J. Bartel, R. Zschocke (1972) Die Ville und das Kölner Braunkohlegebiet. Berlin. = Sammlung geographischer Führer, 6
G. Kirsten (1963) Ratingen, Hilden, Berg.-Gladbach und Bensberg. Köln. = Kölner Forschungen z. Wirtsch.- u. Soz.-geogr., 2
Köln und die Mittelrheinlande. (1961) Köln (mit einer Reihe wichtiger Aufsätze)
H.-D. Kursawe (1973) Monheim. Köln. = Kölner Geogr. Arb., 28
B. Kuske (1921) Die wirtschaftliche Eigenart der Stadt Köln. Köln
B. Kuske (1928) Die Großstadt Köln als wirtschaftlicher und sozialer Körper. Köln
E. Meynen (1962) Die Bundeshauptstadt Bonn und ihre Nachbarstädte Bad Godesberg und Beuel. In: Ber. z. Dt. Landesk., 28, S. 149ff.
F. W. Nölle (1975) Siegburg und Troisdorf. Köln. = Kölner Geogr. Arb., 32
K. Ris (1957) Leverkusen. Remagen. = Forsch. z. Dt. Landesk., 99
K. Rother (1965) Leverkusen. = Beiträge z. Stadtforsch., 5
A. Schulz (1973) Erholungsverkehr und Freiraumbelastung im Rheinland. Köln
R. Schwiotalle (1971) Der Braunkohlenbergbau in der Bundesrepublik Deutschland. Wiesbaden. = Kölner Forsch. z. Wirtsch.- u. Soz.-geogr., 14

H. Toepfer (1968) Die Bonner Geschäftsstraßen. Bonn. = Arb. z. Rhein. Landesk., 26

O. Sporbeck (1979) Bergbaubedingte Veränderungen des physischen Nutzungspotentials – dargestellt am Beispiel des linksrheinischen Braunkohlenreviers. Boch. Geogr. Arb., H 37. Paderborn

Kapitel X. Die Randkerne

J. Birkenhauer (1960) Die Eifel in ihrer Individualität und Gliederung. Köln. = Kölner Geogr. Arb., 14

H. Breuer et al. (1976) Aachen und benachbarte Gebiete. Aachen. = Aachener Geogr. Arb., 8

U. Haas (1959) Dremmen und Oberbruch, alte und junge Siedlungen im Heinsberger Land. In: Festschrift f. Th. Kraus = Ber. z. Dt. Landesk., 23, S. 247ff.

G. Kluczka, G. Stiens (1971) Tendenzen räumlicher und struktureller Verlagerung der Industrie und ihr Einfluß auf die Bevölkerungsentwicklung in den bestehenden Verdichtungsregionen: Die Region Aachen. In: Ber. z. Dt. Landesk., 45, S. 69ff.

H. Knübel (1980) Industrie – Bedeutung, Entwicklung, Probleme. In: Praxis Geographie, 10, S. 292ff.

H. Uhlig (1959) Revier über Grenzen. In: Festschrift für Th. Kraus. = Ber. z. Dt. Landesk., 23

G. Voppel (1965) Die Aachener Bergbau- und Industrielandschaft. Köln. = Kölner Forsch. z. Wirtsch.- u. Soz.geogr., 3

H. Wolf (1977) Grevenbroich, Würselen und Eschweiler: Entwicklungs- und Strukturvergleich dreier linksrheinischer Mittelstädte. Aachen. = Aachener Geogr. Arb., 11

Kapitel XI. Der Ergänzungsraum

H. Arndt (1980) Sozio-ökonomische Wandlungen im Agrarwirtschaftsraum der Jülich-Zülpicher Börde. Köln. = Kölner Forsch. z. Wirtsch.- u. Soz.-geogr., 26

G. Bohling (1959) Die Rindviehwirtschaft in den Agrarlandschaften des nördlichen Rheinlandes. Bonn. = Arb. z. Rhein. Landesk., 14

L. Czinki (1973) Zum Problem der Schätzung des regionalen Erholungsflächenbedarfs. In: Raumforschung u. Raumordnung, 4.

J. G. von Hajdu (1969) Königswinter. Bonn. = Arb. z. Rhein. Landesk., 27

W. Herzog, C. Troll (1968) Die Landnutzungskarte 1 : 100000, Blatt 1: Köln-Bonn. Bonn. = Arb. z. Rhein. Landesk., 28

G. Kufferath-Sieberin (1955) Die Zuckerindustrie der linksrheinischen Bördenlandschaft. Bonn. = Arb. z. Rhein. Landesk., 9

H. Müller-Miny (1940) Die linksrheinischen Gartenbaufluren der südlichen Kölner Bucht. Leipzig. = Berichte zur Raumforschung und Raumordnung, 5
H. Panhuysen (1961) Sonderkulturen am Niederrhein unter besonderer Berücksichtigung des Gemüseanbaues im Raum Straelen. Bonn. = Arb. z. Rhein. Landesk., 15
H. Pley (1958) Garten und Feldgemüseanbau am mittleren Niederrhein. Bonn. = Arb. z. Rhein. Landesk., 13
G. Sins (1953) Die Baumschulen des Rheinlandes mit besonderer Betonung der Verhältnisse von Meckenheim. Bonn. = Arb. z. Rhein. Landesk., 4
L. Timmermanns (1951) Das Eupener Land und seine Gründlandwirtschaft. Bonn. = Bonner Geograph. Abhandlungen, 5
K. Eckart (1982). Die Entwicklung der Landwirtschaft im hochindustrialisierten Raum. = Fragenkreise. Paderborn
F. Riemann et al. (1971) Sozialbrache in Nordrhein-Westfalen. = Schriftenreihe des Ministerpräsidenten des Landes NRW, H. 31

Kapitel XII. Abschluß

W. Gaebe (1976) Die Analyse mehrkerniger Verdichtungsräume – das Beispiel des Rhein-Ruhr-Raumes. Karlsruhe. = Karlsruher Geogr. Hefte, 7
F. Halssenberg (1973) Grundlagen und Ziele der Landesentwicklung in Nordrhein-Westfalen. In: Raumforschung u. Raumordnung, 31, S. 1 ff.
K. Hottes (1967) Die Natursteinindustrie und ihre standortprägenden Auswirkungen Gießen. = Gießener Geogr. Schr., 12
V. von Malchus (1973) Strukturwandel in Nordrhein-Westfalen in jüngster Zeit. In: Raumforschung u. Raumordnung, 31, S. 14 ff.
Probleme und Perspektiven räumlicher Planung in Nordrhein-Westfalen (1978) = Veröffentl. d. Akad. f. Raumforsch. u. Landespl. – Forsch.- u. Sitzungsber., Bd. 126. Hannover

Nachträge

Zu Kap. I, II: F. Irsigler (Hrsg.) (1983): Geschichtlicher Atlas der Rheinlande. Köln
Deutscher Planungsatlas Nordrhein-Westfalen. Hannover
W. Müller-Wille (ab 1983): Geographisch-landeskundlicher Atlas von Westfalen. Münster
Zu Kap. X: Informationen und Materialien zur Geographie der Euregio Maas – Rhein. Aachen (Bis 1983 12 Hefte)

Sachregister

[1] *Anmerkung zur Tabelle S. 247*
Die Bayer-Werke betrachten folgende weitere Erfindungen als epochemachend: Azofarbstoffe 1885, synthetischer Pflanzenschutz 1892, Aspirin 1899, Germainin 1923, Polyester 1929, systemisches Insektizid 1951, Abwasser-Turmbiologie 1980
[2] *Anmerkung zu S. 247*
Hochtechnologiegüter: Daß die Bundesrepublik, besonders auch das Rhein-Ruhr-Gebiet als Erzeugerschwerpunkt für solche Anlagen, die weltweit führende Stellung z. T. vor der USA behaupten konnte, zeigen folgende Zahlen (Prozentanteile):

	USA	Bundesrepublik	Japan
Außenhandel	23	17	14
Patentlizenzen	31,4	20,5	10,5